U0493147

法|学|研|究|文|丛

公益诉讼专门立法研究

龙婧婧◉著

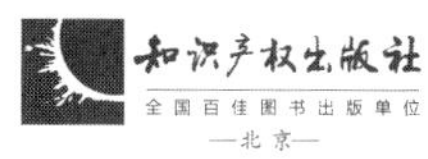
知识产权出版社
全国百佳图书出版单位
—北京—

图书在版编目（CIP）数据

公益诉讼专门立法研究 / 龙婧婧著. -- 北京：知识产权出版社，2024. 9. -- ISBN 978-7-5130-9489-4

Ⅰ. D925. 04

中国国家版本馆 CIP 数据核字第 2024NQ9548 号

责任编辑：刘　睿　邓　莹　　**责任校对**：王　岩

封面设计：智兴设计室　　**责任印制**：刘译文

公益诉讼专门立法研究

龙婧婧　著

出版发行：知识产权出版社有限责任公司　　**网　址**：http：//www. ipph. cn

社　址：北京市海淀区气象路 50 号院　　**邮　编**：100081

责编电话：010-82000860 转 8346　　**责编邮箱**：dengying@ cnipr. com

发行电话：010-82000860 转 8101/8102　　**发行传真**：010-82000893/82005070/82000270

印　刷：天津嘉恒印务有限公司　　**经　销**：新华书店、各大网上书店及相关专业书店

开　本：880mm×1230mm　1/32　　**印　张**：10

版　次：2024 年 9 月第 1 版　　**印　次**：2024 年 9 月第 1 次印刷

字　数：240 千字　　**定　价**：88.00 元

ISBN 978-7-5130-9489-4

前　　言

公益诉讼是对损害国家和社会公共利益的违法行为，由法律规定的国家机关或组织向人民法院提起诉讼的制度。公益诉讼是对传统“无利益即无诉权”理论的突破，公益诉讼和传统的私益诉讼一起共同建构了权利保护的完整诉讼体系。该制度的创建无疑是人类法治文明的又一进步。

党的十八届四中全会通过的《中共中央关于全面推进依法治国若干重大问题的决定》中明确提出“探索建立检察机关提起公益诉讼制度”。为贯彻党的这一要求，全国人大常委会于 2015 年 7 月授权最高人民检察院在部分省市开展公益诉讼试点。通过近两年的试点工作，检察机关提起公益诉讼试点取得了预期成效，为在全国全面开展此项工作提供了宝贵经验，也为最终建立检察机关提起公益诉讼制度提供了坚实的实践支撑。2017 年 6 月 27 日，全国人大常委会作出修改民事诉讼法和行政诉讼法的决定，分别规定了民事公益诉讼制度和行政公益诉讼制度，明确了由人民检察院提起公益诉讼。由此，我国的公益诉讼制度正式确立，进入全面推进阶段。

随着公益诉讼效果的不断突显，2019 年党的十九届四中全会通过的《中共中央关于坚持和完善中国特色社会主义制度 推进国家治理体系和治理能力现代化若干重大问题的决定》中明确提出“拓展公益诉讼案件范围”和“完善生态环境公益诉讼制度”。2022 年党的二十大报告进一步强调“完善公益诉讼制度”，这既是对近年来公益诉讼制度实践的充分肯定，更是对公益诉讼制度的更高期许和要求。综观当前司法实践，推进公益诉讼专门立法是完善公益诉讼制度的基本要求。2023 年 9 月公布的《十四届全国人大常委会立法规划》将检察公益诉讼法（公益诉讼法）列入一类立法项目。因此，本书将以公益诉讼专门立法为目标导向，立足公益诉讼司法实践中的探索和面临的困境，从立法学的视角阐述论证公益诉讼专门立法的必要性和可行性，并就公益诉讼专门立法的基本框架、重点内容等一系列相关立法理论与实践问题提出可供借鉴的方案。其中，重点内容将集中阐述公益诉讼专门立法的起诉主体、受案范围、诉前程序、审理程序和执行程序。

目录

CONTENTS

CHAPTER 01 >> 第一章

公益诉讼专门立法的必要性

公益诉讼作为一项着眼维护公共利益的司法制度，是党和国家的一项重大民心工程。从公益诉讼制度演进历史、国家治理大局下公益诉讼的实践状况以及其自身特性的角度来看，公益诉讼专门立法是完善公益诉讼制度的基本方式和重要内容，推进公益诉讼专门立法迫在眉睫。

第一节　公益诉讼制度发展的必然趋势

从我国公益诉讼制度的发展史来看，公益诉讼制度历经了从早期萌芽到中期探索，从政策指引到制度规范，从文本规定到落地实施的过程。公益诉讼专门立法是制度不断完善发展的必然趋势。

一、新中国成立前我国公益诉讼制度的有关规定

古代中国长期处于封建王朝“家天下”的统治之下，“普天之下，莫非王土；率土之滨，莫非王臣”的观念深入人心，缺乏公益发展的土壤，且因我国“诸法合体，民刑不分”的司法传统，民事诉讼和行政诉讼制度不发达，也无公益诉讼制度出现的可能。最早的萌芽出现在清末沈家本变法修律时，在引进西方民事检察制度的同时，引进了检察机关作为公益代表人参与民事诉讼制度，其体例基本承袭了大陆法系的衣钵。1908 年《高等以下各级审判庭试办章程》第四章“各级检察厅通则”中规定检察官对于审判庭独立行使其职权，职权列有 8 项，其中第 5 项即“民事保护公益陈述权”。北洋政府 1914 年公布的《平政院编制令》和《行政诉讼法》规定，对行政官署损害人民权利之行政处分或决定，人民在法律规定时间内没有提起行政诉讼的，肃政厅之肃政史可以在法定诉讼时间过后的 60 天内，以原告身份提起行政诉讼。1927 年《各省高等法院检察官办事要限暂行条例》第 2 条第 2 项关于检察官的职权为“依照民事诉讼法规定及其他法令所定，为诉讼当事人或公益代表人实行特定事宜”。《地方法院检察官办事权限暂行条例》也作了同样的规定。[1] 但这一时期，公益诉讼制度并无适用的土壤，注定仅是纸面规定。

新民主主义革命时期，我国的公益诉讼制度主要体现为检察机关维护公益的规定。1939 年 1 月，陕甘宁边区第一届参议会

---

[1] 最高人民检察院民事行政检察厅．检察机关提起民事公益诉讼实践与探索［M］．北京：中国检察出版社，2017：31.

决定在陕甘宁区高等法院设置检察处，内设检察长及检察员，直接受高等法院领导和管辖，独立行使检察权。同年4月，边区发布《陕甘宁边区高等法院组织条例》，其中对高等法院下设检察处、检察长及检察院职权等作了详细规定，规定检察处检察员有"为诉讼当事人或公益代表人"等7项职权。1941年《晋冀鲁边区高等法院组织条例》中，也确立了由检察员作为诉讼当事人或公益代表人参与诉讼。1946年，检察机关从审判机关中分离出来，成为专门独立的司法机关。解放战争时期草订《关东各级司法机关暂行组织条例草案》规定，各级司法机关分别配置检察官，检察官拥有"提起公诉、实行上诉、协助自诉"等权利。

二、新中国成立后至改革开放前我国公益诉讼制度的相关规定

新中国成立后，我国的公益诉讼制度可以追溯到1949年12月中央人民政府发布的《中央人民政府最高人民检察署试行组织条例（草案）》。"条例（草案）"就有公益诉讼的规定，如第3条规定："最高人民检察署受中央人民政府委员会之直辖，直接行使并有权参与涉及全国社会与劳动人民利益有关之民事案件以及涉及全国社会与劳动人民利益有关之一切行政案件。"第5条规定："对于全国社会与劳动人民利益有关的民事案件及一切行政诉讼，均得代表国家公益参与之。"1951年《中央人民政府检察署暂行组织条例》及《各级人民检察署组织通则》第2条规定："检察机关代表国家公益参与有关社会和劳动人民利益有关重要民事案件及行政诉讼。"1954年《中华人民共和国人民检察院组织法》（以下简称《人民检察院组织法》）第4条规

定："地方各级人民检察院，依照本法第二章规定的程序行使下列职权：……（六）对于有关国家和人民利益的重要民事案件有权提起诉讼或者参与诉讼。"最高人民检察院《1950年至1957年检察工作规划》明确要求计划在1956年选择有关国家和人民利益的重要案件3万件，参与或提起诉讼。在这一时期，尽管法律赋予了检察机关参与民事、行政诉讼的广泛权力，但由于新中国成立初期的法律还不完备，完整系统的诉讼法当时尚无暇予以认真讨论，检察机关提起公益诉讼制度方面只有一些原则性规定，尚无细致完备的程序规定。[1] 同时，限于当时阶级斗争的形势和检察机关的自身条件，全国检察机关开展民事案件的业务极少，与检察机关在刑事诉讼中所起的作用相比，远未引起人们的重视。

"文化大革命"期间，《宪法》和《人民检察院组织法》所规定的一些正确原则和制度受到错误批判，各级检察机关被取消。公益诉讼制度的发展陷入停滞。

1978年检察机关恢复重建之后，1979年《人民检察院组织法》没有再规定民事行政检察制度，更没有在民事诉讼和行政诉讼中直接起诉的条款了。随后1989年《中华人民共和国行政诉讼法》（以下简称《行政诉讼法》）、1991年《中华人民共和国民事诉讼法》（以下简称《民事诉讼法》）两部法律相继规定了人民检察院有权对民事审判和行政诉讼进行法律监督的原则，但是在分则部分只规定了检察机关抗诉的具体条款，而没有规定检

---

[1] 最高人民检察院民事行政检察厅. 检察机关提起民事公益诉讼实践与探索［M］. 北京：中国检察出版社，2017：33.

察机关能够提起民事和行政公益诉讼。

三、改革开放后至党的十八大以前我国公益诉讼制度的相关规定

改革开放后，最初涉及类似公益诉讼规定的是1979年制定的《中华人民共和国刑事诉讼法》（以下简称《刑事诉讼法》）。该法第53条第2款规定："如果是国家财产、集体财产遭受损失的，人民检察院在提起公诉的时候，可以提起附带民事诉讼。"尽管这一时期公益诉讼的法律规定非常有限，公益诉讼的司法实践却方兴未艾。公民、检察机关、行政机关都表现出出乎意料的热情，收到了良好效果。

我国"公益诉讼第一案"发生在1996年。福建龙岩人丘某某因当地电信部门没有执行夜间长途电话半价收费的规定而将电信局告上法庭，打赢官司并获得"一元二"的电话费返还。社会组织提起的公益诉讼第一案发生在2009年，中华环保联合会和公民朱某就江苏江阴港集装箱公司在作业过程中随意排放、冲刷铁矿石粉尘造成污染，向无锡市中级人民法院提起环境民事公益诉讼。该案尽管最终以调解结案，却开拓性地进入公众视野，引发关注。检察机关提起公益诉讼的第一案发生在1997年5月。河南省方城县人民检察院因方城县工商局独树镇工商所造成国有资产流失而向方城县人民法院提起诉讼，该案检察院获得胜诉。[1]之后，全国部分检察机关开始尝试办理了一批公益诉讼案件。如

[1] 田凯，等．人民检察院提起公益诉讼立法研究［M］．北京：中国检察出版社，2017：5.

“浙江浦江县人民检察院起诉浦江县良种场和洪某案”[1]；“湖南省岳阳市云溪区人民检察院起诉娄底维亚化工有限公司案”[2]；“湖南省岳阳县人民检察院起诉岳阳县供销社日杂公司案”[3]；等等。有数据显示，从1997年到2007年，河南省检察机关民行检察部门共办理公益案件1572件，其中发出检察建议1019件，支持起诉296件，直接起诉242件，为国家挽回经济损失2.7亿元。[4] 这一时期，检察机关探索提起公益诉讼，取得了较好效果，也积累了一些经验做法，但始终缺乏明确的法律授权。最高人民法院于2004年6月17日在湖北省高级人民法院请示一案中作出的民立他字第53号《关于恩施市人民检察院诉张某某返还国有资产一案的复函》指出：“检察机关以保护国有资产和公共利益为由，以原告身份代表国家提起民事诉讼，没有法律依据，此案件不应受理，如已受理，应当驳回起诉。”此后，各地检察机关提起公益诉讼工作暂时停滞。

四、党的十八大以后我国公益诉讼制度的相关规定

2012年修正后《民事诉讼法》第55条规定：“对污染环境、侵害众多消费者合法权益等损害社会公共利益的行为，法律规定的机关和有关组织可以向人民法院提起诉讼。”作为对《民事诉

---

[1] 卢晶．浙江浦江县检察机关当原告维护国有资产胜诉．[EB/OL].(2002-11-28)[2023-11-02]. http://news.xinhuanet.com/news center/2002-11/28/content_643811.html.

[2] 检察机关“民事公诉”起风波［N］．南方周末，2003-10-30（6）.

[3] “检察机关当原告——我省首例‘民事公诉’案”［N］．人民日报，2003-01-22(13).

[4] 田凯，等．人民检察院提起公益诉讼立法研究［M］．北京：中国检察出版社，2017：6.

讼法》第55条法律规定的明确化，2013年修正的《中华人民共和国消费者权益保护法》（以下简称《消费者权益保护法》）和2014年修订的《中华人民共和国环境保护法》（以下简称《环境保护法》），分别规定了相应的社会组织可以提起公益诉讼。

随着党的十八届四中全会提出“探索建立检察机关提起公益诉讼制度”以来，2015年7月全国人大常委会授权最高人民检察院在十三个省、自治区、直辖市开展为期两年的公益诉讼试点工作。在此之下，最高人民法院于2015年1月、2016年2月、2016年4月相继发布了四个司法解释；最高人民检察院于2015年7月和2016年1月先后发布了两个司法解释。两年的试点工作进展顺利，取得了较好的法律效果和社会效果，社会各界对检察机关提起公益诉讼有相当的共识。

此后，2017年7月1日，《民事诉讼法》和《行政诉讼法》修改实施，分别规定了民事公益诉讼制度和行政公益诉讼制度，由此我国的公益诉讼制度正式确立，并进入了全面推进阶段。

通过上述对我国公益诉讼制度的发展历史梳理，可以感知公益诉讼制度发展不易，历经多次停滞、艰难探索；公益诉讼制度的发展离不开法治保障，于法有据才能蓬勃生长；于法无据只能叫停。在法治的框架下寻求改革发展，依靠法治保障推动改革发展是依法治国的普遍共识，也是公益诉讼制度发展史揭示的深刻规律。因此，全面推进、不断完善公益诉讼制度需要法律规范体系的不断完善，公益诉讼专门立法是完善公益诉讼制度的必然要求。

第二节 实现国家治理体系和治理能力现代化的题中之意

随着国家治理体系和治理能力现代化的推进，公益诉讼制度被赋予新使命新担当。现实问题的破解、发展新要求的实现都需要在法治轨道上，需要法治保障。

一、法治是国家治理体系和治理能力现代化的重要依托

党的十八届三中全会通过的《中共中央关于全面深化改革若干重大问题的决定》提出“全面深化改革的总目标是完善和发展中国特色社会主义制度，推进国家治理体系和治理能力现代化”。国家治理体系是规范公共权力、维持公共秩序的一系列制度程序，包括经济、政治、文化、社会等领域的体制机制及法律法规安排，是“一个以目标体系为追求，以制度体系为支撑，以价值体系为基础的结构性功能系统”[1]。国家治理能力则是国家管理社会各方面事务的能力，包括治党治军、改革发展稳定、内政国防外交等各方面的能力，其核心是国家各个治理主体履行各自功能的能力。[2] 国家治理体系和治理能力相辅相成，两者的现代化共同达成国家治理现代化。“有了好的国家治理体系才能提高治理能力，提高国家治理能力才能充分发挥国家治理体系的效能。”[3]

---

[1] 何增科．理解国家治理及其现代化［J］．马克思主义与现实，2014（1）：12.

[2] 中共中央关于全面深化改革若干重大问题的决定［N］．人民日报，2013－11－16（1）.

[3] 习近平．切实把思想统一到党的十八届三中全会精神上来［N］．人民日报，2014－01－01（2）.

国家治理体系和治理能力现代化是对如何解决改革发展中产生的一系列矛盾与问题的妥善应对，要求重构制度体系以及更新治理方式。[1] 在这个过程中，全面依法治国是实现国家治理体系和治理能力现代化的必然要求。

从世界各国的国家治理经验来看，国家的良政善治无不依赖法治。法治意味着法律在国家中成为最高权威并形成普遍有效约束的社会秩序状态，意味着国家和政府机构的结构与权力运作被纳入规范化道路。之所以要摒弃人治，是因为人性具有无法克服的弱点。柏拉图认为："人类的本性将永远倾向于贪恋与自私、逃避痛苦、追求快乐而无任何理性，人们会先考虑这些，然后才考虑到公正和善德。"[2] 麦迪逊也曾说："政府本身难道不是反映了人性的最大缺陷吗？如果人都是天使，就不需要政府了。如果是天使统治人，就不需要对政府有任何外来的或内在的控制了。"[3] 这些观点虽然夸大了人性的缺陷，却道明了法治理论的基础和根据："它不寄希望于社会能够出现一个个伟大贤明、思想高尚的圣人，而寄希望社会能够有一套符合制度伦理的法律规范和有利于这套规范平等实施的体制安排。"[4] 法治是维护社会公平正义、国家长治久安的保障，更是国家治理现代化的重要保障。

从现实问题解决的共识标准来看，法治是衡量和实现国家治

---

❶ 江必新．国家治理现代化与法治中国建设［M］．北京：中国法制出版社，2016：4.

❷ 李海，贾绘泽．国外学者论中国特色社会主义民主的优势与走向［J］．毛泽东邓小平理论研究，2015（5）：87.

❸ 汉密尔顿，等．联邦党人文集［M］．程逢如，等译．北京：商务印书馆，1980：264.

❹ 潘舒雨．从许霆案看法律与道德［J］．法制与社会，2009（18）：14.

理现代化的重要标准之一。世界银行推出的国家治理指数由6个指标构成：公民表达与政府问责、政治稳定与低暴力、政府效能、管制质量、法治和对腐败的有效控制。对应这些指标，国家治理能力现代化的目标应该是“更强的政府问责、更高的政治稳定与更少的社会暴力、更高的政府效能、更高的管制质量、更完善的法治以及更少的腐败”[1]。可见，把法治作为国家治理现代化的标准之一已经成为人们的共识。当今世界，国家之间、区域之间乃至世界范围内很多问题越来越多地被纳入法治轨道。在和平共处五项原则发表60周年纪念大会上的讲话中，习近平总书记再次主张：“共同推动国际关系法治化，推动各方在国际关系中遵守国际法和公认的国际关系基本原则，用统一适用的规则来明是非、促和平、谋发展。”[2] 在这样的国际时代背景下，加快推进国内法治，尤其是推进国家治理法治化，是顺应历史潮流的正确选择。[3]

从我国当前的现实问题来看，法治是实现国家治理现代化的重要依托。习近平总书记强调要“坚持在法治轨道上推进国家治理体系和治理能力现代化”。这表明实现国家治理体系和治理能力现代化的重要依托是国家治理的法治化。一方面，要推进国家治理制度体系的法治化，形成系统完备、科学规范、运行有效的国家制度体系；另一方面，要推进国家治理能力的法治化，强化宪法和法律的可实施性，提高国家制度体系的运行力、执行力。[4]

---

[1] 包刚升．“国家治理”新思路［J］．领导科学，2013（34）：20.

[2] 习近平．弘扬和平共处五项原则 建设合作共赢美好世界：在和平共处五项原则发表60周年纪念大会上的讲话［M］．北京：人民出版社，2014：11.

[3] 张文显．法治与国家治理现代化［J］．中国法学，2014（4）：5.

[4] 江必新．国家治理现代化与法治中国建设［M］．北京：中国法制出版社，2016：72.

国家治理涉及经济、政治、文化、社会、生态等多个领域，对于公共利益的保护是国家治理的难题之一。如国有资产大量流失，特别是改革开放以来推行国有企业改制以后，在一些人的恶意串通下，某些损公肥私行为导致国有资产流失达到令人触目惊心的地步。而从这些国有资产的流失过程来看，很多都是通过恶意串通、内外勾结甚至是披着合法外衣的形式进行的。一般情况下，没有合适的权利人，也没有合适途径能够追回。还比如生态环境污染和自然资源破坏，在我国以经济建设为中心的发展过程中，一些经营业主和一些地方政府过分关注经济利益，而对资源、能源和生态环境的破坏非常严重。这主要表现为大气污染、水质污染、土壤污染、噪声、震动、地盘下沉、恶臭七类典型的公害。从这些环境污染公害事件来看，往往由于受害群众少，或者受到损害威胁的人群不具体特定，致使许多受害人都不愿意主动站出来带头发起诉讼，或者是受害人由于缺乏足够的时间、精力和财力来进行诉讼而只得听之任之，造成一些地方的环境污染日趋严重甚至恶化，成为人类生存的巨大威胁。再比如因垄断等原因严重侵害消费者权益的问题，与其他市场经济国家相比，我国经济垄断和行政垄断都比较突出，之前长期实行计划经济的历史，导致不少全国性的行业垄断部门的形成，如医药、电信、供电、铁路等，基于垄断而产生的侵害消费者利益的事件也不断出现。对于此类垄断案件，通过行政手段难以解决，而一般的受害者，如在涉及众多消费者权益的纠纷中，经营者依靠损害众多消费者权益获利巨大。消费者要与之对簿公堂，明显处于劣势地位，由于难以承担时间的耗费及相关费用的支出，往往不会提起诉讼。为此，党的十八届四中全会通过的《中共中央关于全面推进依法治国若干重大问题的决定》提出“探索建立检察机关提起公益诉讼制度”，旨在以司法程序作为行政程序的补充来保护公益，为解决“公地治理”难题提出中国方案，彰显了中国治理的法治化能力和水平。

二、公益诉讼制度的发展完善需要强化法治保障

自公益诉讼制度正式确立以来，公益诉讼制度在实践中展现了巨大活力。从办案规模来看，公益诉讼案件数量呈持续上升趋势。2018 年全国检察机关公益诉讼案件立案办理 11.3 万件，2019 年为 12.7 万件，2020 年为 15.1 万件，2021 年为 16.9 万件，2022 年为 19.5 万件[1]，2023 年为 18.9 万件[2]。从办案范围来看，新制定或修订实施的《中华人民共和国安全生产法》（以下简称《安全生产法》）、《中华人民共和国个人信息保护法》（以下简称《个人信息保护法》）、《中华人民共和国军人地位和权益保障法》（以下简称《军人地位和权益保障法》）、《中华人民共和国未成年人保护法》（以下简称《未成年人保护法》）、《中华人民共和国反垄断法》（以下简称《反垄断法》）、《中华人民共和国反电信网络诈骗法》）（以下简称《反电信网络诈骗法》）、《中华人民共和国农产品质量安全法》（以下简称《农产品质量安全法》）、《中华人民共和国妇女权益保障法》（以下简称《妇女权益保障法》）等均对检察机关提起公益诉讼作出规

---

[1] 邱春艳．公益诉讼检察制度是中国式现代化在法治领域的重要体现．百度百家号［EB/OL］．https://baijiahao.baidu.com/s?id=1748367777100095204&wfr=spider&for=pc2022-11-4.

[2] 最高人民检察院官方微信．公益诉讼检察工作白皮书（2023）［EB/OL］．［2024-03-09］．https://www.spp.gov.cn/xwfbh/wsfbh/202403/t20240309_648329.shtml.

定，检察公益诉讼法定领域从《民事诉讼法》《行政诉讼法》确定的生态环境和资源保护、食药品安全、国有财产保护、国有土地使用权出让及《中华人民共和国英雄烈士保护法》（以下简称《英雄烈士保护法》）确定的英雄烈士权益保护，即“4+1”大幅扩展到“4+10”。从2019年11月至2023年6月，全国检察机关共办理新领域案件约15万件，其中公共安全领域7.8万余件，文物和文化遗产保护领域1.6万件，特殊群体权益保护领域1万余件，个人信息保护及网络治理领域1.3万余件，国防军事利益领域2174件，消费者权益保护领域3149件，反垄断、反不正当竞争领域594件。[1] 从办案效果来看，通过办案督促恢复被毁损的耕地、林地、湿地、草原约804万亩，回收和清理各类垃圾、固体废物4998.5万余吨，追偿生态修复、环境治理费用113.6亿元；督促查处、回收假冒伪劣食品约199.1万千克，查处、回收假药和走私药品约6.1万千克；督促保护、挽回国家所有财产和权益的价值约184.2亿元，追缴国有土地出让金约358亿元，收回被非法占用的国有土地6.5万余亩[2]。

随着公益诉讼显著效果的不断凸显，2019年党的十九届四中全会通过的《中共中央关于坚持和完善中国特色社会主义制度、推进国家治理体系和治理能力现代化若干重大问题的决定》中明确提出“拓展公益诉讼案件范围”和“完善生态环境公益诉讼制度”；2021中共中央印发《法治中国建设规划（2020—

[1] 最高人民检察院官方微信．检察公益上述制度知多少？一图了解［EB/OL］．［2023-09-21］．

[2] 最高人民检察院官方微信．检察公益诉讼制度知多少？一图了解［EB/OL］．［2023-09-21］．

2025年)》明确强调要“完善民事、行政检察监督和检察公益诉讼案件办理机制”“拓展公益诉讼案件范围，完善公益诉讼法律制度，探索建立民事公益诉讼惩罚性赔偿制度”。2021年印发的《中共中央关于加强新时代检察机关法律监督工作的意见》提出要“积极稳妥推进公益诉讼检察。建立公益诉讼检察与行政执法信息共享机制，加大生态环境和资源保护、食品药品安全、国有财产保护、国有土地使用权出让和英烈权益保护、未成年人权益保护等重点领域公益诉讼案件办理力度。积极稳妥拓展公益诉讼案件范围，探索办理安全生产、公共卫生、妇女及残疾人权益保护、个人信息保护、文物和文化遗产保护等领域公益损害案件，总结实践经验，完善相关立法”。

这对于一项发展时间相对较短的创新制度而言，公益诉讼制度的发展完善责任重大、使命光荣，还有许多问题需要公益诉讼专门立法予以破解，还有许多新要求亟待公益诉讼专门立法予以满足。

（一）破解公益诉讼制度法律供给不足的难题

当前，公益诉讼制度尚未形成一套完整的法律规范，法律依据呈碎片化、非体系化状态，且合法性不足。我国有关公益诉讼制度的法律规定既在传统的诉讼法中，如民事诉讼法、行政诉讼法，也在部分实体法中，如安全生产法、个人信息保护法等，还有相关的司法解释，如《最高人民法院、最高人民检察院关于检察公益诉讼案件适用法律若干问题的解释》《人民检察院公益诉讼办案规则》，以及各地方在探索中制定的地方性决定，如《湖北省人民代表大会常务委员会关于加强检察公益诉讼工作的决定》。有的实体法只原则性规定了可以适用公益诉讼的情形，并未对公益诉讼的具体程序作出规定，无法满足实践需要。有的司法解释对于相关程序和法律责任的规定有合理性但缺乏合法性，如“两高”出台的司法解释对检察机关公益诉讼起诉人身份的界定、案件管辖问题、检察机关举证的规定、撤回起诉的规定、判决类型的规定等，都超出行政诉讼法的规定。在案件管辖方面，《人民检察院公益诉讼办案规则》第 13 条规定：“人民检察院办理行政公益诉讼案件，由行政机关对应的同级人民检察院立案管辖。行政机关为人民政府，由上一级人民检察院管辖更为适宜的，也可以由上一级人民检察院立案管辖。”根据该条规定，若被诉行政机关为县级人民政府时，基层人民检察院或市（分、州）人民检察院有权管辖。《最高人民法院、最高人民检察院关于检察公益诉讼案件适用法律若干问题的解释》第 5 条第 2 款规定：“基层人民检察院提起的第一审行政公益诉讼案件，由被诉行政机关所在地基层人民法院管辖。”根据该条规定，若被诉行政机关为县级人民政府，基层人民检察院提起的第一审行政公益诉讼案件，由该县所在地基层人民法院管辖。但根据《行政诉讼法》第 15 条的规定，中级人民法院管辖对县级以上地方人民政府所作的行政行为提起诉讼的案件。此时，“两高”出台的司法解释与《行政诉讼法》该条规定产生了冲突，超出了该规定。同时，公益诉讼制度是司法制度的重要组成部分，属于法律绝对保留事项，只能由全国人大及其常委会制定法律作出规定，但地方性法规对于公益诉讼相关程序的规定，缺乏合法性。公益诉讼缺乏统一的法律依据会阻碍公益诉讼制度的进一步发展，不利于国家治理制度体系的法治化，也无法推进相关领域治理体系和治理能力现代化。

习近平总书记指出，“我们要坚持以实践基础上的理论创新推动制度创新”。公益诉讼制度作为一种新制度，其发展与完善是国家顶层设计与地方基层摸着石头过河相结合的过程。在国家治理体系和治理现代化的要求下，完善公益诉讼制度，推进公益诉讼专门立法迫在眉睫。当前立法机关、最高人民法院、最高人民检察院也正在不断探索，积累经验，虽然不同领域的公益诉讼制度存在差异，但也有较大共性，可以统合在一部专门的公益诉讼法律文本中，这是良法渐进性的客观体现，符合诉讼规则系统性要求。公益诉讼专门立法有利于公益诉讼制度化、体系化，从而形成一套系统完备、科学规范的制度体系，以进一步完善国家制度体系；有利于增强法律规范的可实施性，调动各方主体协同作战，既可以使检察机关依法主动履职，发挥自身保护公益的作用，又可以使行政机关积极整改，解决违法行政问题，有利于法治政府建设，进而提升公益诉讼制度的运行力、执行力，进一步推动社会治理水平的提升，推进国家治理能力现代化。

（二）实现公益诉讼制度发展新期待需要立法保障

1. 拓展公益诉讼受案范围

法律规范是判断一个案件是否属于公益诉讼受案范围的基本依据。虽然目前地方立法机关和检察机关在实践中也对公益诉讼受案范围进行了探索，但这种探索并没有明确的法律依据。《行政诉讼法》第25条虽然规定“等领域”，但是对于“等”字的范围只能由法律、法规、立法解释或司法解释进行规定，而各省市人大常委会发布加强检察机关公益诉讼工作的决定，“是其行使重大事项决定权之结果，而非行使地方立法权之结果”❶，于是地方对于公益诉讼受案范围的扩展缺少法律依据。同时，并不是所有的公共利益都需要通过公益诉讼进行保护，行政机关及法律授权的组织是保护公共利益的第一道防线，公益诉讼只是对行政监管的补充和监督。由于公共利益涉及的内容多，且并不是所有的公共利益都需要由公益诉讼进行保护，为了更有效地发挥公益诉讼的作用，就需要确定公益诉讼的受案范围，从宏观层面制定统一的标准，使公益诉讼的受案范围符合整个公益诉讼法律制度的要求。基于此，拓展公益诉讼受案范围亟须公益诉讼专门立法予以规定。

2. 建立民事公益诉讼惩罚性赔偿制度

惩罚性赔偿，是指“侵权人所要承担的损害赔偿数额超过其造成被侵权人实际损失数额，在填平被侵权人损害的基础上提高赔偿数额，以彰显对侵权人侵权行为进行惩罚的制度”❷。根据《中华人民共和国民法典》（以下简称《民法典》）第179条的规定：“法律规定惩罚性赔偿的，依照其规定。”现阶段我国法律关于惩罚性赔偿的规定主要有《民法典》第1185条侵害知识产权领域、1207条产品责任领域、1232条生态环境领域，《消费者权益保护法》第55条，《中华人民共和国食品安全法》（以下简称《食品安全法》）第148条，《中华人民共和国药品管理法》

❶ 张琦．检察行政公益诉讼案件范围拓展的现状、问题及进路［J］．新疆大学学报（哲学社会科学版），2022，50（3）：27－35．

❷ 孟穗，柯阳友．论检察机关环境民事公益诉讼适用惩罚性赔偿的正当性［J］．河北法学，2022，40（7）：135－148．

（以下简称《药品管理法》）第 144 条等。在公益诉讼领域，根据《最高人民法院关于审理生态环境侵权纠纷案件适用惩罚性赔偿的解释》第 12 条规定："国家规定的机关或者法律规定的组织作为被侵权人代表，请求判令侵权人承担惩罚性赔偿责任的，人民法院可以参照前述规定予以处理。但惩罚性赔偿金数额的确定，应当以生态环境受到损害至修复完成期间服务功能丧失导致的损失、生态环境功能永久性损害造成的损失数额作为计算基数。"这是目前较为明确适用惩罚性赔偿制度的环境民事公益诉讼。然而在消费公益诉讼领域，根据《消费者权益保护法》第 55 条、《食品安全法》第 148 条规定的惩罚性赔偿请求权主体是消费者或受害人，而对于消费者和受害人是否包括法律规定的机关和组织，并未作出规定。《最高人民法院关于审理消费民事公益诉讼案件适用法律若干问题的解释》虽然规定检察机关和社会组织有权提起消费民事公益诉讼，但第 13 条也没有明确规定可以适用惩罚性赔偿。从司法实践来看，在裁判文书网以"消费公益诉讼、惩罚性赔偿"为关键词进行搜索，共能搜到 33 篇法律文书，这表明我国消费民事公益诉讼领域的惩罚性赔偿制度已开始探索，但"各地在办理中对惩罚性赔偿的适用范围、构成要件、赔偿标准以及赔偿金的管理使用等方面仍不统一，存在不少争议"[1]，暴露出民事公益诉讼惩罚性赔偿制度法律不足的困境。因此，要建立民事公益诉讼惩罚性赔偿制度亟须公益诉讼专门立法予以规定。

---

[1] 龙婧婧．公益诉讼专门立法的框架结构探析［N］．民主与法制时报，2023－05－18（5）．

3. 完善公益诉讼办案机制

这包括公益诉讼办案的内外部机制建设。内部机制建设主要是加强建设检察一体办案机制，《人民检察院公益诉讼办案规则》第11条规定："人民检察院办理公益诉讼案件，实行一体化工作机制。"检察机关内部各部门、上下级检察机关要形成相互协作机制，有利于整合检察机关的办案力量，提高办案质量和效果。[1] 外部机制建设要加强检察机关与行政机关、法院、社会主体的协作机制，[2] 有利于发挥其他国家机关和社会主体的积极作用，彼此形成良性、互动、积极的工作关系，共同维护国家利益和社会公共利益。目前，公益诉讼办案尚未形成完善的工作机制。比如在内部机制建设方面，检察机关办理公益诉讼案件时在线索移送、调查核实、技术支持等方面的内部协作不够；[3] 在外部机制建设方面，公益诉讼检察与行政执法信息共享机制尚未健全，影响公益诉讼案件线索的发现以及二者之间的沟通协调；现行法律缺少对支持公众参与公益诉讼的相关规定，缺乏对公众参与的保障途径，导致公众参与范围狭窄。这些问题需要相关法律法规的不断完善，实行公益诉讼专门立法迫在眉睫。

---

[1] 王帮元．检察机关提起公益诉讼工作机制完善路径分析［C］//深化依法治国实践背景下的检察权运行：第十四届国家高级检察官论坛论文集国家检察官学院会议论文集．2018：454－463．

[2] 邵世星，周晓霞．检察机关提起公益诉讼状况评估与对策建议［C］//深化依法治国实践背景下的检察权运行：第十四届国家高级检察官论坛论文集国家检察官学院会议论文集．2018：432－453．

[3] 钟晓云，李庆，易亚东．公益诉讼一体化办案机制研究：以重庆市人民检察院第二分院辖区实践为样本［J］．中国检察官，2019（17）：57－60．

第三节　公益诉讼特殊本质的必然要求

诉讼的本质是社会主体为了解决纠纷而进行交涉从而达成合意。[1] 由于纠纷的主体不同、内容不同，纠纷的性质也因此存在差异，而纠纷的性质决定了诉讼的性质。[2] 民事诉讼解决平等主体间因私法上权利义务关系所发生的民事纠纷，行政诉讼解决人民与政府机关因公法上权利义务而发生的行政纠纷，公益诉讼则针对侵犯国家利益、社会公益的行为提起诉讼，解决不特定主体间的纠纷。可见，传统诉讼与公益诉讼解决的纠纷性质不同，二者的本质也不同。而公益诉讼特殊的本质产生对立法的新需求。

一、主观诉讼与客观诉讼的理论基础

诉讼性质关涉诉讼类型的划分。“民事诉讼都是基于主观权利请求启动，影响主观权利的民事上的事实或行为具有相对性，仅对双方当事人产生作用；并且法院审查围绕着当事人之间的争议展开，判决与诉讼请求直接关联，指向权利救济。因此，民事诉讼从性质上分析就是主观诉讼。”[3] 行政诉讼制度是从民事诉讼发展而来，但因其诉讼标的及争议具有双重性，而对其诉讼性

---

[1] 金涛，吴如巧．检察行政公益诉讼制度的公正性检视［J］．重庆大学学报（社会科学版），2020（4）：184－195.

[2] 占善刚，施瑶．论检察机关的诉讼实施权和角色定位：基于民事公益诉讼本质的思考［J］．学习与实践，2020（7）：70－79.

[3] 薛刚凌．行政公益诉讼类型化发展研究：以主观诉讼和客观诉讼划分为视角［J］．国家检察官学院学报，2021，29（2）：81－99.

质有一定的争议，产生主观诉讼与客观诉讼之分。

（一）主观诉讼与客观诉讼的域外理论

从外国法的渊源来看，对于主观诉讼与客观诉讼的探讨较多的是大陆法系国家，而且不同国家选择不同的诉讼类型构造并各有偏重。在行政诉讼发源地法国，行政诉讼有主观诉讼与客观诉讼两种基础分类，对于违反客观的法律规则、法律地位所提起的诉讼是客观诉讼，对违反主观的法律规则、法律地位提起的诉讼是主观诉讼。[1] 与法国不同，德国的行政诉讼制度经过主观诉讼的南德方案与客观诉讼的北德方案的博弈，最终选择了主观诉讼的模式，保护个人权利成为行政诉讼的核心目标。[2] 作为例外，德国行政诉讼中的规范审查之诉属于客观诉讼的范畴。[3]《德国行政法院法》第40条第1款规定："在联邦法律没有明确规定由其他法院管辖的情况下，所有非宪法性的公法争议由行政法院管辖。州法律也可以规定州法适用范围内的公法争议由其他法院管辖。"日本移植了德国的模式，形成以主观诉讼为主、以客观诉讼为补充的行政诉讼类型，对于抗告诉讼和当事人诉讼都属于主观诉讼，而机关之诉及民众诉讼则归于客观诉讼的范畴。[4] 客观诉讼需要法律的特定规定才能提起。[5]

---

[1] 赵宏．保护规范理论的历史嬗变与司法适用［J］．法学家，2019（2）：1－14，191．

[2] 刘飞．德国公法权利救济制度［M］．北京：北京大学出版社，2009：45．

[3] 德国的公法秩序维护更多依赖于宪法诉讼。换言之，德国的宪法诉讼更多为公法上的客观诉讼。客观法秩序的维护主要通过宪法诉讼完成。机构争议/联邦争议、规范审查等都属于宪法诉讼的范畴。虽然个人基于权利救济也可以提起宪法诉讼，但宪法诉讼设置的目的不是救济个人，而是维护客观法律秩序。

[4] 盐野宏．行政法［M］．杨建顺，译．北京：法律出版社，1999：430．

[5] 盐野宏．行政法［M］．杨建顺，译．北京：法律出版社，1999：431．

在英美法系国家，由于遵循司法惯例，司法审查（行政诉讼）的类型不是人为创设，但司法实践中主观诉讼和客观诉讼的分界依然十分明显。英国的普通救济程序如禁止令和宣告令非常类似于民事诉讼，侧重保护个人权利，特别救济或公法救济则是为了公法秩序。值得注意的是，在英国的普通救济中，检察长可以出借自己的名字供私人提起诉讼，实质上保护的是公共利益，把对个人权利的救济延伸到了对公共利益的保护。❶ 公法救济中的调卷令和禁令的基本目标是通过防止越权和滥用权力，维护客观法秩序，而不是最终确定私人权利。❷ 行政机关也可以请求公法救济上的强制令，用来命令另一个行政机关做某事。❸ 美国的司法审查继受了英国的普通救济制度和特别救济制度，但又发展出法定司法审查的路径，而后者偏向于客观诉讼，主要对行政行为的合法性进行审查。如 1914 年《美国联邦贸易委员会组织法》规定："任何个人、合伙人或公司，被委员会命令停止使用某种竞争方法地或行为地，或该个人、合伙人或公司的居所或营业所所在地的上诉法院，提出书面申诉，请求法院审查并撤销这个命令。"❹

上述国家都存在主观诉讼与客观诉讼之分，大陆法系国家更多是制度选择的结果，而英美法系国家则由历史惯例形成。后者虽学术上没有主观诉讼和客观诉讼之分，但普通法救济接近主观诉讼，而特别救济和法定救济则偏重于客观诉讼。

---

❶ 盐野宏．行政法［M］．杨建顺，译．北京：法律出版社，1999：257.
❷ 威廉·韦德．行政法［M］．徐炳，等译．北京：中国大百科出版社，1997：390.
❸ 威廉·韦德．行政法［M］．徐炳，等译．北京：中国大百科出版社，1997：272.
❹ 王名扬．法国行政法［M］．北京：北京大学出版社，2016：422－423.

（二）主观诉讼与客观诉讼的区别

总体来看，主观诉讼与客观诉讼的标准是以诉讼目的及诉讼构造划分。主观诉讼以救济权利为目标，诉讼构造侧重于主观权利和损害争议的审查和裁判；而客观诉讼则以秩序公益为导向，诉讼构造以行政机关行政行为的合法性审查和裁判为宗旨。两者的区别如表1－1所示。

表1－1　主观诉讼与客观诉讼的主要特征

主要特征	诉讼类型	
	主观诉讼	客观诉讼
主要目的	保护个人主观公权利	维护客观法秩序
原告资格	主观权利受影响的相对人	认为受行政行为不利影响的相对人
审查对象	权利主张及合法性争议	行政行为的合法性
裁判内容	解决权利争议	判定行政行为是否合法
判决效力	约束当事人，无对世效力	约束当事人，有对世效力

二、主客观诉讼区别之于公益诉讼立法的特殊性

公益诉讼，广义上是指包括国家机关在内的任何组织或者个人，认为包括行政机关及其国家机关或者公益性机构乃至一般组织或者个人的作为或者不作为违法，对国家利益、社会公共利益或者他人利益造成侵害或者可能造成侵害的，皆可以根据法律的规定向人民法院提起的诉讼。[1] 中义上的公益诉讼是指特定的国

---

[1] 杨建顺.《行政诉讼法》的修改与行政公益诉讼［J］. 法律适用，2012（11）：60－68.

家机关、组织和个人在法律法规授权的前提下，对于侵犯国家利益、社会利益和不特定人利益的违法行为，向人民法院提起的诉讼。狭义的公益诉讼仅指国家机关代表国家以国家的名义提起的诉讼。[1] 依据被诉对象的不同，可进一步分为民事公益诉讼和行政公益诉讼。前者主要是指在产品质量侵权、环境公害、医疗损害等情形下，因当事人缺乏相应性和对应性，由非法律上的利害关系人提起的诉讼，在诉讼过程中适用民事诉讼法的相关规定；后者是针对国家公权机关的行为或不行为提起的诉讼，在诉讼过程中适用行政诉讼法的相关规定。[2] 现阶段我国公益诉讼制度可以概括为对损害国家利益和社会公共利益的违法行为，由法律规定的国家机关或组织向人民法院提起诉讼的制度。根据被诉对象的不同，公益诉讼可分为民事公益诉讼和行政公益诉讼：民事公益诉讼是针对侵犯社会公共利益的民事违法行为，向法院提起民事诉讼，由法院通过司法程序追究违法行为并借此保护和捍卫公共利益的一种法律制度；行政公益诉讼是针对行政主体的违法作为或不作为对公共利益造成侵害或侵害之虞时，为维护公共利益而向法院提起的行政诉讼。

基于此，结合主客观诉讼理论，可以发现公益诉讼与传统诉讼解决纠纷的性质不同，诉讼本质也不同，具体表现如下。

一是诉讼目的不同。传统诉讼目的在于解决私权争议，而公益诉讼目的在于维护公共利益和客观法秩序。民事诉讼的受案范围是民事主体之间因人身、财产关系而提起的诉讼，诉讼目的是

---

[1] 林丽．关于环境行政公益诉讼的法律思考［J］．河北法学，2007（8）：152－155.

[2] 王太高．论行政公益诉讼［J］．法学研究，2002（5）：42－53.

保护当事人的合法权益。行政诉讼的性质尽管仍有争议[1]，但主流的观点认为其属于主观诉讼范畴，诉讼目的是“保护公民、法人和其他组织的合法权益”。因为行政诉讼是一种行政法律救济制度，行政相对人的合法权益由于行政主体实施的违法行政行为而遭受侵害，从而提起行政诉讼，请求法院撤销、改变行政主体的违法行政行为，或确认其违法以保护自己的合法权益，即为自己提供法律救济。法院的判决效力只约束案件当事人，法院对行政行为的合法性审查结果只是在裁判理由中作出说明，是审理案件必须采取的手段。公益诉讼是针对侵害国家利益或者社会公共利益的行为，当法律上没有直接利害关系的主体，或者是有直接利害关系的主体但其不愿提起诉讼时，由法律授予没有直接利害关系的特定主体提起的非自利性诉讼。作为一种新的诉讼制度，公益诉讼不以与案涉利益有直接利害关系作为对当事人资格的限定，赋予检察机关提起公益诉讼是一种典型的客观诉讼，其目的就是维护公共利益和客观的法律秩序。根据我国《民事诉讼法》《行政诉讼法》的规定，当存在法定领域公共利益受损的情形时，人民检察院有权依法提起公益诉讼。人民检察院作为我国的法律监督机关，在国家利益与社会公共利益已经被损害或即将被损害的情况下，通过主导公益诉讼制度运行，督促行政机关依法履行职责，纠正违法行为，恢复客观法秩序，保护国家利益和社

[1] 部分学者认为我国行政诉讼制度是一种客观诉讼制度，法院仅主要审查行政行为的合法性，目的是维护客观的法律秩序；部分学者认为我国行政诉讼制度由于诉讼请求的主观性和裁判的客观性而呈现出“内错裂”形态；还有学者认为我国行政诉讼是由认为行政行为侵害其合法权益的相对人提起的，是一种以个人权利救济为目的的诉讼，属于主观诉讼。

会公共利益，是其承担监督法律实施职能的合理延伸。❶

二是诉讼程序不同。诉讼过程贯穿着对案涉利益的处分，不论是从诉讼请求的确定，调查、取证和证明，还是到是否和解或撤诉，以及是否接受裁判结果、如何处置胜诉利益等，都围绕着诉讼目的而展开。❷ 基于传统诉讼与公益诉讼的诉讼目的不同，两者的诉讼程序也不同。比如传统诉讼中要求原告与争议事实具有法律上的直接利害关系，而公益诉讼中检察机关提起公益诉讼是其法律监督职能的履职体现而非为其自身利益；传统诉讼中当事人双方可以自由处分涉案利益，而公益诉讼中法定主体无法自由处分涉案公共利益。

三是法律责任不同。传统诉讼中法律责任的承担是为了保护私人利益，公益诉讼中法律责任的承担是为了保护公共利益。这在民事诉讼与民事公益诉讼中差别较为明显。根据我国《民法典》的规定，承担民事责任的方式有停止侵害，排除妨碍，消除危险，返还财产，恢复原状，修理、重作、更换，继续履行，赔偿损失，支付违约金，消除影响、恢复名誉，赔礼道歉。现有法律规定对于公益诉讼需要承担的法律责任并未作出特别规定，还是以“民事责任”之名行“公共责任”之实。❸《最高人民法院关于审理环境民事公益诉讼案件适用法律若干问题的解释》第10条第3款规定：“公民、法人和其他组织以人身、财产受到损害为由申请参加诉讼的，告知其另行起诉。”由此表明，提起民

❶ 王周户，黄世伟．推动构建中国特色检察公益诉讼法律制度［J］．人民检察，2022（5）：26－30.

❷ 巩固．公益诉讼专门立法必要性刍议［J］．人民检察，2022（5）：21－25.

❸ 巩固．公益诉讼专门立法必要性刍议［J］．人民检察，2022（5）：21－25.

事诉讼是由于人身权、财产权损害，其法律责任更侧重于弥补人身权、财产权损害；提起环境公益诉讼是由于生态环境破坏损害了公共利益，其法律责任更侧重于弥补、修复遭到破坏的生态环境。两者法律责任的不同，不适宜在一个诉讼中一并解决。

由此，上述传统诉讼与公益诉讼的本质差别使得公益诉讼不能机械地适用传统诉讼规则，传统诉讼规则也不能实现公益诉讼的目的。进行公益诉讼专门立法，构建独立完整的公益诉讼规则是公益诉讼特殊本质的内在要求，也是推动公益诉讼制度完善发展的必由之路。

CHAPTER 02 >> 第二章

公益诉讼专门立法的基本框架

采取怎样的立法框架是公益诉讼专门立法首要研究的问题。本章在全面梳理现有涉及公益诉讼有关规范性文件的基础上，结合学界对此问题的理论研究观点，就公益诉讼专门立法的基本框架提出方案。❶

第一节　公益诉讼现有规范研究

目前中央层面涉及公益诉讼有关的规范性文件规定主要有法律、司法解释和“两高”出台的一些通知、报告和批复。其中对于公益诉讼内容规定最为详尽的是以下两部司法解释：《最高人民法院、最高人民检察院关于检察公益诉讼案件适用法律若

❶ 龙婧婧．公益诉讼专门立法的框架结构探析［N］．民主与法制时报，2023－05－18（5）．

干问题的解释》（以下简称《检察公益诉讼解释》)、《人民检察公益诉讼办案规则》（以下简称《办案规则》)。从结构来看，《检察公益诉讼解释》主要分为四部分，分别为一般规定、民事公益诉讼、行政公益诉讼、附则。《办案规则》一共分为六章，分别是总则、一般规定、行政公益诉讼、民事公益诉讼、其他规定和附则六个部分（见表2-1)。

表2-1　公益诉讼立法概况梳理

基本法	《民事诉讼法》第58条第2款
	《行政诉讼法》第25条第4款
	《人民检察院组织法》(2018年修正）第20条
	《环境保护法》第58条；《个人信息保护法》第70条
	《消费者权益保护法》第55条；《英雄烈士保护法》第25条；《反垄断法》第60条
	《食品安全法》第148条；《未成年人保护法》第106条；《安全生产法》第74条
	《药品管理法》第144条等；《军人地位和权益保障法》第62条；《农产品质量安全法》第79条；《反电信网络诈骗法》第47条；《妇女权益保障法》第77条
司法解释	《最高人民法院关于审理环境公益诉讼案件的工作规范》
	《检察公益诉讼解释》
	《人民检察院公益诉讼办案规则》
地方性法规及立法性决定	《深圳经济特区生态环境公益诉讼规定》《湖北省人民代表大会常务委员会关于加强检察公益诉讼工作的决定》等
内部规定	《检察机关民事公益诉讼案件办案指南（试行)》
	《检察机关行政公益诉讼案件办案指南（试行)》

地方层面涉及公益诉讼有关的规范性文件主要是各地方人大常委会依据有关法律规定，结合自身实际情况发布的进一步落实检察公益诉讼工作的决定。截止到2022年11月，全国共有26个省级地方人大常委会发布了“关于加强检察公益诉讼工作”的决定。26部决定中，湖北省、河南省、青海省等省份的规定较为原则、笼统；河北省、浙江省、上海市等的规定较为详尽。26个省级地方性公益诉讼决定在条文数量上存在很大差异，如青海省的整个文件只有4条；而江苏省的整个文件有22条之多。26部决定虽然在结构和条文数量上有较为明显的差别，并且也未进行明确的分章节规定，但是其框架整体上还是遵循了“总—分—总”、先原则后具体的模式。进一步分析其内部结构，并且与《检察公益诉讼解释》和《办案规则》进行对比，也可以看出它们并没有在每部分之前明显标明一般规定、附则等明示标题，鉴于其条款较少，所以只能提炼总结其更为细节的结构内容，现将上述规范文件的结构通过图表的形式展现于下表2－2（以下仅列举具有代表性的结构形式，重复或类似的省份不再进行列举）所示。

同时，在26个地方人大常委会有关公益诉讼的决定中，既有大量共性规定，又有各自特色性的规定。以下将通过表格的形式，从指导思想、受案范围、开展公益诉讼的方式、诉前程序、调查取证方式等方面对26个地方人大有关公益诉讼决定的共性和特色规定予以列举，对比分析（见表2－3）。

表 2－2　目前有关公益诉讼规范性文件的基本结构

名称	基本结构
《检察公益诉讼解释》	一般规定、民事公益诉讼、行政公益诉讼、附则
《办案规则》	总则、一般规定、行政公益诉讼、民事公益诉讼、其他规定和附则
《湖北省人民代表大会常务委员会关于加强检察公益诉讼工作的决定》	立法依据和立法目的条款、其他国家机关在公益诉讼中的配合义务（各级人大常委会、政府、法院、检察院）、各国家机关之间的协调配合、生效条款
《河北省人民代表大会常务委员会关于加强检察公益诉讼工作的决定》	立法依据和立法目的、对于检察机关的一般规定、其他国家机关在公益诉讼中的配合义务、各国家机关之间的协调配合、生效条款
《青海省人民代表大会常务委员会关于加强检察公益诉讼工作的决定》	除立法依据和生效条款外，正文部分仅有四条：切实维护检察机关法律监督地位、充分发挥检察机关公益诉讼职能、全面增强公益诉讼检察工作合力、不断加强对公益诉讼的监督支持
《山西省人民代表大会常务委员会关于加强检察公益诉讼工作的决定》	分为七个部分，首尾两部分分别为：检察公益诉讼工作的重要意义和生效条款。中间五个部分根据主体不同来规定各国家机关的职责，分别为：检察机关、行政机关、监察机关、审判机关、加大检察公益诉讼的宣传力度

表 2-3 26个地方人大有关公益诉讼决定的共性和特色规定

内容	共性	特色规定
指导思想	坚持以习近平新时代中国特色社会主义法治思想为指导	—
公益诉讼的受案范围	采取概括式和列举式的立法模式。基本上都列明了《办案规则》中规定的行政公益诉讼和民事公益诉讼的范围	上海市依法探索开展城市公共安全、金融秩序、知识产权、个人信息安全、历史风貌区和优秀历史建筑保护等领域的公益诉讼工作；宁夏回族自治区探索办理违反《国旗法》《国徽法》《国歌法》的公益诉讼案件；甘肃省积极探索在乡村振兴领域的公益诉讼案件；海南省拓展旅游消费方面的公益诉讼案件
开展公益诉讼的方式	各地方都明确规定了开展公益诉讼是检察机关依法履行法律监督职能的一项重要举措。检察机关开展公益诉讼的方式主要是：诉前检察建议、提起诉讼、支持起诉、督促起诉等。并且坚持把通过诉前程序实现维护公益目的作为最佳目标	江苏省提出在生态环境损害赔偿方面建立健全生态环境损害赔偿程序与检察公益诉讼衔接机制；陕西、新疆等省份提出检察机关对损害社会公共利益的犯罪行为提起刑事诉讼时，可以依法向人民法院提起刑事附带民事公益诉讼

续表

内容	共性	特色规定
行政规范性文件附带性审查	—	山西省提出在公益诉讼工作中发现行政规范性文件存在合法性问题的，可以向有关制定主体提出意见和建议，也可以向本级人大常委会提出合法性审查建议
诉前程序	民事公益诉讼中的公告制度，即检察机关在履行职责中发现民事主体损害社会公共利益，拟提起民事公益诉讼的，应当履行诉前公告程序；在行政公益诉讼中规定了检察机关的诉前检察建议制度，行政机关应在收到诉前检察建议之后法定期间内书面回复检察机关	河北省明确检察机关应当及时对检察建议的采纳落实情况进行跟踪督促；对检察公益诉讼案件反映的行业性、普遍性问题，及时向同级人民政府提出工作建议；对涉及重大公共利益、社会高度关注或者可能引发群体性事件的公益诉讼案件，在向有关行政机关发出检察建议的同时，向同级人民代表大会常务委员会报备
调查取证的方式	与《办案规则》第二章第四节中列举的内容保持一致	上海市进行制度创新提出，根据调查核实工作需要，检察机关可以指派司法警察、检察技术人员协助检察官履行调查核实职责，也可以委托、聘请其他专业机构、人员参与调查核实工作

续表

内容	共性	特色规定
检察公益诉讼协作机制	在检察公益诉讼协作机制方面，多数省份都规定了其他国家机关应当协助保障公益诉讼制度落实实施。主要是与各级人大常委会、各级人民政府及其部门、监察机关、各级人民法院等国家机关之间的协作机制	甘肃省提出，行政机关应当建立健全行政违法预防机制，强化对检察公益诉讼案件个案剖析和类案研究，主动排查行政违法行为的多发领域和重点环节。浙江省提出，加快省域空间治理数字化平台、生态环境综合管理平台、基层治理四平台与检察机关的联通，建立审计监督、安全生产监督、公共卫生监督与检察公益诉讼衔接机制，建立生态环境损害赔偿、生态环境保护督察与生态环境公益诉讼衔接机制，实现行政执法信息与检察机关共享。上海市提出，审判机关应当加强检察公益诉讼审判专门化、专业化建设，优先组成有专门知识的人民陪审员参加的合议庭审理公益诉讼案件，探索和完善专家辅助人等制度
公益诉讼案件线索	鼓励社会公众依法向检察机关举报公益诉讼案件线索；行政机关与检察机关、审判机关加强工作衔接，建立行政执法、司法审判与公益诉讼工作衔接信息平台，相互开放相关信息和数据，实现信息共享	—

续表

内容	共性	特色规定
公益诉讼鉴定保障工作	各地方都在积极培育具备生态环境损害鉴定资质的司法鉴定机构。推动有条件的地级以上市检察机关建设快速检测实验室。加强对公益诉讼鉴定工作的监督管理，规范鉴定行为和收费标准，探索推行检察公益诉讼案件先鉴定、后付费的工作保障措施	广东省积极探索鼓励和支持高等学校、科研院所等建设生态环境损害司法鉴定机构。鼓励和支持有关机构或者专家为生态环境公益诉讼案件提供鉴定服务、专业咨询和技术指导
经费保障	多数省份规定各级财政部门对检察机关公益诉讼工作所需经费予以保障，纳入年度部门预算。财政部门应当探索建立公益诉讼赔偿金管理使用机制，确保赔偿资金用于公益赔偿、修复、保护等	—
公益诉讼机构和队伍建设	建立配置科学、运行高效的公益诉讼检察机构；配齐配强专业办案力量，加强对公益诉讼办案人员的司法责任考核；开展教育培训，提高队伍专业素质，为全面正确履行公益诉讼职责提供组织保障和人才支撑	江苏省提出，会同有关部门加强对律师执业的保障和监督，发挥律师在公益诉讼中的积极作用。内蒙古自治区积极推动公益诉讼专门机构和队伍建设，建立配置科学、运行高效的公益诉讼专门机构，建立健全涉及公益诉讼的刑事、民事、行政案件统一由公益诉讼部门办理的“三检合一”办案

续表

内容	共性	特色规定
公益诉讼机构和队伍建设		模式。青海省指导律师、公证机构为公益诉讼案件当事人依法提供法律服务，为符合条件的当事人提供法律援助

资料来源：①上海市人民代表大会常务委员会．关于加强检察公益诉讼工作的决定［Z］．

②宁夏回族自治区人民代表大会常务委员会．关于加强检察机关公益诉讼工作的决定［Z］．

③甘肃省人民代表大会常务委员会．关于加强检察公益诉讼工作的决定［Z］．

④江苏省人民代表大会常务委员会．关于加强检察公益诉讼工作的决定［Z］．

⑤河北省人民代表大会常务委员会．关于加强检察公益诉讼工作的决定［Z］．

⑥上海市人民代表大会常务委员会．关于加强检察公益诉讼工作的决定［Z］．

⑦甘肃省人民代表大会常务委员会．关于加强检察公益诉讼工作的决定［Z］．

⑧浙江省人民代表大会常务委员会．关于加强检察公益诉讼工作的决定［Z］．

⑨上海市人民代表大会常务委员会．关于加强检察公益诉讼工作的决定［Z］．

⑩广东省人民代表大会常务委员会．关于加强检察公益诉讼工作的决定［Z］．

⑪江苏省人民代表大会常务委员会．关于加强检察公益诉讼工作的决定［Z］．

⑫内蒙古自治区人民代表大会常务委员会．关于加强检察公益诉讼工作的决定［Z］．

⑬青海省人民代表大会常务委员会．关于加强检察公益诉讼工作的决定［Z］．

综上对公益诉讼有关规范性文件加以研究，可以对我国公益诉讼专门立法的基本框架可以提出如下思路：在整体结构上宜采用“总—分—总”、先原则后具体的结构模式，其中在每一章节规定中也可以遵循“总—分—总”的结构形式，条文排列上也可以借鉴表2-1中所述的形式，即可以按照主体的不同来排列；在内容上，表2-2中共性内容在公益诉讼专门立法中应当优先考虑，特色内容也可为公益诉讼专门立法提供重要的补充和借鉴。

第二节 理论观点研究

专家学者的理论研究为公益诉讼专门立法提供了重要基础。在公益诉讼专门立法的基本框架选择上，许多学者也提出了不同的看法，其中有代表性的观点如下：一是“五章结构”型或“四章结构”型。如有学者认为，“公益诉讼法”的布局上应当设计为五章，即“总则”、“行政公益诉讼”、“民事公益诉讼”、“附带公益诉讼”和“附则”。“行政公益诉讼”、“民事公益诉讼”和“附带公益诉讼”合称为“分则”❶。有学者认为，制定专门的公益诉讼法应当作一个远期目标，在法的结构布局上可以考虑设计为四章，即“总则”、“提起民事公益诉讼”、“提起行政公益诉讼”和“附则”。❷ 二是“总—分—总”模式。如有学

❶ 颜运秋. 中国特色公益诉讼制度体系化构建［J］. 甘肃社会科学，2021（3）：87-96.

❷ 张峰，张嘉军. 人民检察院提起公益诉讼的立法模式［J］. 人民论坛·学术前沿，2018（8）：120-123.

者认为“公益诉讼法”在体系结构上宜采取“总—分—总”模式，运用“提取公因式”的立法技术，按照“同一”和“差异”的界分，在行政公益诉讼与民事公益诉讼中提取一般规则，形成其总则部分，着重规定立法目的、调查核实权限、证明责任、管辖等共性问题；依据传统诉讼的划分规则，在分则部分设置不同章节，分别就民事公益诉讼与行政公益诉讼作出规定。❶ 三是“综合式”。如有学者认为，《公益诉讼法》应定位为一部综合法、基本法，内容上吸纳现行《民事诉讼法》第 55 条、《行政诉讼法》第 25 条第 4 款相关规定，结构上对民事公益诉讼和行政公益诉讼作专章规定，除程序规定外，还应当包含诸如责任方式、构成要件甚至权益范围等实体性内容。❷

上述学者对公益诉讼专门立法的具体内容虽然存在不同观点，但是对其基本框架总体认可“总—分—总”模式。在内部具体的结构安排上，除“总则”和“附则”以外，分则部分有的分为两章，有的分为三章，但是都包含“民事公益诉讼”和“行政公益诉讼”两个部分。

第三节　我国公益诉讼专门立法的结构选择

综合我国现行规范文件研究和理论研究，我国公益诉讼专门立法应当采取“总—分—总”的结构，至少应当包含总则、分

---

❶ 王炜，张源．公益诉讼专门立法模式选择［N］．检察日报，2021－04－07（3）．

❷ 巩固．公益诉讼的属性及立法完善［J］．国家检察官学院学报，2021，29（6）：55－71．

则（民事公益诉讼、行政公益诉讼）和附则三个部分。具体内容如下。

（1）总则。总则对全法具有纲领性和统率性，一般规定分则的共性内容。公益诉讼专门立法的总则应当规定立法目的、立法根据、立法的原则、法的效力、概念定义、基本制度等内容。第一，立法目的和立法依据。立法活动围绕立法目的展开。立法目的主要包含立法精神、宗旨，及所依据之法理等内容，通常将其置于法律条文之首以达到俯瞰、统合、解释具体制度的目的。我国立法通常采用“为了……制定本法”的格式，公益诉讼法的立法目的条款也应当采用该格式，并体现对公共利益的司法保障和维护。从我国的立法习惯来看，立法依据通常与立法目的规定于同一法律条款之中，并置于法律开端，列为首条。确立立法根据条款的目的主要在于：保障立法的法源基础；明确法的效力等级；增强法的可执行性。第二，基本原则和定义条款。相较于一般法律规则，基本原则具有宽泛、抽象的特点。一般认为法律的基本原则的价值在于确保规则的正当性；指导法律解释；填补规则漏洞等。因此，在公益诉讼立法中应当在总则中明确基本制度，形成一套结构合理、层次分明、内容翔实的公益诉讼制度体系。法律的定义通常与日常生活中的定义有本质上差别，在法律的总则中应当对法律定义作出规范性的、符合立法目的的解释。第三，基本制度。总则中的基本制度应当是统领分则并且在分则中同样适用的制度，应重点规定案件范围、管辖、调查核实权限、证据的收集与保全、举证责任分配、起诉主体的诉讼地位、审理组织等。此外，公益诉讼不是孤立的诉讼，还需要对“律师风险代理制度、陪审制度、诉讼费用制度、胜诉私人原告奖励制度、公益基金管理制度、公益案件执行制度以及法律援助制度”等作出规定，[1] 形成一套完整的诉讼体系，以保证公益诉讼制度的整体运行。

（2）分则。公益诉讼专门立法应当包含民事公益诉讼和行政公益诉讼两部分，这是法律文本的主体和核心。这部分内容应当符合我国诉讼的运行过程，应当依照立案、调查、起诉、审判、执行的诉讼程序，以此来保证公益诉讼立法结构上的完整性和严密性。第一，民事公益诉讼。民事公益诉讼是公益诉讼专门立法中的主要组成部分。当前我国现行的有关民事公益诉讼的法律规定，大多散见于《民事诉讼法》《消费者权益保护法》《环境资源法》《未成年人保护法》《个人信息保护法》等程序法和实体法中，以及《检察公益诉讼解释》《办案规则》中，综合现有规定，公益诉讼专门立法的分则“民事公益诉讼”部分应当规定管辖、诉前公告、立案、证明责任、证明标准、诉讼费用、诉讼请求、和解、调解、原告申请撤诉、判决效力的扩张、上诉、裁判执行、公益诉讼与私益诉讼的协调与衔接、交叉诉讼等内容。第二，行政公益诉讼。行政公益诉讼包含诉前阶段和提起诉讼阶段两部分。目前，关于行政公益诉讼诉前程序的规定相对简略，但实践中绝大多数的案件又在此阶段得以妥善解决，且检察机关积极探索，创新出诸如“诉前磋商”等一系列契合我国国情的有益举措。因此，应当将行政公益诉讼部分划分为两节，即行政公益诉讼诉前阶段与提起诉讼阶段，并着重补全诉前程序

[1] 颜运秋．中国特色公益诉讼制度体系化构建［J］．甘肃社会科学，2021（3）：87－96.

规则缺失的弊端。[1] 行政公益诉讼的程序性要求可以参照民事公益诉讼一章的规定进行适用。

（3）附则。附则是附在法律、法规后面的规则，是法的整体中作为总则和分则辅助性内容而存在的组成部分。从我国立法实践来看，附则一般包含那些在总则和分则都不合适列入的内容，主要包括解释权条款、过渡条款、生效条款、废止条款。我国公益诉讼专门立法涉及与行政诉讼法、民事诉讼法等相关法律的关系问题，这部分内容可以在附则中予以说明规定，但对于涉及检察机关与行政机关实体权责的内容不适宜列入此章。

---

[1] 王炜，张源．公益诉讼专门立法模式选择［N］．检察日报，2021－04－07（3）．

CHAPTER 03 >> 第三章

公益诉讼专门立法重点内容之提起主体

2017 年修正的《民事诉讼法》第 55 条明确了民事公益诉讼的提起主体主要有三种类型，即法律规定的机关、有关组织和人民检察院。2023 年修正的《民事诉讼法》沿用该规定，只是法条顺序调整为第 58 条。2017 年修正的《行政诉讼法》第 25 条第 4 款明确检察机关为行政公益诉讼提起主体。那么，公益诉讼的提起主体是否仅限于上述三种类型，各主体在诉讼中如何定位，这需要从理论上、从域外视角上、从当下实践中找到立足点和完善方向。

第一节　公益诉讼提起主体的理论基础

任何制度的建立都需要以其自身理论为基础，公益诉讼也不例外。在传统诉讼理论中，原告必须是因自身的实体权利受到侵犯、通过自己的名义提起诉讼，受拘束于法院的判决，且案件的审理结果与其在法律上有直接利害关系。根据传统的诉权适格理论，检察机关、有关机关或组织不能作为诉讼当事人参与公益诉讼。原告资格问题，作为通往司法救济的入口，是接近正义的第一步。[1] 确立公益诉讼原告资格是公益诉讼制度建立的前提，检察机关、有关机关或组织提起公益诉讼的诉讼资格需要一定的理论为其提供正当性基础。

一、诉的利益理论

不同于以管理权说为基础的传统原告资格，强调需要以原告对诉讼标的享有管理权和处分权为前提，“诉的利益乃原告谋求判决时的利益，即诉讼追行利益。它是原告所主张的利益（原告认为这种利益存在而作出主张）面临危险和不安时，为了祛除这些危险和不安而诉诸法的手段即诉讼，从而谋求判决的利益及必要，这种利益由于原告主张的实体利益现实地陷入危险和不安时才得以产生”[2]。诉的利益可以从三个角度加以判断：一是请求的内容是否适合作为审判的对象，即诉讼受案范围问题；二是请求的主体是否具有正当的利益，即原告资格问题；三是法院对请求是否具有作出判定的必要性和实效性，即狭义的诉的利益。虽然目前理论上尚未就诉的利益的判断基准达成一致，但法院在判

[1] BONINE J E. 原告资格：接近正义的第一步［M］. 李鸿，译//最高人民法院行政审判庭. 行政执法与行政审判：总第 20 集. 北京：法律出版社，2007：196.

[2] 谷口安平. 程序的正义与诉讼：增补版［M］. 王亚新，刘荣军，译. 北京：中国政法大学出版社，2002：188.

定原告资格时，“不仅要以原告的个人救济为目的，同时还要为全体市民确保针对行政处分的市民性审判控制这条道路经常畅通”[1]。基于此，诉的利益理论强调根据诉讼类型（系争处分性质）的不同确定适格原告，具体而言可作以下区分：一是对于具有特定相对人的行政行为，则行政相对人具有原告资格；二是对于产生利害关系的行政行为，则利害关系人具有原告资格；三是对于并非针对特定对象而是面向社会的行政行为，则特定公益主体具有原告资格。诉的利益理论在强调保护个体私益的同时并未忽视公共利益的维护，回应了具有公共性的现代型诉讼对传统原告资格理论的质疑，并为公益诉讼原告资格提供了具体化的确立方法。[2]

二、诉讼信托理论

诉讼信托理论源于公共信托理论。依据公共信托理论，全体国民作为空气、水、土地等与人类生活密切相关且又较为脆弱的公共资源的实际所有者，为了更好地保护和使用该类公共资源，可以将该类共有财产作为公共利益委托给政府管理，政府因此与国民形成了信托关系，政府应当为全体国民维持和保护好这些公共利益，未经许可政府不能自行处理这些公共财产[3]，且政府作为该类脆弱资源的法律上的所有者，有义务保护这些脆弱资源的

---

[1] 原田尚彦．诉的利益［M］．石龙潭，译．北京：中国政法大学出版社，2014：18.

[2] 王彦．行政诉讼当事人［M］．北京：人民法院出版社，2005：68－69.

[3] SAX，JOSEPH L. The public trust doctrine in natural resource law：effective judicial intervention［J］. Michigan Law Review，1970，68（471）.

公共用途得以实现，并不得放弃这种义务。[1] 在信托财产受到侵害时，国家有义务保护该类信托财产不受侵害，包括采取诉讼的方式，这就构成了诉讼委托。但国家作为机关集合体，在环境、资源等公共利益遭受侵害时，无法直接以国家的身份提起、参与诉讼，于是通过立法机关明确授权或司法机关创设判例的方式确定某个国家机关或社会组织作为公共利益代表的方式，赋予与诉讼标的无直接利害关系的国家机关或社会组织诉讼主体资格。依授权方式不同，诉讼信托分为法定的诉讼信托和任意的诉讼信托，[2] 法定的诉讼信托又分为授予管理人诉权的诉讼信托和授予职务主体的诉讼信托，而授权检察机关或相关社会组织以原告资格提起行政公益诉讼可纳入后一种情形。另有学者对诉讼信托作了进一步划分，认为诉讼信托包括诉讼担当信托、公益诉讼信托及诉讼目的信托三种相对独立的诉讼信托。[3] 诉讼信托中公益诉讼信托则主要是指，为维护特定领域的公共利益，由法律明确授予有关国家机关或一定类型的社会团体提起公益诉讼的资格。依据诉讼信托理论，有关国家机关或社会团体作为公共利益代表，有权就公共利益损害的行为提起公益诉讼。

---

[1] 肖泽晟．公共信托理论与公共财产权保护［M］//中国法学会行政法学研究会．财产权与行政法保护：中国法学会行政法学研究会 2007 年年会论文集．武汉：武汉大学出版社，2008：777.

[2] 法定的诉讼信托是指受托的第三人不是根据法律关系主体的直接的意思表示，而是根据法律规定的强制授权条款取得诉权。任意的诉讼信托是指受托的第三人依据法律关系主体的直接意思表示，以双方合意方式取得诉权。参见王强义．论诉讼信托：兼析我国民事诉讼法第 54、55 条［J］．中南政法学院学报，1992（3）：22－28.

[3] 汤维建，刘静．为谁诉讼何以信托［J］．现代法学，2007（1）：168－176.

三、私人检察长理论

创设私人检察长理论的直接目的就是为扩展公益诉讼原告资格提供理论支撑。该理论产生于20世纪40年代，盛行于20世纪70年代，20世纪90年代中期开始受到严格的使用限制。[1]1943年，在纽约州工业联合会诉伊克斯一案[2]中，为解决该案没有构成传统诉讼案件要求的“争端”的情况下，所应具备的为维护公共利益提起诉讼的原告资格问题，弗兰克法官认为，虽然宪法禁止国会授权任何人在没有“争端”的情况下就违法行政行为提起诉讼，但国会可以依据宪法授权某一官员如联邦检察总长启动一个法律程序去阻止行政机关的违法行为，或者通过制定法律授权非官方的私人提起诉讼以阻止违法的行政行为，该获得国会授权的非官方私人被称为私人检察长。该案首次将私人检察长理论作为公益诉讼原告资格的理论基础。虽然该案因相关立法于判决后不久失效而被美国联邦最高法院第二巡回上诉法院撤销，“但是本案私人检察长的创制开创了美国普通公民即使没有实质上需要保护的权利也可以提起公益诉讼的先河，也赋予了普通公民以私人检察长的名义通过司法来执行法律的特殊功效”[3]。20世纪70年代，美国国会在环保、民权、社保、住房、反歧视、反垄断等领域运用私人检察长理论，在制定相关领域特别是环保领域的法案时设定了大量的公民诉讼条款，以此来维护公共

---

[1] 刘艺．美国私人检察诉讼演变及其对我国的启示［J］．行政法学研究，2017（5）：63－76.

[2] Associated Indus. of New York v. Ickes. 320 U. S. 707（1943）.

[3] 刘艺．美国私人检察诉讼演变及其对我国的启示［J］．行政法学研究，2017（5）：63　76.

利益和制约行政权力。但20世纪90年代开始，美国联邦最高法院开始对原告资格设定限制，要求原告受损害的利益必须是符合法定标准的利益，导致在一定程度上削弱了国会寄希望于通过普通公民诉讼实施法律的意愿。[1]

在传统原告资格理论只能为存在利害关系的当事人提起传统诉讼提供理论基础，而无法解决与诉讼标的不存在利害关系的有关国家机关、社会团体及公民个人就公共利益遭受行政行为侵害时提起公益诉讼的原告资格问题的情况下，诉的利益理论、诉讼信托理论及私人检察长理论分别从不同的角度为公益诉讼原告资格的取得提供正当性论证，其中诉的利益理论从总体上论证了非直接利害关系人取得公益诉讼原告资格的正当性，诉讼信托理论从维护公共利益职能的角度论证了相关国家机关和社会团体取得公益诉讼原告资格的正当性，私人检察长理论则从公民个体的角度论证了公民取得公益诉讼原告资格的正当性。

第二节　公益诉讼提起主体——检察机关

从公益诉讼试点开始至今的司法实践来看，检察机关提起公益诉讼取得了显著成绩，其合理性和可行性不容置疑，但实践中不断显现的各种问题也不容忽视。从理论上讲，检察机关诉讼地位直接决定了检察机关在公益诉讼中的权利与义务。现阶段，虽

---

[1] MORRISON T W. Private attorneys general and the first amendment［J］. Michigan Law Review，2005，4（103）：625.

然我国相关规范已经对检察机关的诉讼地位作了规定，但理论界和实务界仍存在不同看法。在这种情况下，以检察机关的法律地位为基础，结合现行法律规范，对检察机关在公益诉讼中的诉讼地位作出科学认定，具有重要的理论和实践意义。

一、检察机关在公益诉讼中诉讼地位的理论争议和立法变迁

（一）理论争议

从公益诉讼试点阶段起，对检察机关提起公益诉讼的诉讼地位探讨就没有停止过。特别在 2018 年《检察公益诉讼解释》出台之前，理论界讨论最为激烈，争议较多。以下是主要的代表性观点："原告人说"，是指检察机关在公益诉讼中，除了不享有诉权上的利害关系，与一般诉讼中的原告的权利和义务应当相同。[1]"公诉人说"，认为检察机关提起公益诉讼和检察机关提起刑事诉讼在本质上没有区别，它们都是通过司法程序来追究违法者的法律责任，并且在诉讼中都没有直接的利益关系。[2]"法律监督说"，是指在公益诉讼中，检察机关所处的地位是法律监督者的地位。[3]检察机关不仅可以在诉讼中监督民事违法行为、行政违法行为，也能监督可能存在不当放弃诉权行为的权利人，这时候其就具有了诉权。在公益诉讼中，检察机关实施法律监督是在民事或行政检察监督权基础之上的一种手段，其在诉讼中没有

[1] 何文燕．检察机关民事公诉权的法理分析［J］．人民检察，2005（18）：11－13.

[2] 江伟，段厚省．论检察机关提起民事诉讼［J］．现代法学，2000（6）：16－20.

[3] 廖中洪．检察机关提起民事诉讼若干问题研究［J］．现代法学，2003（3）：130－137.

直接的利益关系。“公益代表人说”，是指检察机关出于维护社会公共利益的目的，代表国家和社会公共利益提起公益诉讼。❶“双重身份说”，是指在公益诉讼中，检察机关既是原告，又享有法律监督者的身份，具有检察监督的权力，因此具有双重身份。❷

但是，不管是以上哪种学说，都具有较为明显的缺陷和漏洞。比如，“原告人说”没有考虑如果检察机关作为公益诉讼中的原告，就无法体现宪法所赋予检察机关的法律监督权，同时也忽视了公益诉讼与传统私益诉讼的不同。“公诉人说”只强调检察机关的法律监督职能和公诉权能，没有考虑到公共利益中也包含着众多的私益。“法律监督说”同样也是过于强调检察机关的法律监督职能，并且可能在某种程度上对法院的判决产生影响，不管这种影响是正面的还是负面的，都是对被告诉讼权利的侵害。“双重身份说”的最大问题就是检察机关不能在诉讼过程中既是裁判员又是运动员。❸

（二）立法变迁

早在2012年修正的《民事诉讼法》中就正式明确了民事公益诉讼制度，但是当时并没有明确能够提起该诉讼的主体，也就是没有明确说明具体哪些机关是“法律规定的机关”。而实际上，我国的多部法律已经先于公益诉讼试点工作规定了公益诉讼制度的相关内容，如《消费者权益保护法》和《环境保护法》

---

❶ “检察机关参与公益诉讼研究”课题组．检察机关提起公益诉讼的法律地位和方式比较研究［J］．政治与法律，2004（2）：128－133.

❷ 马秀梅．从民事公诉看检察机关的法律地位［N］．检察日报，2002－11－12（3）.

❸ 梅傲寒．检察机关提起民事公益诉讼研究［M］．武汉：武汉大学出版社，2022：29－30.

等，然而不难发现其中并未明确提及检察机关是否能够作为诉讼主体参与公益诉讼问题。

随着2014年党的十八届四中全会对“探索建立检察机关提起公益诉讼制度”的提出，中央全面深化改革领导小组第十二次会议上决定开始相关试点工作，而后第十二届全国人大常委会正式授权最高人民检察院在北京等十三个地区进行试点工作。2015年7月，最高人民检察院发布《检察机关提起公益诉讼改革试点方案》（以下简称《试点方案》），这对指导试点工作具有重要意义。《试点方案》明确，检察机关以“公益诉讼人”身份提起民事公益诉讼和行政公益诉讼。不久，最高人民检察院印发的《关于深入开展公益诉讼试点工作有关问题的意见》进一步明确规定：“检察机关以‘公益诉讼人’的身份提起公益诉讼、参加相关诉讼活动的行为，是履行法律监督职责的职权行为。”这表明将公益诉讼中所具有的“公益”性质和检察机关所具有的“公诉”职能有机结合在一起。后来，《人民检察院提起公益诉讼试点工作实施办法》第15条和第42条[1]再次重申了《试点方案》中的规定，将检察机关的诉讼地位定位于“公益诉讼人”。

根据最高人民法院出台的《人民法院审理人民检察院提起公益诉讼案件试点工作实施办法》第4条和第14条[2]的规定，人民

[1] 《人民检察院提起公益诉讼试点工作实施办法》第15条规定：“人民检察院以公益诉讼人身份提起民事公益诉讼。”第42条规定：“人民检察院以公益诉讼人身份提起行政公益诉讼。”

[2] 《人民法院审理人民检察院提起公益诉讼案件试点工作实施办法》第4条规定：“人民检察院以公益诉讼人身份提起民事公益诉讼，诉讼权利义务参照民事诉讼法关于原告诉讼权利义务的规定。”第14条规定：“人民检察院以公益诉讼人身份提起行政公益诉讼，诉讼权利义务参照行政诉讼法关于原告诉讼权利义务的规定。”

法院审理检察机关提起的民事公益诉讼和行政公益诉讼，应“参照民事诉讼法（行政诉讼法）关于原告诉讼权利义务的规定”进行处理。既然是“参照”，也就意味着检察机关在检察公益诉讼中的权利义务应当等同于“原告”。以此为依据，在当时的司法实践中，人民法院在立案条件、法律文书、“桌牌”摆放等方面也倾向于将检察机关视为普通原告。具体表现为：第一，立案时要求检察机关提交法定代表人身份证明、组织机构代码证和授权委托书以证明检察机关的身份；第二，开庭时给检察机关送达传票而非出庭通知书；第三，给检察机关摆放的“桌牌”为原告，而非“公益诉讼人”；第四，要求检察机关变更诉讼请求时应提交“变更诉讼请求申请书”而非“决定书”；第五，虽然判决书抬头将其称谓为“公益诉讼人”，但庭审中又称检察机关为“原告”。以上做法表明，在这一时期，人民法院是“参照”原告来对检察机关的诉讼地位进行定位的，明显存在将检察机关的诉讼地位与传统私益诉讼中原告的诉讼地位相混同的嫌疑，没有充分认识到检察机关诉讼地位的特殊性。

经过为期两年的试点，2017 年修正的《民事诉讼法》第 55 条第 2 款和《行政诉讼法》第 25 条第 4 款正式赋予了检察机关在公益诉讼中的诉权，象征着检察机关提起公益诉讼制度正式在全国范围内普遍推行，体现出社会对其诉讼主体资格的认可。[1]

2018 年 3 月，《检察公益诉讼解释》在总结大量司法实践的

[1] 肖建国．检察机关提起民事公益诉讼应注意两个问题［J］．人民检察，2015（14）：47.

经验上，进一步探讨和说明了司法实践中遇到的问题，为公益诉讼制度的完善提供了新的法律依据。在《检察公益诉讼解释》的第4条、第9～10条进一步明确了检察机关在公益诉讼中的"公益诉讼起诉人"身份，同时还进一步确定了诉讼双方当事人的平等地位。一是将公益诉讼中检察机关的称谓修改为"公益诉讼起诉人"，并对其权利义务予以明确。这一细微的改动肯定了公益诉讼中检察机关的原告身份，检察机关在公益诉讼中所起到的重要作用也得到了进一步明确，同时也突出了其与普通民事、行政诉讼的重要区别。二是修正了有关检察机关出庭检察人员作为原告在公益诉讼中所应当具体履行的职责，删除了《人民检察院提起公益诉讼试点工作实施办法》中出庭检察人员具有对庭审情况进行监督的权力。三是为凸显检察机关在公益诉讼中的原告身份，使得控告双方在诉讼中的身份地位以及诉讼权利更加平等，在该解释中用"可以向上一级人民法院提起上诉"替换掉《人民检察院提起公益诉讼试点工作实施办法》中的有关抗诉内容。

二、域外做法对我国检察机关在公益诉讼中诉讼地位的启示*

比较法的研究往往能给我们提供一些有益经验。从域外做法来看，虽然由于政治体制、司法体制和法律文化背景等差异，各国检察机关在地位、职权、职责等方面均存在较大差异，但多数

---

* 杨雅妮．检察民事公益诉讼制度研究［M］．北京：社会科学文献出版社，2020：23－25．

国家和地区都在检察机关的职能中配置了公益诉讼职能，并赋予检察机关在公共利益受到侵害时提起公益诉讼的权力。

（一）英美法系国家

在英美法系国家，针对公益妨害，立法赋予了公共官员（如各级检察官、行政官员等）代表社会提起旨在取缔公益妨害行为的诉讼资格。一般认为，只要公共利益受到侵害或存在受到侵害的危险，各级检察官即有权作为公益的代表提起诉讼寻求司法救济，但在具体做法上各国略有不同。

1. 美　国

在美国，有一种独具特色的公益保护制度，该制度通常被我国学者译为“总检察长诉讼”（attorney general claims）。依据该制度，总检察长[1]及各州检察官有权代表政府对违反公共利益的行为提起诉讼。例如，根据《谢尔曼法》第4条[2]的规定：“各区的检察官，依据司法部长的指示，在其各自的区内提起衡平诉讼，以防止和限制违反法律的行为。”实践中，检察官作为原告起诉的环境民事公益诉讼的比例比较高，尤其是总检察长，其不仅代表联邦政府及议会出庭，也代表社会公益出庭，因此可以介

---

[1] 总检察长是美国政府、各州政府的首席法律官员，是联邦政府和州政府机构及立法机关的法律顾问和公共利益的代表，其权力主要包括：提起公益诉讼；代表政府机构并辩护和/或质疑立法活动或行政活动的合宪性；针对垄断企业实行反托拉斯禁止行动；执行空气、水污染和危险废弃法；处理刑事上诉和严重的联邦、州范围内的刑事起诉。

[2] 《谢尔曼法》第4条规定：“授权美国区法院司法管辖权，以防止、限制违反本法的行为；各区的检察官，依司法部长的指示，在其各自区内提起衡平诉讼，以防止和限制违反本法的行为。起诉可以诉状形式，要求禁止违反本法的行为。当诉状已送达被起诉人时，法院要尽快予以审理和判决。在诉状审理期间和禁令发出之前，法院可随时发出在该案中公正的暂时禁止令或限制令。”

入任一民事案件。[1] 特别是“对于重大案件、希望建立先例的案件，美国联邦环保总署会把案件移送给美国司法部（州的环保部门移送给州检察办公室）向法院提起民事执法诉讼（civil enforcement）”[2]。值得注意的是，为履行对公共利益的保护职责，美国的总检察长下设了多个内设机构，其中包括民权局和环境、环境保护局等。

2. 英　　国

在英国，对当事人资格问题“没有自我束缚的理论预设。只要有解决纠纷之需要，一般皆可列为当事人。这样，司法实践就令得英国民事诉讼中当事人的范围不断扩张”[3]。例如，根据1974年《英国污染控制法》的规定，对于公害诉讼的原告认定，无须考虑资源的所有权归属，也无须考虑其是否为某一污染或破坏行为的直接受害者，只要他有权使用或者享受某些资源或者他本人的生计依赖于这些资源，就可以“保护环境公益”为由提起民事公益诉讼。英国的公益诉讼制度主要包括“检举人诉讼制度”和“检察总长代表起诉制度”两种类型。其中，“检举人诉讼制度”构建了多元化的公益诉讼起诉主体，赋予任何个人和组织抗衡公共机构危害性职权行为的公益诉权；“检察总长代表起诉制度”则与美国的“总检察长诉讼”制度类似，赋予检察总长提起公益诉讼的权力。检察总长（attorney general）是英国王室的首席法律顾问，同时也是法律界的领袖，其有权代表王室、

---

[1] 洪泉寿．域外环境民事公益诉讼原告资格制度［N］．人民法院报，2018－06－08（8）．

[2] 林燕梅．中美环境公益诉讼的实践比较［J］．社会治理，2018（2）：64－72．

[3] 徐昕．英国民事诉讼与民事司法改革［M］．北京：中国政法大学出版社，2002：100．

政府上议院等起诉或应诉，还可依职权以国家名义在高等法院王室庭提起刑事指控。根据“检察总长代表起诉制度”，私人不能直接提起阻止公共性不正当行为的诉讼，该类诉讼只能由检察总长以检察长的名义提起。

（二）大陆法系国家

在大陆法系国家，主要努力通过对当事人适格基础的扩张来缓和传统的当事人适格理论与公共利益保护之间的矛盾，并以维护公共利益为目的赋予检察机关公益诉讼的原告资格。

1. 法　　国

法国早在1804年的《拿破仑民法典》中就规定了检察机关提起民事诉讼制度，赋予检察机关提起民事诉讼的原告资格。1806年的《法国民事诉讼法典》进一步规定，作为公共利益的代表，检察机关有权为维护公共利益提起和参与民事诉讼。为对检察机关提起和参与民事诉讼进行具体规范，1975年的新《法国民事诉讼法典》又对检察机关提起和参与民事诉讼的方式、途径以及程序等作了更为详细的规定。该法典除对以保护公共利益为目的的协会诉讼[1]和个人诉讼作了规定外，还规定：凡是在公共秩序受到危害的情况下，检察机关均可以“代表社会”的名义，以“主当事人”或“从当事人”的身份提起或者参与民事诉讼。

2. 德　　国

德国的公益诉讼属于典型的“双轨制”模式，作为公权力

---

[1] 对于协会诉讼只限定了很少的前提条件。一家社团既无须具有法律人格，也无须证明它有多大的声望，只要能够说明其章程中规定的目的与其申请撤销的措施有关联即可提出诉讼（包括行政诉讼）。

主体的检察机关和作为非公权力主体的公民和公益团体都有权依据法律的规定提起公益诉讼。与法国的做法类似，德国法也认为人事纠纷案件会影响公共利益，因而在其立法中赋予检察机关在婚姻无效、申请禁治产、雇佣劳动等案件中的原告资格。除人事纠纷案件以外，作为公共利益的整体代表，德国检察机关还被赋予在重大环境污染、重大侵犯消费者权益等具有严重社会影响的案件中提起公益诉讼的权力。

3. 巴　西

自20世纪80年代开始，巴西检察机关就在涉及公共利益的诉讼中发挥着重要作用。虽然根据《巴西宪法》、《巴西民事公益诉讼法》和《巴西消费者保护法》的规定，检察院、各级政府、行政管理机构、私人团体（非政府组织）都可以单独或共同提起民事公益诉讼，但在实践中，“巴西检察机关对于民事公益诉讼的提起起着主导作用，大约90%的民事公益诉讼由检察机关提起，有权提起民事公益诉讼的私人团体和政府机构通常选择向检察院投诉或者向其发出通知”[1]。

4. 俄 罗 斯

根据《俄罗斯联邦民事诉讼法》的规定，如果检察长认为有保护国家利益或社会公共利益、保护公民权利及合法利益之必要，有权提起诉讼或在诉讼的任何阶段介入诉讼；检察长在公民由于健康状况、年龄、无行为能力和其他正当理由不能亲自提出请求或者为维护不确定范围的人的权利、自由和合法权益或者维

---

[1] 田凯，等．人民检察院提起公益诉讼立法研究［M］．北京：中国检察出版社，2017：153.

护俄罗斯联邦、俄罗斯联邦各主体、地方自治组织的利益时，有权提起诉讼或在诉讼的任何阶段介入诉讼。值得注意的是，在俄罗斯，为有效维护公共利益，“检察机关不需要由相关权利人授权或委托，可以依照职权直接向法院提起诉讼或介入诉讼”[1]。

（三）对域外做法的评价

从历史上看，不论是在大陆法系国家还是英美法系国家，检察官制度都经历了从“私诉”到“纠问式诉讼”再到“现代检察制度”的演进过程。虽然最初设立检察官的目的是加强中央司法集权，维护王室利益，但随着社会的不断发展，尤其是在资产阶级革命胜利之后，随着自由、平等、民主、法治等理念的不断深入人心，社会的发展也逐渐由国家本位走向国家、社会和个人本位并重的时代，检察机关已不再仅仅是维护统治阶级利益的机关，同时也被赋予维护公共利益的职责，具体反映在立法中，检察机关就相应地被赋予提起公益诉讼的权力。

在检察机关被赋予提起公益诉讼的权力后，就应当进一步分析检察机关的诉讼地位问题。从承认检察公益诉讼制度的国家来看，有些直接将其规定为“原告”，有些则根据其参加诉讼方式的不同，将其分别规定为“主参加人”或“从参加人”。但值得注意的是，由于在其他国家的政治制度体系中，检察机关多属于行政机关，其性质和职能定位与我国检察机关存在较大差异，因此，域外立法对检察机关诉讼地位的规定主要是以其当事人身份为基础的。

---

[1] 最高人民检察院民事行政检察厅．检察机关提起公益诉讼实践与探索［M］．北京：中国检察出版社，2017：29.

三、对我国检察机关在公益诉讼中诉讼地位的正确认定

如前文所述，虽然在《检察公益诉讼解释》中将有关检察机关的身份定义为“公益诉讼起诉人”，但是从实质上来说，“公益诉讼起诉人”属于一种新型的诉讼主体。这种对当事人新的称谓，是基于检察机关参与公益诉讼的目的而设计的，相比于传统的原告诉讼主体，从本质上来说在权利义务上都应当具有较大的不同。但是从严格意义上来说，“公益诉讼起诉人”又不是一个真正的法律概念，甚至和实体法意义上的“原告”存在一定的矛盾，是一种纯粹从程序法的角度在这一诉讼类型中给予检察机关诉权。所以关于其在民事公益诉讼中实质上的身份定位问题的争论一直存在，那么到底应该如何定位其身份呢，在诸如“公益代表人说”和“双重身份说”等前文提到的学说中，对于检察机关而言，究竟哪一种学说或者哪一种职能定位更能反映出其在公益诉讼中所具有的权力、权利以及义务呢？

本书认为，如果单纯套用以上任何一种对检察机关在公益诉讼中的定位的学说都失之偏颇：如果以原告身份参与诉讼，那么检察机关就应当完全与普通原告在权利义务上具有一致的基本属性，其目的是维护诉讼中原告、被告和法院之间所呈现的类似“等腰三角形”的诉讼平衡体系，当然不能否认这种观点的意义，这是对在公益诉讼中的被告的诉权和法院的审判权的尊重和应当给予的恰当对待。

但是在司法实践中，又不能否认其所具有的法律监督职责。在我国，“检察机关所从事的监督不是通常所说的‘一般监督’，不是宪法意义的至高无上的监督，也不是专门针对国家机关和国

家工作人员的纲纪监督，更不是自上而下的单方面监督”。[1] 自党的十八届四中全会以来，随着国家监察体制改革的推进以及监察法的实施，检察机关法律监督职能的内涵和外延发生了重大变化，并已为2018年10月26日修订的《人民检察院组织法》所确认。根据《人民检察院组织法》第20条[2]的规定，我国检察机关承担的法律监督职能主要体现为：以刑事公诉和公益诉讼为内容的诉讼职能、以行政监督和诉讼监督为内容的监督职能和以对侦查机关的强制措施和强制性处分行为进行合法性审查为内容的司法审查职能，具有非常鲜明的专门性、具体性和专业性特点。

在具体的检察公益诉讼中，检察机关的法律监督职能主要体现为：以提起诉讼为代表的公益诉讼职能和以抗诉和检察建议为代表的诉讼监督职能，检察机关不仅享有提起公益诉讼的权力，而且享有对公益诉讼活动（包括审判和执行）进行监督的权力。一方面，作为承担公益诉讼职能的“当事人”，检察机关有权对符合条件的案件提起民事或行政公益诉讼，有权对未生效的一审判决、裁定提出上诉，有权对符合再审条件的民事或行政公益诉讼判决、裁定、调解书提出再审申请。另一方面，作为承担诉讼监督职能的“诉讼监督者”，检察机关有权通过抗诉或检察建议

---

[1] 陈瑞华．论检察机关的法律职能［J］．政法论坛，2018（1）．

[2] 《人民检察院组织法》第20条规定：“人民检察院行使下列职权：（一）依照法律规定对有关刑事案件行使侦查权；（二）对刑事案件进行审查，批准或者决定是否逮捕犯罪嫌疑人；（三）对刑事案件进行审查，决定是否提起公诉，对决定提起公诉的案件支持公诉；（四）依照法律规定提起公益诉讼；（五）对诉讼活动实行法律监督；（六）对判决、裁定等生法律文书的执行工作实行法律监督；（七）对监狱、看守所的执法活动实行法律监督；（八）法律规定的其他职权。”

两种方式对检察公益诉讼的全过程实施法律监督，具体包括以下三个方面：第一，各级人民检察院对检察公益诉讼审判监督程序以外的其他审判程序中审判人员的违法行为，有权向同级人民法院提出检察建议；第二，最高人民检察院对各级人民法院已经发生法律效力的公益诉讼判决、裁定等有权提出抗诉；第三，地方各级人民检察院对同级人民法院已经发生法律效力的判决、裁定向同级人民法院提出检察建议，并报上级人民检察院备案。

因此，从本质上来说，检察机关基于维护社会公共利益而向法院提起公益诉讼也是检察机关对其法律监督职能的履行。[1] 基于此，如果想仅从公益诉讼中对检察机关的原告身份的定位来回避其法律监督机关的本质也是不明智的。此外，在公益诉讼中，检察机关是为了保护公共利益而提起公益诉讼，与案件不存在直接的利害关系，检察机关是在履行公共利益代表的职责，且检察机关还拥有调查取证和鉴定勘察等权力，法院对案件的判决结果与检察机关不存在实体上的利害关系，被告也不能反诉，所以公益诉讼中的检察机关与普通民事或行政诉讼中的原告也不相同。

综上所述，本书认为，检察机关既不能完全等同于普通原告的诉讼地位，也不能完全等同于在全部诉讼过程中行使宪法所赋予的法律监督职能的地位，而是应当兼具两种不同的身份地位，但是这种兼具两种身份地位的方式并不是简单地将“原告”和“法律监督者”的身份叠加在一起。而现行法律规范将检察机关

---

[1] 蔡彦敏．中国环境民事公益诉讼的检察担当［J］．中外法学，2011，23（1）：161－175.

的诉讼地位规定为“公益诉讼起诉人”的做法，既没有考虑诉讼阶段的不同对检察机关诉讼地位的影响，也没有考虑不同诉讼阶段检察机关所承担的法律监督职能的差异，容易导致检察机关的角色混乱与职能混同。因此，对检察机关的诉讼地位进行分析时，应当区分公益诉讼的不同阶段，并以检察机关所履行的具体职能为基础进行分别考虑，并将“原告”和“法律监督者”两者的身份进行适当的调和，通过制度设计来避免检察机关所拥有的权力对审判所造成的影响。具体来说，可以从以下几个方面予以细化。

（一）从诉讼程序不同阶段细化检察机关在公益诉讼中的身份定位*

公益诉讼的诉讼程序主要可分为诉前程序阶段、诉讼阶段（一审、二审程序）和再审阶段以及判决、裁定的执行阶段。

1. 诉前程序中的诉讼地位

在诉前程序中，检察机关需要针对侵害社会公共利益的行为进行调查取证，而检察机关在公益诉讼案件中与案件不存在直接利害关系，往往缺乏直接证据，且由于涉及公共利益的案件往往在调查取证时存在诸多难点，因此在调查取证方面应当根据检察机关法律监督的身份赋予其一定的权力。此外，在民事公益诉讼中也可以法律监督者的身份督促其他有关机关和社会组织予以配合，提供相关证据或提起公益诉讼。

2. 诉讼程序中的诉讼地位

一审程序是公益诉讼中最基础、最完整、最系统的程序，检

* 龙婧婧. 准确认定检察机关在公益诉讼中的诉讼地位［N］. 民主与法制时报，2024－02－29（6）.

察机关在一审程序中的诉讼地位直接影响着社会公共利益保护的程度。在一审程序应当明确检察机关的原告身份，避免出现既当“运动员”又当“裁判员”，破坏诉讼平衡的情况。二审程序是一审程序的延伸和继续，检察机关在二审中的诉讼地位应当是“上诉人”或“被上诉人”。这样有利于和第一审程序在制度上实现衔接，使二审程序中检察机关的身份定位与第一审程序保持内在一致的逻辑性。目前，此诉讼定位已为《检察公益诉讼解释》和《检察机关民事公益诉讼案件办案指南（试行）》、《检察机关行政公益诉讼案件办案指南（试行）》所认可。

3. 再审程序中的诉讼地位

再审程序既可因“当事人申请”启动，也可应检察机关的“抗诉”或“检察建议”启动，检察机关在再审程序中的诉讼地位具有明显的双重性。当作为承担公益诉讼职能“当事人”的检察机关对法院错误判决、裁定、调解书请求人民法院启动再审程序纠错时，其诉讼地位取决于再审所适用的审级。如果适用一审程序进行再审，检察机关的诉讼地位应为“原审公益诉讼起诉人”；如果适用二审程序进行再审，则基于二审程序启动方式的差异，检察机关的诉讼地位既可能是“原审上诉人”，也可能是“原审被上诉人”。当作为承担“诉讼监督者”的检察机关，检察机关在再审程序中应对当事人提出的抗诉或者检察建议申请进行审查，并在法定期限内作出是否抗诉或者提出检察建议的决定，此时检察机关履行的是法律监督职责。

4. 执行程序中的诉讼地位

执行程序中，检察机关的诉讼地位同样具有双重性。作为履行公益诉讼职能的执行当事人，检察机关的诉讼地位是审判程序中“当事人”角色的进一步延伸。根据《关于民事执行活动法律监督若干问题的规定》第 6 条[1]的规定，作为“当事人”的检察机关有权针对执行活动中存在的违法情形，在符合法律规定的条件时以执行当事人的名义向人民检察院申请监督。作为诉讼监督职能的承担者，检察机关对符合法律规定情形的案件，在执行程序中应当依职权进行监督，其诉讼地位属于“法律监督者”。《民事诉讼法》第 246 条规定：“人民检察院有权对民事执行活动实行法律监督。”《行政诉讼法》第 11 条规定：“人民检察院有权对行政诉讼实行法律监督。”第 101 条规定：“人民法院审理行政案件，关于期间、送达、财产保全、开庭审理、调解、中止诉讼、终结诉讼、简易程序、执行等，以及人民检察院对行政案件受理、审理、裁判、执行的监督，本法没有规定的，适用《中华人民共和国民事诉讼法》的相关规定。”这些规定既是民事检察监督和行政检察监督在执行程序中的具体贯彻，又是检察机关对公益诉讼执行活动进行监督的法律依据。2018 年 10 月 26 日修订的《人民检察院组织法》第 20 条再次规定检察机关对“判决、裁定等生效法律文书的执行工作实行法律监督”的职权，其中当然包括对公益诉讼判决、裁定等生效法律文书执行工作的监

---

[1] 《关于民事执行活动法律监督若干问题的规定》第 6 条规定：“当事人、利害关系人、案外人认为民事执行活动存在违法情形，向人民检察院申请监督，法律规定可以提出异议、复议或者提起诉讼，当事人、利害关系人、案外人没有提出异议、申请复议或者提起诉讼的，人民检察院不予受理，但有正当理由的除外。当事人、利害关系人、案外人已经向人民法院提出执行异议或者申请复议，人民法院审查异议、复议期间，当事人、利害关系人、案外人又向人民检察院申请监督的，人民检察院不予受理，但申请对人民法院的异议、复议程序进行监督的除外。”

督。此外，为推动公益诉讼的实践，一些省（自治区、直辖市）的人民检察院还制定印发了一些专门性规范，对公益诉讼执行活动的监督进行具体规范，如辽宁省人民检察院 2019 年制定印发的《辽宁省检察机关“守护海洋”公益诉讼专项监督活动实施方案》就明确规定：“对已经判决的民事公益诉讼案件，不能简单满足于法院支持检察机关的诉讼请求，还要跟踪生效裁判执行情况，必要时采取执行监督措施，真正把公益诉讼的办案效果落到实处。”

（二）从检察机关内部对其身份地位进行细化

在刑事诉讼中，无论受害人是否追究行为人的刑事责任，检察机关都代表国家针对行为人的违法犯罪行为提起公诉，其目的同样是维护公共利益，使社会公共秩序、公共利益等不因行为人的违法犯罪行为而遭到损害。从这一点来说，刑事诉讼和检察公益诉讼具有相似之处，而在刑事诉讼中，检察机关的法律监督职能和公诉职能是通过程序设计被分离开来的，其目的在于通过这种分离来避免检察机关在公诉活动中身份上的冲突。因此，在检察公益诉讼中也可以参考检察机关在刑事诉讼中的工作模式。在刑事诉讼中，检察机关虽然同时具有法律监督者和刑事公诉人两种身份，但是对司法程序的客观公正和高效规范运行仍然能够予以保证。在检察机关内部可以由不同部门来分别行使公益诉讼中的起诉权和宪法及法律所赋予的法律监督职责。行使公益诉讼起诉权的部门在诉讼中应当基本等同于普通民事或行政诉讼中原告的诉讼地位，以此来维护民事诉讼或行政诉讼中的诉讼平衡，但是同时再以“公益诉讼起诉人”称谓的方式赋予其一定的特殊待遇，比如公益诉讼起诉人在诉讼受理、反诉、诉讼费用等问题上具有区别于普通民事诉讼或行政诉讼原告的特殊待遇。而履行法律监督职责的部门则对相应的审判活动进行合法性监督。但是这两个部门应当互不隶属，这样才能保证检察机关的法律监督职能不会对当事人的自由处分权以及法院的自由裁判权产生影响。

第三节　公益诉讼提起主体——社会组织

社会组织是提起公益诉讼的重要主体，梳理既有规范依据，考察现行实践状况，需要在公益诉讼专门立法中进一步完善社会组织提起公益诉讼的有关规定。

一、社会组织提起公益诉讼的规范依据

社会组织作为提起公益诉讼的主体在程序法与实体法中均有体现，现行规定可分为两类。

第一类，规定提起公益诉讼的主体范围。《民事诉讼法》第58条规定，可提起民事公益诉讼的主体包括法律规定的机关、有关组织和检察机关。由此可知，社会组织被赋予原告主体资格，有权提起民事公益诉讼。《消费者权益保护法》第47条规定："对侵害众多消费者合法权益的行为，中国消费者协会以及在省、自治区、直辖市设立的消费者协会，可以向人民法院提起诉讼。"此规定对消费者权益保护公益诉讼的提起主体的社会组织范围有了具体明确。《未成年人保护法》第106条规定："未成年人合法权益受到侵犯，相关组织和个人未代为提起诉讼的，

人民检察院可以督促、支持其提起诉讼；涉及公共利益的，人民检察院有权提起公益诉讼。”此规定表明社会组织可以对未成年人保护提起公益诉讼。《个人信息保护法》第 70 条规定：“个人信息处理者违反本法规定处理个人信息，侵害众多个人的权益的，人民检察院、法律规定的消费者组织和由国家网信部门确定的组织可以依法向人民法院提起诉讼。”此规定对个人信息保护领域公益诉讼提起主体的社会组织予以明确，明示了两种类型的社会组织。《安全生产法》第 74 条规定：“任何单位或者个人对事故隐患或者安全生产违法行为，均有权向负有安全生产监督管理职责的部门报告或者举报。因安全生产违法行为造成重大事故隐患或者导致重大事故，致使国家利益或者社会公共利益受到侵害的，人民检察院可以根据民事诉讼法、行政诉讼法的相关规定提起公益诉讼。”此规定表明，社会组织也可以对安全生产领域提起公益诉讼。

第二类，进一步明确社会组织起诉的条件。如《环境保护法》第 58 条规定，社会组织需满足以下几方面才能被认定具备原告主体资格：一是依法登记，登记层级为设区的市级以上人民政府民政部门；二是专门从事环境保护公益活动时间符合规定年限，即连续 5 年以上；三是无违法记录；四是提起诉讼的组织不得通过诉讼牟取经济利益。《最高人民法院关于审理环境民事公益诉讼案件适用法律若干问题的解释》对可以提起环境民事公益诉讼的组织作出了更加细化的规定。

此外，值得注意的是，对于社会组织能否提起行政公益诉讼曾引发过理论争议，其主要理由在于，2017 年修正的《行政诉讼法》第 25 条第 4 款就“生态环境和资源保护、食品药品安全、国有财产保护、国有土地使用权出让等领域”出现的国家利益或社会公共利益受侵害情形，仅仅规定了检察机关提起行政公益诉讼，但并未明确社会组织能否对此领域案件提起行政公益诉讼。❶ 本书认为，这是机械适用法律的表现，没有系统性地找寻法律依据。由上文可知，《环境保护法》《安全生产法》等单行法明确赋予了社会组织提起公益诉讼的原告资格，而这“诉讼”理应同时包括“民事、行政公益诉讼”。尽管《行政诉讼法》第25条第4款只规定了检察机关的行政公益诉权，并未明确排除社会组织提起行政公益诉讼的原告资格❷，因此，综合单行法与行政诉讼法可以表明，社会组织具有提起行政公益诉讼的规范依据。不仅于此，从前文所述的诉的利益、诉讼信托、私人检察长等理论来看，社会组织提起行政公益诉讼具有正当性；从实践来看，随着国家权力的日益社会化，在公共领域由公民自愿组成的社会组织及其活动日益增加，社会组织一直在公共利益维护中承担着积极角色，而提起行政公益诉讼以维护公共利益正是社会组织承担积极角色的一个具体表现。

二、社会组织提起公益诉讼的司法实践

（一）社会组织提起公益诉讼取得长足发展

目前司法实践中，社会组织提起的公益诉讼集中在生态环境和资源保护领域。根据最高人民法院2018—2021年发布的《中

---

❶ 林仪明．我国行政公益诉讼立法难题与司法应对［J］．东方法学，2018（2）．

❷ 肖建国．现行法律未明确排除社会组织作为行政公益诉讼的原告［EB/OL］．（2021-01-09）［2021-11-25］．http://www.cbcgdf.org/NewsShow/4854/15027.html.

国环境资源审判》记录的数据显示，2018 年，全国各级人民法院受理由社会组织提起的环境民事公益诉讼案件 65 件，审结 16 件；受理由检察机关提起的环境民事公益诉讼案件 113 件，审结 72 件。❶ 2019 年，受理由社会组织提起的环境民事公益诉讼案件 179 件，审结 58 件；受理由检察机关提起的环境民事公益诉讼案件 312 件，审结 248 件。❷ 2020 年，审结由社会组织提起的环境民事公益诉讼案件 103 件。❸ 2021 年，受理由社会组织提起的环境民事公益诉讼案件 299 件，审结 151 件；受理由检察机关提起的环境民事公益诉讼案件 847 件，审结 580 件。❹ 其中，还有不少案例引起了广泛的社会反响，如中国生物多样性保护与绿色发展基金会（以下简称“绿发会”）发起的“腾格里沙漠污染案”等公益诉讼案件。特别是入选联合国环境规划署 2021 年全球最具代表性和影响力的生物多样性保护十大典型案例之首的由北京市朝阳区自然之友环境研究所（以下简称“自然之友”）发起的“云南绿孔雀案”❺，为濒危物种的预防性保护提供了有益借鉴。可见，社会组织提起公益诉讼有了长足进步。

以湖南省生态保护联合会为例，作为业务受共青团湖南省委

---

❶ 最高法发布中国环境资源审判（2017—2018）［EB/OL］.［2023 - 10 - 03］. https://www.court.gov.cn/zixun/xiangqing/30532.html.

❷ 孙航. 以最严格制度最严密法治保护生态环境［EB/OL］.［2023 - 10 - 03］. https://www.chinacourt.org/article/detail/2020/05/id/5195810.shtml.

❸ 最高法发布中国环境资源审判（2020）［EB/OL］.［2023 - 10 - 03］. https://www.court.gov.cn/zixun/xiangqing/307471.html.

❹ 最高法发布中国环境资源审判（2021）［EB/OL］.［2023 - 10 - 03］. https://www.court.gov.cn/zixun/xiangqing/361291.html.

❺ 环境资源审判护航美丽中国建设新闻发布会［EB/OL］.（2022 - 09 - 20）［2022 - 11 - 19］. https://www.court.gov.cn/zixun - xiangqing - 372361.html.

主管，2014 年在湖南省民政厅正式登记注册的湖南省唯一联合性和非营利性的省级环保类社会组织，自成立以来，尤其自2020 年《湖南省人民检察院协同推进公益诉讼工作座谈会议纪要》发布以来，在提起环境民事公益诉讼工作领域取得不错成绩：一是基本建成环境公益诉讼专门化组织体系。湖南省生态保护联合会在 2021 年通过网络公开招聘，聘请大学教授、专职律师、在校法学研究生成立了联合会法律服务部，专项开展环境民事公益诉讼领域的相关工作。以此为基础，2022 年又通过招募律师、制定规范、聘请专家、开展培训等措施组建了湖南省环境公益律师网络。截至 2022 年底，共有来自全省 8 个市州的 83 名专职律师签约。第三批招募活动正在有序推进，2023 年底完成了 103 名环境公益律师的聘请及队伍体系搭建，支持办结 146 起公益诉讼案件，获评湖南省 AAAA 级社会组织荣誉称号。同时，在中华环境保护基金会和湖南省人民检察院的指导支持下，湖南省生态保护联合会致力于环境公益律师的公益诉讼能力培训，聘请了 10 位全国环境资源法领域知名的专家教授组成专家顾问团，从 2022 年 9 月起不定期开展线上或线下的环境法律理论及环境公益诉讼实务的培训。二是基本形成社会组织提起环境公益诉讼办案管理规范。湖南省生态保护联合会制定出台《湖南省生态保护志愿服务联合会公益律师管理办法（试行）》《湖南省生态保护志愿服务联合会公益律师办案费用管理办法（试行）》《公益律师办理环境民事公益诉讼案件业务操作指引》等系列文件，进一步规范环境公益律师的工作纪律和办案程序等工作。三是广泛开展环境民事公益诉讼。自 2021 年开展环境民事公益诉讼工作以来，湖南省生态保护联合会已委托 10 家律师事务所，围绕长江禁捕非法捕捞、生物多样性保护和滥伐林木、森林失火、珍贵植物等生态领域，先后向长沙、株洲、邵阳、岳阳、益阳、永州和湘西自治州7个市州23个区县法院提起公益诉讼117件，立案91件，已通过开庭审理或调解结案形式办结70件（具体案由分类见表3－1，数据统计时间截至2022年底）。其中，湖南省生态保护联合会诉左某堂等四人无证砍伐承包林地侵权责任民事公益诉讼案入选湖南法院2021年度环境资源审判典型案例。

表3－1　湖南省生态保护志愿服务联合会提起的环境民事公益诉讼情况统计表

单位：件

序号	案由	提起案件数量	立案数量	结案数量
1	非法捕捞类	96	81	68
2	非法收购珍贵、濒危野生动物类	4	2	2
3	滥伐林木类	6	6	0
4	危害珍贵、濒危野生动物类	1	1	0
5	非法狩猎类	1	1	0
6	森林火灾类	4	0	0
7	危害国家重点保护植物类	3	0	0
8	非法采矿类	1	0	0
9	盗伐林木类	1	0	0
	合计	117	91	70

资料来源：骆清．社会组织提起环境民事公益诉讼的实践困境与提升路径：以湖南省生态保护志愿服务联合会为例［J］．环境与发展，2023，35（4）：1－7.

在已结案件中，动物资源保护方面，湖南省生态保护联合会通过提起环境公益诉讼保护野生动物 27 只（其中包括苍鹰、绿海龟、画眉鸟、苏卡达陆龟、丹刺尾蜥等共 7 只国家二级保护动物），协助回收野生动物制品若干（包括国家一级重点保护动物亚洲象的象牙制品、国家二级保护动物黄羊的角等），投放修复渔业资源和生态环境鱼苗近 15 吨，索赔国家动物资源损失 25 万余元，并组织了 80 余名案涉当事人在其违法行为地开展了超300 次巡护。植物资源保护方面，湖南省生态保护联合会共索赔生态环境受到损害至修复完成期间服务功能丧失导致的损失及生态环境修复费用近 14 万元，补种树木 483 株，待补种树木 7200 余株。

（二）社会组织提起公益诉讼的实践困难

在社会组织提起公益诉讼取得显著成绩的同时，还应该理性看到其存在的局限和不足。和检察机关提起公益诉讼相比，社会组织提起公益诉讼无论是绝对数量还是增幅比例都处于较低状态，尤其是在中国裁判文书网上搜索 2017—2021 年的行政公益诉讼案件，全部都是由检察机关提起而没有社会组织提起的案例。这表明社会组织提起公益诉讼在实践中仍面临重重障碍。

1. 社会组织的法定条件要求苛刻

一是登记层级限制。社会组织被要求在设区的市级以上人民政府登记，这一规定使得登记层级过高，未兼顾当前环境污染的现状。从实践来看，农村、乡镇、街道、城乡接合地区是环境污染的重灾区，而等级较低的社会组织既了解当地情况，又方便取证，可以很好地帮助设区的市级以上社会组织分担此类地区案件的起诉。但是，这些组织被卡在这一登记要求上而无法发挥作用，民间力量相对来说被削弱。另外，登记门槛与社会组织的工作性质和专业程度并不挂钩，县级社会组织同样能发挥一定的作用。当前，我国生态文明建设正处于关键时期，环境污染、生态破坏问题亟待解决，登记层级过高的严苛规定导致大部分社会组织被排除在生态环境治理体系之外。二是从事公益活动时长限制。法律规定社会组织连续 5 年以上从事环境保护公益活动才可拥有原告主体资格。立法者本意是保证社会组织的专业程度以及拥有从事环境保护活动的经验。而我国公益诉讼起步较晚，社会组织的成立与发展也相对迟缓，过长的时限排除了相当一部分组织的起诉资格，而目前我国符合年限的社会组织的数量又不足以支持全国范围内的环境公益诉讼。这是导致社会组织起诉率不高的重要原因之一。三是“无违法记录”界定标准不明确。所谓“无违法记录”，一般应理解为无违法犯罪记录，包括不违反行政法和刑法等。但是在实践中，具体界定标准的不明确，使得部分社会组织因年检不合格、无年检证明而被认定原告主体不适格，从而被法院驳回起诉或者不予受理。如在山东环境保护基金会、金华市绿色生态文化服务中心诉晋州市城市污水处理厂一案中，因原告无法有效显示其在登记管理机关年检合格，而被审判机关认定为主体不适格从而被驳回起诉。[1] 此外，对违法“记录”的影响是否有时间期限，如果有，是会有一定期限的影响，还是长久的影响？若是一定期限，又是多长时间限制起诉资格？对此，相关法律等规范性文件中都未有此方面的具体规定，没有就“无违法记录”给出一个明确判断标准，导致个案中依靠法官的自由裁量权而出现不同的处理结论。

---

[1] 山东环境保护基金会、金华市绿色生态文化服务中心诉晋州市城市污水处理厂案，详见河北省石家庄市中级人民法院（2019）冀 01 民初 671 号民事判决书。

2. 诉讼成本高昂，难以承受之重

环境民事公益诉讼案件绝大部分需要具备评估能力和司法鉴定资质的第三方机构进行实地勘察、污染物取证以及污染物鉴定。环境污染评估和生态破坏鉴定是一项复杂困难的工作，费用较高。如在中华环保联合会等诉宜春市中安实业有限公司一案中，中华环保联合会同鉴定机构签订项目鉴定委托费用为 600 万元，这完全超过了社会组织的承受能力，诉讼成本费用过高。[1] 2011 年的“云南铬污染案”，相关环境损害的鉴定费用高达 700 万元，“自然之友”最后无奈只能停止相关调查。[2] 2017 年的“常州毒地案”，法院一审过后，社会组织败诉，“自然之友”与“绿发会”被要求承担 189. 18 万元的诉讼费用。中华环保联合会发布的《中国环保民间组织发展状态报告》显示，我国社会组织的资金普遍源于组织成员捐赠、政府或者主管单位的拨款以及企业的捐赠，相当一部分组织没有稳定的资金来源。社会组织为维护环境正义提起公益诉讼，本身是一种公益性行为，却在缺乏资金支持的情况下，面对如此高昂的诉讼费用，使得许多社会组织望而却步，往往退而求其次之寻求检察机关支持起诉而不敢单独办案，极大限制了社会组织的活动能力与范围。

3. 办案外部环境存在一定壁垒

社会组织在开展公益诉讼工作中还存在一定壁垒，各单位或组织之间工作联系交流不顺畅、办案协作不紧密，进而导致办理

---

[1] 中华环保联合会等诉宜春市中安实业有限公司案，详见江西省高级人民法院（2018）赣民终 189 号民事判决书。

[2] 云南省曲靖市中级人民法院于 2020 年 6 月 29 日作出的调解书，（2011）曲中法民初字第 110 号。

相关案件无法获得理想的效果。比如部分法院出于各方面因素考虑，对社会组织提起环境民事公益诉讼支出的办案合理费用（主要是差旅费和律师费）、要求被告赔礼道歉的诉讼请求不予支持或要求修改。部分检察院因为没有支持环保类社会组织提起环境公益诉讼的经验，对相关流程并不熟悉，对支持起诉工作存在犹豫和不支持的现象。环境民事公益诉讼的对象往往是那些地方纳税大户，个别行政职能部门基于保护地方经济发展的初衷，对社会组织申请政府信息公开，以及调查取证方面推诿搪塞等。这些外部因素都不利于社会组织进行环境民事公益诉讼工作的开展，也不能充分发挥社会组织在现代社会治理中应有的作用。

4. 社会组织自身建设仍不完善

通过统计中国裁判文书网公布的案例可以看出，近年来提起环境民事公益诉讼的社会组织比较集中，主要是中华环保联合会、中华环境保护基金会、“绿发会”、“自然之友”、福建省绿家园环境友好中心等几家社会组织，多数社会组织对环境公益诉讼的态度消极，大多地市级社会组织无法承担公益诉讼职责。一方面，很多地方环保组织规模小、运营经费紧张、管理不够规范；另一方面，环保组织普遍以兼职人员与志愿者为主，缺乏专职人员，[1] 社会组织内部相关法律专业、环境专业的人才和知识储备匮乏，[2] 因此，很多社会组织在具体公益诉讼案件中心有余而力不足。

---

[1] 邓小兵，王鑫圆．社会组织提起环境民事公益诉讼的阻力与优化：以提起环境民事公益诉讼的社会组织为视角［J］．玉林师范学院学报，2021，42（2）：89－94.

[2] 刘宇晨，陈士莉．检察机关支持社会组织提起环境民事公益诉讼的困境与突围［J］．中国检察官，2021（9）：58－61.

三、社会组织提起公益诉讼的完善路径

（一）放宽社会组织的法定条件

一是放宽社会组织登记的层级要求。[1] 对社会组织合理设置限制条件，让其享受平等、宽松的诉权，才能真正起到保护国家利益、社会公共利益的作用。针对司法实践情况，可以将我国社会组织的登记层级适当放宽到县级。为确保此法可行，可以开展试点放宽登记限制，将登记机构由设区的市级以上民政部门改为县级以上人民政府的民政部门，并设定考察期限。期限届满，若试点效果良好，则立法确立，从而鼓励和促使更多了解当地情况、登记层级较低的社会组织提起环境公益诉讼，保护公共利益。针对大量社会组织有可能滥用诉讼权利、造成司法资源浪费的问题，可参照检察机关提起行政公益诉讼的诉前程序，即社会组织需将诉讼的意图通知到被诉的对象，给予被通知对象一定整改期间，如果给定期间内未整改或者整改不彻底，期限届止，社会组织可以提起公益诉讼。设置诉前程序，是为了穷尽一切可救济的手段，从而避免滥诉，发挥民间力量的优势，使公共利益得以有效治理。二是适当降低社会组织年限要求。社会组织作为社会公共利益的维护力量，相较于公民个人更具专业性，相较于国家机关更具中立性。这种力量需要充分调动，不能因为法定过高的成立年限要求而限制了其应有的作用。对此可以参考德国团体诉讼做法，适当降低成立年限要求，可由 5 年改为 3 年。将对社

---

[1] 葛成美，刘中梅．我国环境民事公益诉讼社会组织原告主体资格的优化路径［J］．黑龙江生态工程职业学院学报，2023（4）：90－91．

会组织的资格审核重心放在组织内部的管理、章程的履行、诉讼能力以及专业能力上，而非年限上。因此，在法律层面只要确保社会组织具备非营利性、公益性、专业性，即可以原告资格提起公益诉讼。三是明确“无违法记录”的法律规定。界定“无违法记录”的标准，更正无年检证明等同于违法犯罪记录的错误做法，并释明社会组织从事公益活动中违反何种法律会失去诉讼资格，以及违法记录是否有时限等问题。对此，可以在环境保护法中加以明确，或者在未来公益诉讼专门立法或者出台司法解释予以细化规定，统一标准，为司法实践中明确其原告资格提供依据，以避免产生纠纷。

（二）减少社会组织的诉讼成本

一是建立公益诉讼费用援助制度，以解决社会组织诉讼成本问题。政府机关可以出资设立专项基金，对经核实社会组织确属无力承担诉讼费用的，可由基金为社会组织提起的公益诉讼费用提供资助，为污染鉴定、取证提供资金来源。专项基金的来源，既依靠政府的财政拨款，也可以吸纳各类企业以及公民个人等通过各种渠道的公益捐助，还可以合理分配公益诉讼胜诉之后的赔偿费用。合理规划这三部分资金，减少社会组织的诉讼成本，保障社会组织生存所需的经济基础。在专项资金的监管上，可参考英国做法，公开使用情况并实行内外部监督，政府机关内部设立相应的监督部门，对社会组织的管理结构、服务宗旨、运行机制进行监督，外部可设立组织委员会由第三方机构参与监督，以此确保组织的管理以及资金使用的客观性、公正性、独立性。二是将社会组织纳入“先鉴定后付费”机制的受益主体之中。湖南省根据司法部办公厅发布的《关于进一步做好环境损害司法鉴定管理有关工作的通知》，在全国率先建立“先鉴定后付费”机制，鼓励引导综合实力强、高资质高水平环境损害司法鉴定机构在不预先收取鉴定费的情况下，及时受理环境公益诉讼案件，出具鉴定意见。但是按照规定，这些机构只是受理检察机关委托的环境公益诉讼案件时，才会“先鉴定后付费”，依靠的是国家机关的公信力做背书。如果拓展一下范围，把具备提起环境民事公益诉讼案件的环保类社会组织也纳入“先鉴定后付费”机制的受益主体之中，形成相应名录，就能有效缓解社会组织提起环境公益诉讼举证困难、证据单薄和经费不足的困难和问题。三是探索设立“法院－检察院－社会组织”三方共管的生态环境损害赔偿基金专门账户。环境公益诉讼基金制度已经受到官方的重视，并在地方上开始有益探索，比如九三学社中央曾经在2018年建立国家环境公益诉讼基金，广西藤县也于2019年正式设立了当地的环境公益诉讼专项基金❶，但都不够成熟。总结各地试点经验，面向全国，可以对应环境民事公益诉讼案件的管辖级别，以市为单位，设立“法院－检察院－社会组织”三方共管的生态环境损害赔偿基金专门账户。共管账户可委托地方有公信力的环保类社会组织代为管理和运行，法院的环境资源法庭和检察院的公益诉讼部门加强资金监管，严格执行使用资金的报告程序，切实发挥生态环境损害赔偿金在生态修复及环境公益诉讼方面的作用。

（三）优化社会组织的办案环境

社会组织作为现代生活社会化发展的产物，它的生命力与良

---

❶ 贺佳丽. 我国社会组织提起环境公益诉讼的实践困境与完善路径［D］. 湘潭：湘潭大学，2021.

好的社会环境紧密相连，因此，外部环境的优化至关重要。一是提高宣传力度，积极支持社会组织提起公益诉讼。无论是法院还是检察院，在工作中都应该强调支持社会组织提起公益诉讼的重要性和必要性，统一各级法院和检察院的认知，积极支持社会组织提起公益诉讼，尽量支持社会组织提出的合理诉讼请求。各地司法机关对公益诉讼典型案例通过制作宣传海报、案例说法、编辑案例集等形式加强宣传教育，也可以通过开展生态环境法治进校园、进社区、进企事业单位等教育活动，提高公众运用法律手段保护生态环境利益的意识，促进全民生态环境法治观念形成，同时加强环保类社会组织提起环境民事公益诉讼的信心，更好地激发社会组织探索更高质量发展的精神动力。二是打造生态保护合力模式。社会组织最大的优势就是它的开放性，依托社会力量实现公益目标。社会组织可以以微信工作群的方式，互相即时通报线索、反馈案件情况；邀请各级检察机关、行政机关、高校、律师协会和社会组织等参加，每年至少组织召开一次研讨会或座谈会，共同研究公益诉讼遇到的新情况、新问题，分享成功经验，并就相关问题进行协商，力争达成共识。以此打造社会公共利益保护合力模式，探索如何通过不同方式切实保护人民群众的公共利益。

（四）加强社会组织的能力建设

俗话说，打铁还需自身硬。截至 2021 年底，“自然之友”共在全国 15 个省市提起 51 起环境民事公益诉讼案件，引起了社会的广泛关注。究其原因，主要得益于稳定的组织结构与现代的管理制度。基于这种认识，须加强社会组织的能力建设：一是完善社会组织机构设置和管理。社会组织要搭建并借助相应的公益平台，形成办理公益诉讼案件的活动网络，使之能够便捷地获取线索、调查取证等，提高办案效率。比如可以借鉴湖南省生态保护联合会的有益实践经验，该联合会不断扩大湖南省环境公益律师行动网络覆盖范围，并搭建湖南省生态环境法治公益平台，支持全省环保类社会组织和环境法律工作者承办公益诉讼案件。二是加强对社会组织开展公益诉讼工作的能力扶持。检察机关作为提起公益诉讼的主要国家机关，除了积极推进公益诉讼制度的实施，还需要把握整体发展方向，加大对社会组织开展公益诉讼的能力扶持。比如可以指派经验丰富的检察官指导社会组织办理公益诉讼，建立和组织法官、检察官、公安、环境公益律师、社会组织负责人等同堂培训制度和活动等，方便社会组织更加明确地了解公益诉讼案件办案标准尺度，更加深入理解公益诉讼办理理念，打造一支法律知识丰富、专业能力过硬、办案作风优良、公益精神坚定的环境法律工作队伍，提升办案质效和能力。

第四节 公益诉讼的其他提起主体

一、行政机关提起公益诉讼

（一）我国行政机关提起公益诉讼的法律规范

2023 年修正的《民事诉讼法》第 58 条第 1 款规定："对污染环境、侵害众多消费者合法权益等损害社会公共利益的行为，法律规定的机关和有关组织可以向人民法院提起诉讼。"此处"法律规定的机关"是行政机关提起民事公益诉讼的根本法律依据。而《行政诉讼法》中没有类似的规定，显然行政机关不可能去起诉行政机关，这也是由行政公益诉讼的特性决定的。因此，在此讨论行政机关提起公益诉讼，实质上是指行政机关提起民事公益诉讼。

《中华人民共和国海洋环境保护法》（以下简称《海洋环境保护法》）第114条第2款规定："对污染海洋环境、破坏海洋生态，给国家造成重大损失的，由依照本法规定行使海洋环境监督管理权的部门代表国家对责任者提出损害赔偿要求。"这是我国规定行政机关提起民事公益诉讼的唯一单行立法依据，其适用要件为：（1）必须是海洋环境污染损害事件，具体包括破坏海洋生态、海洋水产资源、海洋保护区的污染事件；（2）只有给国家造成重大损失时才能提起，如果不是重大损失，没有必要提起民事诉讼；（3）只有依照《海洋环境保护法》的规定行使海洋环境监督管理权的部门才能代表国家提起诉讼；（4）诉讼请求为损害赔偿。因为损害赔偿涉及因果关系的查明，具体损害数额的认定，还是由人民法院根据司法程序来认定更为客观公正，而对于要求排除妨害等可以由行政机关直接作出具体行政行为。

（二）我国行政机关提起公益诉讼的司法实践

我国行政机关提起公益诉讼的司法实践由来已久。早在公益诉讼制度确立以前，各地就已经有了探索。其中，典型案例主要有：1994年鸡西市梨树区人民政府诉沈阳冶炼厂和鸡西市化工局环境侵权损害赔偿案；[1] 1999年珠海市环保局和广东省海洋与

---

[1] 武汉大学环境法研究所．沈阳冶炼厂非法向黑龙江鸡西市梨树区转移有毒化工废渣造成重大环境污染案［EB/OL］.［2023－12－21］. http://www.riel.whu.edu.cn/article.asp?id=26054.

水产厅起诉台州东海海运有限公司和中国船舶燃料供应福建有限公司环境污染损害赔偿案;[1] 2006年江苏省南京市高淳县民政局为流浪者诉肇事方和保险公司人身损害赔偿案;[2] 2006年6月30日安徽桐城民政局为无名流浪者向肇事方和保险公司提出刑事附带民事诉讼;[3] 2006年湖北宜昌市救助管理站为流浪者向肇事者卢某提起附带民事诉讼案。[4] 类似的案例还有桐庐县民政局为流

---

[1] 广州海事法院审理后认为,珠海市环保局是珠海市环境保护行政主管机关,其职责包括对海洋环境的保护和管理,对辖区内的海域污染损害,有权代表国家对责任者提出损害赔偿请求。后法院对珠海市环保局起诉一事判决如下:(1)被告福建公司向原告广东省珠海市环保局赔偿损失7 079 724元。(2)驳回原告珠海市环保局对被告台州公司的诉讼请求。对广东省海洋与水产厅起诉一事判决如下:(1)被告福建公司赔偿国家天然水产品直接经济损失2 650 000元和利息(利息自1999年4月1日起计算至实际赔付之日止,利率按中国人民银行同期一年贷款利率计算),原告广东省海洋与水产厅受领后应转呈国库。(2)驳回原告广东省海洋与水产厅的其他诉讼请求。(3)驳回原告广东省海洋与水产厅对被告台州公司的诉讼请求。福建公司不服一审判决,上诉至广东省高级人民法院,随后又申请撤回上诉。2001年6月18日,广东省高级人民法院终审裁定准许撤诉,双方均按一审判决执行。参见珠海市环保局和广东省海洋与水产厅诉台州东运有限公司和中国船舶燃料供应福建有限公司海域污染损害赔偿纠纷案[EB/OL].(2006-08-31)[2023-12-21].南京环境监察网,http://www.njhb.gov.cn/jcms/jcms_files/jcms1/web2/site/art/2006/08/31/art_376_6952.html.

[2] 该案发生后,2006年3月8日,高淳县人民检察院向高淳县民政局送达了两份《检察建议书》,建议由民政局代两名无名流浪人员提起人身损害赔偿诉讼。随后,高淳县民政局诉至法院。2006年12月,南京高淳县法院作出判决:因主体不适格,裁定驳回民政局起诉。案例来源于《现代快报》2006年12月19日第2版。

[3] 在该案中,法院对此高度重视,承办法官多次召集相关人员进行调解。最终,三名附带民事被告共同赔偿162 500元(含医疗费)给桐城市民政局下属的社会福利院,由其对流浪者予以妥善照顾。石家庄日报.为流浪者讨说法民政局困局待解[N/OL].(2007-06-04)[2023-12-21].http://www.sjzdaily.com.cn/zoukan/2007-06/04/content_1220848.html.

[4] 该案中,在宜昌市伍家岗区人民法院的主持下,卢某以及他的工作单位与原告达成调解协议,卢某和单位支付无名流浪者赔偿款62 000元。结案后,民政局将赔偿款存入专门账户。朴建.民政局为流浪者"讨说法"[EB/OL].(2006-11-28)[2023-12-21].http://www.cctv.com/program/zgfzbd/20061128/104118.shtml.

浪者维权提起附带民事诉讼案，贵阳市“两湖一库”管理局起诉贵州天峰化工公司环境污染损害诉讼案等。

由上述案例可以看出，我国行政机关提起民事公益诉讼主要呈现如下特点：一是涉及案件范围集中在环境保护领域和不明身份流浪者在交通事故中的权益维护。二是提起公益诉讼的行政机关主要是环保部门、民政局、救助管理站及地方人民政府。三是对行政机关的诉讼主体资格有争议，存在同案不同判的情况。比如同为环境污染损害赔偿案，鸡西市梨树区政府诉沈阳冶炼厂和鸡西市化工局案历经曲折，一审法院支持了鸡西市梨树区政府，被告沈阳冶炼厂不服上诉到黑龙江省高级人民法院，二审法院认为鸡西市梨树区政府不具备诉讼主体资格而撤销了一审判决。此结果引发鸡西市民众的普遍关注，后在 1998 年黑龙江省高级人民法院重新组成合议庭审理此案。1999 年，最高人民法院针对鸡西市梨树区政府诉沈阳冶炼厂和鸡西市化工局环境损害赔偿案过程中关于区政府的诉讼主体资格的请示，以批复的形式确认原告梨树区政府具有诉讼主体资格。[1] 此案后，珠海市环保局和广东省海洋与水产厅的原告资格顺利得到法院认可。同样是民政局代流浪者起诉的案件，有的判决民政局胜诉，有的认为民政局没有主体资格，驳回起诉。四是对案件的判决方式不同。比如在流浪者权益救济中也有适用调解的。

自 2017 年公益诉讼制度确立以来，行政机关提起民事公益诉讼的案例不多。在中国裁判文书网，以行政机关、公益诉讼为

[1] 鸡西市梨树区政府诉沈阳冶炼厂和鸡西市化工局环境损害赔偿案，《最高人民法院关于黑龙江省鸡西市梨树区人民政府与鸡西市化工局、沈阳冶炼厂环境污染纠纷案的复函》（〔1999〕民他字第 31 号）。

关键词，截取2017年7月至2023年11月的区间，发现仅有5件，以下分别来看。

（1）重庆市梁平区生态环境局诉东营荣达物流有限公司、都邦财产保险股份有限公司东营中心支公司、隋某某、崔某某生态破坏民事公益诉讼一案。[1] 2019年1月17日10分许，被告隋某某驾车行驶至G42沪蓉高速公路梁平区梁山街道境内渝万高速公路万州至梁平方向金竹林隧道出口100米处，由于制动失灵冲出紧急避险车道末端后坠落在高速公路应急车道外沟处，造成两人受伤、车辆受损的交通事故。同时，事故造成油罐车罐体破裂，油罐内柴油泄漏并流向下方的多块农田内，造成农田污染。2019年2月1日，经重庆市交通行政执法总队高速公路第二支队二大队作出责任认定：隋某某在实习期内驾车制动不合格，违反了《中华人民共和国道路交通安全法》，存在过错，承担事故全部责任。被告崔某某系被告隋某某驾驶鲁E××××＊＊鲁E××××＊＊挂鲁E×××＊＊车牌的实际车主，该车挂车部分为重型罐式半挂车，使用性质为危化品运输。被告东营荣达物流有限公司为该车的名义登记人。被告都邦财产保险股份有限公司东营中心支公司为该车的承保公司。事故发生后，原告重庆市梁平区生态环境局等部门在重庆市梁平区政府的领导下成立了现场工作小组，采取一系列应急处置措施，将含油废水拦截、控制在一定范围内，并及时对农田内的柴油、油水混合物进行收集装运，同时对农田内含有污染的泥土进行清运处置，对被污染的季节性作物、农田土地自行复垦等进行赔偿，原告等各部门为防止生态环

---

[1] 重庆市第二中级人民法院（2022）渝02民初1号民事判决书。

境损害的发生和扩大而采取合理预防、处置措施发生应急处置费902 607元。原告委托重庆市生态环境工程评估中心（原重庆市环境工程评估中心）就本次突发环境事件污染损害开展调查评估工作，出具《应急处置阶段污染损害评估报告》《突发环境事件生态环境损害鉴定评估报告》，评估本次事件生态环境恢复费661 484.1元（其中656 689元包含在应急处置费中），并支付调查评估费50 000元，鉴定评估费10 000元。原告重庆市梁平区生态环境局于2021年12月10日采取环保专递邮件的方式向四被告寄出生态环境损害赔偿磋商告知书，四被告分别于同年12月13日、12月13日、12月15日和12月14日签收磋商告知书。磋商无果后，重庆市人民检察院第二分院支持原告重庆市梁平区生态环境局起诉，重庆市人民法院第二分院支持原告的部分诉讼请求，判决："一、被告崔某某、东营荣达物流有限公司于本判决生效后十五日内向原告重庆市梁平区生态环境局支付应急处置费902 607元、生态环境修复费4795.1元、调查评估费50 000元、鉴定评估费10 000元，上述费用共计967 402.1元；二、驳回原告重庆市梁平区生态环境局其他诉讼请求。"

（2）原告珠海经济技术开发区（高栏港经济区）管理委员会（南水镇）海洋和农业局与被告温锦某、崔志某、李志某、甘双某、李桂某、东莞市中堂镇人民政府海上污染损害责任纠纷公益诉讼一案。[1] 该案是因原告申请撤诉而结案。

（3）永登县农林局与被告郑某某林地损害赔偿纠纷一案。[2]

---

[1] 广州海事法院（2017）粤72民初1144号民事裁定书。

[2] 甘肃省永登县人民法院（2016）甘0121民初2154号民事裁定书。

永登县人民法院认为该案属于民事公益诉讼，县法院管辖权不当，故应移送至有管辖权的兰州市中级人民法院处理。

（4）上诉人永登蓝天石英砂有限公司因与被上诉人永登县农林局及原审被告张某某环境污染责任纠纷一案。❶甘肃省高级人民法院认为，永登县农林局作为行政主管机关，对毁坏林木的行为，法律明确赋予其通过行政手段予以救济的行政权力，其作为民事诉讼主体请求侵权人赔偿生态环境损失，缺乏法律依据。因此，永登县农林局亦不具有提起环境侵权责任纠纷诉讼的原告主体资格。最后裁定：撤销甘肃省兰州市中级人民法院（2017）甘01民初63号民事判决；驳回永登县农林局的起诉。

（5）在上诉人兰州市西固区环境保护局环境污染责任纠纷案中❷，甘肃省高级人民法院认为，西固区环保局作为县区一级行政机关，并不属于我国法律规定的可以提起环境民事公益诉讼的范围。因此，其作为原告提起环境民事公益诉讼属于原告不适格，一审法院裁定不予受理并无不当。最后裁定：西固区环保局的上诉请求不能成立，一审裁定认定事实清楚、适用法律正确，驳回上诉，维持原裁定。

从上述5个案例来看，行政机关提起民事公益诉讼主要呈现如下特点：一是涉及案件范围全部为生态环境和资源保护领域；二是人民法院对行政机关提起民事公益诉讼的原告资格认定不统一，有两个案例未获法院认可而裁定驳回起诉；三是诉讼请求多为损害赔偿之诉，上述5个案例中唯一获得法院判决支持的起诉是对环境的损害赔偿。

---

❶ 甘肃省高级人民法院（2017）甘民终505号民事裁定书。

❷ 甘肃省高级人民法院（2018）甘民终386号民事裁定书。

（三）域外行政机关提起公益诉讼的经验与启示

世界范围内许多国家都设有行政机关提起民事公益诉讼制度，典型的为俄罗斯等。在此主要介绍俄罗斯的制度。

1. 俄罗斯行政机关提起民事公益诉讼

2003 年 2 月 1 日施行的《俄罗斯联邦民事诉讼法典》第 46 条规定："在法律规定情况下，国家权力机关、地方自治机关、组织和公民有权根据他人的请求向法院提出请求，以维护他人的权利、自由和合法利益，或者维护不定范围的人的权利、自由和合法利益。维护无行为能力人或未成年人合法利益的请求，不论利害关系人或其法定代理人是否要求，均可以提出。"这条规定是俄罗斯公益诉讼的法律依据，表明俄罗斯国家机关可以提起民事公益诉讼。据此，俄罗斯政府机关提起民事公益诉讼必须符合以下条件：（1）目的是维护他人的权利、自由和合法利益；（2）一般必须先由权利人提出请求，但是在被保护人是无行为能力人或未成年人时，可以不论利害关系人或其法定代理人是否要求而可直接提起诉讼；（3）必须有法律规定国家机关可以提起诉讼的情形，这主要为了防止行政机关滥用诉权。而这些"法律规定的情况"分布在各个部门法中，主要体现在：一是《俄罗斯联邦家庭法典》中规定，"对未成年子女的权利负有保护义务的机关或者机构（监护和保护机关、未成年人事务委员会、为孤儿和父母不管的孩子设立的机构和其他机构）有权对未成年子女的父母提起追索抚养费的诉讼或者限制父母亲权诉讼"[1]。二

---

[1] 《俄罗斯联邦家庭法典》第 70 条、第 73 条、第 80 条第 3 款规定，参见中国法学会婚姻法学研究会. 外国婚姻家庭法汇编［M］. 北京：群众出版社，2000：490 - 495.

是《俄罗斯联邦消费者权益保护法》的有关规定，隶属于地方行政机关的消费者权益保护机关或社会组织可以向法院提起保护消费者权益以及一定范围内的消费者诉讼。三是 1991 年 12 月 19 日颁布的《俄罗斯联邦国家自然环境保护法》规定，企业、机关、社会组织和公民有权向法院提起有关要求停止给周围环境造成损害以及给公民的健康和财产造成损失的有害行为的诉讼。四是 1995 年 12 月 8 日俄罗斯国家杜马通过的《俄罗斯联邦工会、工会权利及其行为保障法》第 19 条、第 23 条规定，工会可以自己的名义向法院提起诉讼以保护工会会员的利益。此外，还有《俄罗斯联邦地方自治机关组织机构法》第 46 条[1]、《俄罗斯联邦民事诉讼法典》第 258 条[2]等规定。

同时，根据 2003 年 2 月 1 日施行的《俄罗斯联邦民事诉讼法典》[3] 的规定，俄罗斯有关行政机关可以参加民事诉讼。俄罗斯有关国家机关参加诉讼的问题，应当在法院开庭审理前的准备阶段解决。法官应当通知有关的国家机关、地方自治机关到庭听

[1] 《俄罗斯联邦地方自治机关组织机构法》第 46 条赋予了居住在市立机构地域内的公民与地方自治机关及其公职人员相同的权利，这些公民同样有权向俄罗斯普通管辖法院或仲裁法院提起诉讼，请求确认国家机关及其公职人员、企业事业单位、社会组织以及侵犯地方自治机关权利的社会联合组织所作出的相关决定无效。

[2] 《俄罗斯联邦民事诉讼法典》第 258 条规定："有关由于公民酗酒或嗜毒而认定其为限制行为能力人的案件，以及由于公民患精神病或痴呆症而认定其为无行为能力人的案件，可以根据其家庭成员、工会或者其他社会组织、检察长、监护机关和保护机关以及精神病医疗机构的申请进行审理。"

[3] 《俄罗斯联邦民事诉讼法典》第 47 条第 1 款规定："在联邦法律规定的情况下，国家机关、地方自治机关在第一审法院作出判决前可以主动地或者根据案件参加人的提议参加案件的诉讼，提出结论，以履行所担负的义务和维护他人的权利、自由和合法利益或者俄罗斯联邦、俄罗斯联邦各主体、地方自治组织的利益。"第 47 条第 2 款规定："在联邦法律规定的情况下，以及在其他必要情况下，法院可以主动吸收国家机关或地方自治机关参加案件，以达到本条第 1 款规定的目的。"

取对诉讼案件的审理。这些机关应当在法院开庭审理诉讼案件之前提出自己有关本案的意见。俄罗斯有关国家机关和地方自治机关、社会组织以及个别公民个人在提起或参加民事诉讼时，居于诉讼当事人地位，享有与其在诉讼中的地位相适应的诉讼权利，可以查阅案件材料、申请回避、进行陈述、提出证据、参加对证据的调查、提出申请以及实施俄罗斯法律所规定的其他相关诉讼行为。[1]

2. 域外行政机关参与民事公益诉讼的借鉴启示

一是行政机关应被赋予提起民事公益诉讼权，但诉权应受限制。行政机关作为公共利益的代表者与维护者，其维护公益的主要手段是实施行政行为。与诉讼活动相比，行政行为具有高效、快捷、直接、强制的特点。但是，行政行为并非万能，特别是在民事领域，行政机关并不能基于行政职权而单方面作出行政行为，确定民事主体之间的权利与义务，即便是该民事主体是侵权行为的实施者，承担的是民事赔偿责任。对赔偿行为的因果关系和损害后果的最终确认必须借助司法行为，在各方利益主体不能达成共识的情况下，诉讼是给各方当事人提供一个平等的主张、辩论、举证、质证的机会，再由法官根据诉讼规则居中作出裁决，才是对当事人最好的交代。在涉及一些特殊的领域，如家庭

[1] 《俄罗斯联邦民事诉讼法典》第46条第2款规定："提出维护他人合法权利的请求的人，享有原告人的全部诉讼权利并承担原告人的全部诉讼义务，但订立和解协议的权利和缴纳诉讼费用的义务除外。如果机关、组织或公民放弃支持他们为他人利益提出的请求，以及原告人放弃诉讼请求，则发生本法典第45条第2款规定的诉讼后果。"结合第45条第2款的规定可知，如果机关、组织或公民放弃已经提出的维护他人合法利益的请求，而该人及其法定代理人不声明放弃诉讼请求，则案件的实体审理应继续进行。当原告人放弃诉讼请求时，只要不违反法律或不侵犯他人的权利和合法利益，法院应终止案件的诉讼。

亲权、抚养、赡养、义务教育等领域，受侵害的家庭成员可能并不具备维权的实际能力，而其他机构可能不便介入，此时具有监护或者保护职责的行政机关代表公益提起诉讼，是最为适宜的。在消费者保护领域、反垄断领域因为涉及面广，社会公众提起诉讼，诉讼成本与胜诉收益反差大，起诉动机较弱。此时，由国家行政机关代表公益提起诉讼不仅免去了成本顾虑，而且具有更高的公信力和威慑力。不过，由于行政权力的扩张性和易滥用性，行政机关提起民事公益诉讼只是国家机关实现维护公共利益职责的一种途径，应作为兜底备用，并且要对其适用范围和程度予以适当限制，不能将面铺得太广，以免减少公权对私权的侵害。二是行政机关参与方式的多样化。从俄罗斯的相关立法可以看到，行政机关参与民事公益诉讼并不限于提起诉讼一种形式，至少还包括参加诉讼。参加诉讼不限于主动参加，也可以是法院通知参加，当法院通知参加时，行政机关参加诉讼就是一种义务。参加诉讼的行政机关可以对案件发表意见。如前述《俄罗斯联邦家庭法典》第 78 条的规定[1]。三是诉讼地位的平等性。从俄罗斯立法例来看，行政机关提起诉讼时居于诉讼当事人地位，享有与其诉讼地位相适应的诉讼权利，并没有因为其是行政机关就增加其负担或扩大其诉讼权利。另外，对行政机关为他人利益提起的民事公益诉讼，由于诉讼结果与“他人”密切联系，但是，与参与诉讼的行政机关及其工作人员可能并无密切联系，为了防止道

[1] 《俄罗斯联邦家庭法典》第 78 条规定：“监护和保护机关参与审理有关子女教育的纠纷：(1) 法院在审理与教育子女有关的纠纷时，不论是谁提起的保护子女的诉讼，应吸收监护和保护机关参加案件的审理。(2) 监护和保护机关应对子女的生活条件和希望教育子女的人（或数人）的生活条件进行调整，并向法院提交调查的文件和根据该调查对纠纷的实质作出的结论。”

德风险的发生，立法上一般对其处分权作一限制，规定和解和撤回诉讼必须经过一定程序，或者如果他人不同意撤回的，案件审理则继续进行。

（四）我国行政机关参与民事公益诉讼的主要问题

综合我国行政机关提起民事公益诉讼的立法规定和司法实践，结合域外行政机关参与民事公益诉讼的经验，可以发现我国行政机关参与民事公益诉讼的主要问题如下。

（1）范围过窄。根据现有立法，只能在海洋环境资源遭受污染损害时，才能由行使海洋环境监督管理权的部门代表国家对责任者提出损害赔偿要求；即使土地、森林资源遭受破坏，主管部门也无法提起相类似的诉讼，这在逻辑上也是无法自圆其说的。而反观域外做法，行政机关参与的案件范围广泛，包括限制或剥夺父母亲权的诉讼、要求支付赡养费或抚养费的案件、消费者诉讼、认定或撤销行为能力受限等案件。

（2）提起诉讼的主体非常有限。我国《海洋环境保护法》规定，只有行使海洋环境监督管理权的部门才能代表国家对责任者提起诉讼。如果海洋环境监督管理部门怠于行使权利，则有关公共利益的维护也会落空。

（3）诉讼请求单一。行政机关直接提起的民事公益诉讼中，诉讼请求只限于损害赔偿之诉。如果是单一的侵权损害事件发生，损害赔偿诉讼当无异议。但是，如果单一经营实体实施持续性的侵权行为，则除了要求损害赔偿，还需诉请停止侵害、不作为等，但现行法律并未作此规定。而且，就公益诉讼立法本意来说，预防作用要大于救济功能，而要预防公益受到损害，必须借助不作为诉讼才能实现，损害赔偿诉讼只能起到事后救济的作用。反观域外做法，诉讼请求包括确认之诉、给付之诉、不作为诉讼。

（4）参与方式只限于提起诉讼或支持起诉。依据我国现行法律规定，行政机关要参与民事公益诉讼只能采取支持起诉和主动起诉两种，而主动起诉只限于具有海洋环境监督管理权的行政部门，对海洋环境污染行为的直接责任者提起。反观域外做法，各国立法往往允许行政机关参与某些关涉公共利益的民事诉讼，由此可见，我国行政机关参与方式过于单一。

（五）我国行政机关提起民事公益诉讼制度的完善

1. 适当拓展提起主体

对允许提起民事公益诉讼的行政机关应作严格的限制，主要应限制对国有资产、自然资源、环境、公共设施等负有直接监督、管理职责的国家机关。而且，在行政职级上应该设置为县级以上人民政府及其相应具有独立法人资格的行政部门。

2. 适当扩大案件范围

除《海洋环境保护法》的相关规定，建议对土地资源等其他自然资源都作出类似规定。另外，对于其他领域也可适当扩展，具体列举如下：一是破坏自然资源、环境污染、公害纠纷。政府环保部门对自然资源、环境污染源企业等具有直接管理、监督职责，在信息占有、资料掌握上具有优势，赋予环境保护机关在行政救济无效果或者无法救济时，可以向人民法院提起民事公益诉讼的权利，这样有利于对环境资源的保护。二是损坏公共设施的案件。国家公共设施维护机构，基于管理人职责，可以提起民事公益诉讼。三是反垄断案件。垄断企业在经济实力等方面的强势地位，使普通社会公众无法在信息占有和实际诉讼能力上与垄断企业相抗衡，而对该企业具有直接管理职责的国家行政主管机关或者反垄断执法机关在行政救济无效果或者无法进行行政救济时，赋予其向法院提起民事公益诉讼或支持起诉的方式维护消费者和其他经营者合法权益。支持起诉的方式可以是提供咨询、信息，甚至是利用行政执法权调查取证，然后通过某种程序转交给提起民事公益诉讼的受害者。四是国有资产流失案件。国有资产是我国社会主义公有制经济的主体，针对国有资产在企业转制时大量流失和国有资产直接权属人与第三者恶意串通损害国有资产的案件，国有资产管理部门应当具有提起相应的民事公益诉讼的权利。

3. 增加介入方式

行政机关介入民事公益诉讼除了其作为原告直接提起民事公益诉讼，还可以参加到公民、社会公益组织提起的已经开始的民事公益诉讼中去。此外，也可应公民、社会公益组织的申请，或者依职权直接支持公民、社会公益组织提起民事公益诉讼，向法庭递交支持起诉意见书及相关证据材料。行政机关在提起民事公益诉讼时，其居于原告的诉讼地位，行政机关在民事公益诉讼中享有的诉讼权利，除法律特别规定外与普通民事诉讼主体相一致。

4. 适当拓展诉讼请求

行政机关提起民事公益诉讼的诉讼请求权应包括损害赔偿、停止侵害和发布禁令。行政机关在实施行政行为对侵害主体制止无效后，只能诉请法院提起民事公益诉讼，此时的诉请从有利于对社会公共利益的恢复和保护来看，应该包括损害赔偿、停止侵害和发布禁令等措施，而不应仅局限于损害赔偿。

二、公民个人提起公益诉讼

公民是指具有一个国家国籍的人。我国现行立法并没有明确公民个人能否提起公益诉讼，本书认为应该允许公民提起公益诉讼，具体从三个方面来阐述其正当性，并提出可能路径。

（一）公民提起公益诉讼的正当性

1. 理论层面

依据社会契约理论、公共信托理论以及人民主权理论，公民是公共利益的真正所有者，公民个人作为公共利益的代表具有天然合法性。依据前文所阐述的“私人检察长理论”，公民个体具有取得公益诉讼原告资格的正当性。

2. 现实层面

公民个人作为公共利益代表有助于弥补“政府失灵”导致在代表和维护公共利益上的缺陷和不足。[1] 公民作为公共利益的直接享有者且无等级束缚，能够及时发现受损的公共利益和致害公共利益的违法行政行为并迅速启动诉讼救济程序，能及时维护和保障公共利益。从前文所述的公益诉讼的发展历程来看，“打响公益诉讼第一枪”的就是公民个人提起的诉讼。

3. 域外做法层面

前文所论述的域外公益诉讼做法中，美国的公民诉讼值得借鉴，在环境保护领域的公民诉讼超过了由政府和其他组织提起的数量，其中依据《美国洁净水法》提出的最多。

---

[1] 徐卉．通向社会正义之路：公益诉讼理论研究［M］．北京：法律出版社，2009：72－73.

（二）公民个人提起公益诉讼的完善路径

公民提起公益诉讼应该把握以下两个原则。

1. 利益损害标准原则

公益诉讼原告的公民个人必须是其利益事实上受到侵害的公民个人。首先不要求必须是权利受到侵害才有原告资格，利益事实上受到侵害也可以具有原告资格，这一要求与传统诉讼要求的合法权益受到侵害标准相区别；对利益的理解，只要求是本人的利益但不要求是仅属于本人的利益，可以是物质利益，也可以是精神利益；可以是已经发生和存在的利益，也可以是将来确实会存在的利益，这就与可能导致滥诉的“全民之诉”区别开来。总之，公民个人不能抽象地为了维护公共利益而提起公益诉讼，必须是以其利益遭受了有别于其他人的事实上的侵害为前提。

2. 公民能够胜任原则

公益诉讼的提起需要一定的证据证明，并且诉讼过程耗时、耗力，这就要求公民具有能够胜任诉讼的能力。因此，在确定公民提起的公益诉讼范围时应该实事求是，遵循公民能够胜任原则，循序渐进地予以规定。

第五节　各起诉主体之间的关系和诉讼顺位问题

一、民事公益诉讼中的诉讼顺位问题

第一，根据《民事诉讼法》第 58 条第 2 款的规定，在民事公益诉讼各诉讼主体之间的诉讼顺位如下：“法律规定的机关”

的诉权顺位优先于检察机关。比如《海洋环境保护法》第114条第2款和第3款规定，“行使海洋环境监督管理权”行政机关的民事公益诉讼权优于检察机关；在生态损害赔偿民事公益诉讼中，作为本行政区域内生态环境损害赔偿权利人，省级、市地级政府的民事公益诉权优先于检察机关。第二，“社会组织”的诉权顺位优先于检察机关。比如在环境民事公益诉讼中，符合法定要求的“环保社会组织”的民事公益诉权优先于检察机关；在消费民事公益诉讼中，“各省、自治区、直辖市消费者协会”的民事公益诉权优先于检察机关。

二、行政公益诉讼中的诉讼顺位问题

在多元化的行政公益诉讼起诉主体之下，如何确定起诉顺位问题，理论界有不同观点。有的观点认为，特定国家机关、社会组织与公民三类主体拥有相同顺位，不应当设置优先排序的问题，而是按起诉的先后确定。❶ 有的观点认为，不对行政公益诉讼类型和公共利益类型进行区分，而是着眼于我国公益诉讼的发展，应规定检察机关、社会组织同为第一顺位但检察机关为主要地位，公民个人为第二顺位和补充地位。❷ 有的观点认为，应根据不同的行政公益诉讼类型确定各类原告资格的诉权顺位，对“一般行政公益诉讼”的原告资格顺位应依次为公民个人、检察机关及社会组织，对“纯粹的行政公益诉讼”的原告资格顺位

---

❶ 蔡辉．论我国公益诉讼起诉主体制度的完善［J］．江西师范大学学报（哲学社会科学版），2018（5）：116－123；马明生．论行政公益诉讼的原告资格［J］．法学论坛，2008（6）：96－101．

❷ 高志宏．我国公益诉讼原告制度的现实考察与应然变革［J］．南京大学学报（哲学·人文科学·社会科学），2016（2）：73－80．

则应以检察机关为第一顺位，公民个人及社会组织同为第二顺位。[1] 有的观点认为，应按照公共利益的不同类型确定原告资格的起诉顺位，涉及国家利益的原告资格顺位为检察机关为第一顺位、公民为第二顺位；涉及社会公共利益的原告资格顺位为社会组织为第一顺位、公民为第二顺位。[2]

在行政公益诉讼原告资格多元化确认体制下，因原告主体资格多样，必然涉及不同主体间的诉权冲突问题，如何处理不同类型主体、同一类型主体之间的诉权关系以及相关程序规则设置等问题，是行政公益诉讼原告资格制度设计无法回避的课题。行政公益诉讼原告主体诉权顺序安排，既要立足于我国现行政治体制和权力结构，又要考虑我国法治建设水平和公民法治意识现状。为此，一方面必须着眼于行政公益诉讼制度价值的实现，另一方面必须兼顾诉讼实施能力、滥诉风险防控、公益诉权监督等多方面因素间的协调与平衡。从诉讼秩序和诉讼经济角度考虑，行政公益诉讼原告资格的顺位选择需要通过相关立法以确立相对固定和统一的规则和相关程序，即明确赋予检察机关主要的、第一顺位的原告资格，公民个人及社会组织同为补充的、第二顺位的原告资格。当公共利益遭受侵害时，首先由检察机关提起行政公益诉讼或由公民、个人社会组织通过申诉、控告、检举等方式提请检察机关提起行政公益诉讼，在检察机关、社会组织和公民个人同时提请行政公益诉讼时，由检察机关代表社会组织和公民个人

[1] 朱学磊．比较视野下的行政公益诉讼原告资格：世界的经验与中国的选择［J］．朝阳法律评论，2014（1）：90－110.

[2] 马怀德．公益行政诉讼的原告资格及提起条件论析：以两起案件为视角［J］．中州学刊，2006（3）：79－82.

行使行政公益诉讼诉权。当作为第一顺位的检察机关怠于履职或履职不能时，为监督检察机关履职或分担检察机关诉累，公民个人、社会组织作为处于补充地位的第二顺位原告主体可以直接提起行政公益诉讼；若同处第二顺位的公民个人和社会组织同时提起行政公益诉讼，可组成以社会组织为主的共同原告提起行政公益诉讼；若同处第二顺位的不同公民个人和多个社会组织同时提起行政公益诉讼，其中公民个人之间不存在谁优先于谁的问题，则可同时提起联合起诉和共同原告。鉴于我国社会组织当下发育不充分，官方或半官方背景居多，因独立性和中立性相对不够，为尽量减少干预，应借鉴行政诉讼管辖制度改革模式，若是全国性多层级社会组织，则可以通过提高社会组织的层级来确定起诉主体，即在多个不同层级社会组织同时起诉时，以“就高原则”，优先高层级社会组织确定起诉主体。[1]

[1] 郭雪慧．论公益诉讼主体确认及其原告资格的协调：对《民事诉讼法》第55条的思考［J］．政治与法律，2015（1）：157－161．

CHAPTER 04 >>

第四章

公益诉讼专门立法重点内容之受案范围

受案范围的大小直接决定着司法救济的广度和深度。从各国公益诉讼制度的发展历程来看，最初主要是为了保护消费者、有色人种、未成年人等特殊弱势群体的利益而被提起的。时至今日，为有效保护公共利益，很多国家和地区都对公益诉讼的受案范围进行拓展，将其扩大至环境污染、生态破坏、消费者权益保护、特定人事诉讼、反垄断以及证券领域等侵害公共利益的案件，扩大了公共利益司法救济的范围。在我国，虽然目前已经形成以《民事诉讼法》《行政诉讼法》为基础，以《环境保护法》《消费者权益保护法》《未成年人保护法》《英雄烈士保护法》等单行法为扩展的“4 + 10”公益诉讼受案范围，但自公益诉讼试点以来，法院受理的公益诉讼案件数量一直比较有限，公共利益司法救济的范围与人民群众对美好社会的期望仍有差距。因此，以现行规范为依据，充分考虑公共利益核心概念对受案范围的影响，构建“公共利益”认定制度，合理界定公益诉讼受案范围，成为公益诉讼专门立法必须研究的一个重要问题。

第一节　现行公益诉讼受案范围的主要问题

截至目前，在《民事诉讼法》《行政诉讼法》的基础上，我国公益诉讼受案范围从生态环境和资源保护、食药品安全、国有财产保护、国有土地使用权出让这4个领域，不断拓展到英烈保护、安全生产、个人信息保护、军人地位和权益保障、未成年人保护、反垄断、反电信网络诈骗、农产品质量安全、妇女权益保障等领域，形成了“4+10”的受案范围。但从既有规范和实践的视角来看，对于公益诉讼受案范围的界定仍存在一些问题。

一、现行公益诉讼规范中的受案范围存在冲突

（一）相关规范对公益诉讼的受案范围不一致

这主要体现在消费民事公益诉讼当中。比如《民事诉讼法》[1] 与《消费者权益保护法》[2] 规定的受案范围不一致，前者明确了“食品药品安全领域”的限定性条件，是对后者所规定范围的一种限缩。而《最高人民法院关于审理消费民事公益诉讼

---

[1] 《民事诉讼法》第58条第2款规定，消费民事公益诉讼的受案范围为“食品药品安全领域侵害众多消费者合法权益”的案件。

[2] 《消费者权益保护法》第47条，则将消费民事公益诉讼的受案范围规定为“侵害众多消费者合法权益的行为”。

案件适用法律若干问题的解释》[1] 的规定又进一步对《消费者权益保护法》的范围作了限缩（见表4－1）。[2]

表4－1 消费领域民事公益诉讼的现行规范对受案范围的规定

规范依据	《民事诉讼法》	《消费者权益保护法》	《最高人民法院关于审理消费民事公益诉讼案件适用法律若干问题的解释》
受案范围	食品药品安全领域侵害众多消费者合法权益的行为	侵害众多消费者合法权益的行为	侵害众多不特定消费者合法权益的行为
			具有危及消费者人身、财产安全危险等损害社会公共利益的行为

（二）相关规范对公益诉讼受案范围的规定仍比较模糊

比如对“英雄烈士”范围的规定不明确。在我国，《英雄烈士保护法》第2条[3]仅对“英雄烈士”作了抽象规范，并未对其评定标准和程序作出具体规定。一方面，对于“英雄”的评定，相关规范没有给出具体的标准。通常认为，只有“杰出的人物”才能称得上“英雄”，但对于“杰出”与否，“完全取决于其对国家和社会的贡献度，在一定程度上也取决于人们的认可度”。[4]

---

[1] 《最高人民法院关于审理消费民事公益诉讼案件适用法律若干问题的解释》第1条规定：“中国消费者协会以及在省、自治区、直辖市设立的消费者协会，对经营者侵害众多不特定消费者合法权益或者具有危及消费者人身、财产安全危险等损害社会公共利益的行为提起消费民事公益诉讼的，适用本解释。”

[2] 杨雅妮．检察民事公益诉讼制度研究［M］．北京：科学文献出版社：52－55.

[3] 《英雄烈士保护法》第2条规定：“国家和人民永远尊崇、铭记英雄烈士为国家、人民和民族作出的牺牲和贡献。近代以来，为了争取民族独立和人民解放，实现国家富强和人民幸福，促进世界和平和人类进步而毕生奋斗、英勇献身的英雄烈士，功勋彪炳史册，精神永垂不朽。”

[4] 房绍坤．英雄烈士人格利益不容侵害［N］．检察日报，2017－04－25（3）.

实践中，由于缺乏明确的评定标准，可能会出现将不是“英雄”的人错误评定为“英雄”或者将真正的“英雄”排除在“英雄”范围之外的现象，导致对“公共利益”保护范围的不当扩大或缩小，不利于对英雄姓名、肖像、名誉、荣誉的保护。另一方面，对于“烈士”的评定，虽然《烈士褒扬条例》第 8 条[1]、第 9 条已经规定了具体的评定条件、评定程序和评定机关等，但从其规定的“烈士”评定条件来看，能够依据《烈士褒扬条例》评定的“烈士”范围明显小于《英雄烈士保护法》第 2 条规定的“烈士”[2] 范围，不利于对烈士姓名、肖像、名誉、荣誉的保护。

值得注意的是，有学者认为，《英雄烈士保护法》所保护的“英雄”并非指在世的英雄，而应当限定为牺牲的英雄。……“不论是英雄，还是烈士，均指称已经牺牲之人，未牺牲英雄的人格权与普通自然人的人格权一并保护”。[3] 对此，笔者并不认同，将在世的“英雄”排除在“英雄”范围之外的做法，既不利于发挥民事公益诉讼制度的功能，又不利于重塑和弘扬中华民族的

---

[1] 《烈士褒扬条例》第 8 条规定：“公民牺牲符合下列情形之一的，评定为烈士：（一）在依法查处违法犯罪行为，执行国家安全工作任务、执行反恐怖任务和处置突发事件中牺牲的；（二）抢险救灾或者其他为了抢救、保护国家财产、集体财产、公民生命财产牺牲的；（三）在执行外交任务或者国家派遣的对外援助、维持国际和平任务中牺牲的；（四）在执行武器装备科研试验任务中牺牲的；（五）其他牺牲情节特别突出，堪为楷模的。现役军人牺牲，预备役人员、民兵、民工以及其他人员因参战、参加军事演习和军事训练、执行军事勤务牺牲应当评定烈士的，依照《军人抚恤优待条例》的有关规定评定。”

[2] 《英雄烈士保护法》第 2 条的规定，不仅在时间界限上将“烈士”的范围拓宽至 1840 年鸦片战争以来，而且在外延上既包括为我国革命、发展献身的“烈士”，也包括为全人类和平进步而献身的“烈士”，范围非常广泛。

[3] 房绍坤. 英雄烈士人格利益不容侵害［N］. 检察日报，2017-04-25（3）.

美好品德和民族精神。

（三）对案件类型的规定比较局限

局限主要体现为以下方面。一是未将国有文物保护案件纳入受案范围。国有文物是物质文化遗产的重要组成部分，包括“国有不可移动文物”和“国有可移动文物”两种类型。当前，针对国有文物的保护，不仅“立法严重滞后，致使违法行为和处罚结果之间失衡”[1]，而且基本是依靠传统的行政和司法途径进行救济。二是未将特定人事诉讼案件纳入受案范围。近年来，我国婚姻无效、家庭暴力、子女啃老、虐待等事件频发，给公共利益带来了极大损害，但遗憾的是，我国立法至今仍未将这类案件纳入公益诉讼的受案范围。以婚姻无效案件为例，由于立法仅赋予了婚姻当事人、近亲属和基层组织提起婚姻无效之诉的权利，如果这些主体不提起诉讼，受侵害的公共利益就难以得到救济。三是未将侵害公民受教育权的案件纳入受案范围。公民的受教育权保障不仅涉及本人私利，而且关系“国家、民族和社会的整体利益。对于不特定的‘公民受教育权’而言，本身就承载着‘国家利益’和‘社会公共利益’”[2]，应当属于公共利益的范畴。但从现有规定来看，侵害公民受教育权的案件尚未纳入公益诉讼的受案范围。四是证券领域发生的公共利益侵害尚未完全纳入受案范围。最高人民法院在2019年初明确提出探索证券民事公益诉讼，上海市高级人民法院和上海金融法院也相继提出落实公益诉讼机制的要求。作为试点集中管辖涉科创板案件的专门法院，上

---

[1] 扈孝勇，赵小玉．不可移动文物的现状及司法保护：反思我国文物公益诉讼第一案［J］．法律适用，2017（20）：32－38.

[2] 崔玲玲．教育公益诉讼：受教育权司法保护的新途径［J］．东方法学，2019（4）：138－149.

海金融法院出台了《关于服务保障设立科创板并试点注册制改革的实施意见》，提出要针对证券欺诈民事侵权行为，探索构建由依法设立的证券投资者保护机构、法律规定的机关和有关组织提起的证券民事公益诉讼机制。就目前来看，证券民事公益诉讼尚处于试点阶段，案件类型也仅限于科创板发生的证券欺诈民事侵权行为，因虚假陈述、内幕交易等侵害公共利益的案件尚未纳入证券民事公益诉讼的受案范围。

二、公益诉讼受案范围拓展不规范

当前在公益诉讼受案范围的拓展中，主要是运用立法、中央文件、司法解释、指导性案例、典型案例、法律解释以及办案实践等方式。其中立法规定、司法解释是最为权威明确的方式。通过权力机关的决议或者决定拓展受案范围，一方面，根据最高权力机关的“决议”拓展受案范围。例如，《第十三届全国人民代表大会第三次会议关于最高人民检察院工作报告的决议》明确提出要将安全生产、公共卫生等8个领域所涉及的公益损害纳入公益诉讼的受案范围。另一方面，地方权力机关通过发布“决定”的方式拓展公益诉讼的受案范围。例如，陕西、广西、河南、黑龙江等省已经发布各省的关于探索拓展公益诉讼受案范围的“决定”。[1] 此外，部分市人大常委会也发布了类似的“决定”。[2] 可见，地方立法机关以地方性法规的形式探索拓展公益诉讼的受案

[1] 分别是：《陕西省人民代表大会常务委员会关于加强检察公益诉讼工作的决定》《广西壮族自治区人民代表大会常务委员会关于加强检察机关公益诉讼工作的决定》《河南省人民代表大会常务委员会关于加强检察公益诉讼工作的决定》《黑龙江省人民代表大会常务委员会关于加强检察机关公益诉讼工作的决定》。

[2] 例如，《杭州市人民代表大会常务委员会关于加强检察公益诉讼工作的决定》。

范围已经成为地方结合法律规定、办案实际以及当地公共利益保护实践作出的因地制宜的探索方式。中央层面改革文件是拓展公益诉讼受案范围的纲领性文件，具有宏观性和现实指导意义。[1]通过最高人民检察院发布的指导性案例、典型案例可以对各地办理“同类新领域”案件发挥“案例类推”作用，促使受案范围的拓展。通过法律解释拓展案例范围，这主要是对民事诉讼法和行政诉讼法中受案范围的“等内”和“等外”的解释。根据检察机关具体的办案实践拓展范围，这主要体现在省级检察机关。[2] 综上，目前公益诉讼受案范围的拓展方式呈现出立体多元的特征，形成了“依法拓展”和“法外拓展”两种形式。一方面，法律法规、最高权力机关的要求、中央文件、指导性案例与典型性案例等明确性的依据，属于规范层面的范畴，是“依法”拓展公益诉讼范围的体现。从最高人民检察院公布的数据来看，2023 年全年共办理四大领域案件117 414件，占公益诉讼总数的61.8%，办理新增十个法定领域案件 50 656 件，占公益诉讼总数的 26.7%[3]（见图 4－1）。

---

[1] 例如，关于安全生产领域的，《中共中央、国务院关于推进安全生产领域改革发展的意见》提出的“研究建立安全生产民事和行政公益诉讼制度”；对于进出口商品质量侵害消费者权益的，国务院提出的要“加强重点领域质量安全公益诉讼工作”。

[2] 根据《关于积极稳妥拓展公益诉讼案件范围的指导意见》的相关规定，“提倡省级检察院指定若干条件成熟的地方，分类、集中开展相关新领域的理论研究与实践探索”。并且，在办好法定领域案件的基础上，“因地制宜，量力而行办理新领域案件”。简而言之，省级检察机关可以在其辖区内指导开展办理公益诉讼新领域案件，鼓励基层检察院根据自身情况和当地公益受损的实际状况，因地制宜探索办理新领域的公益诉讼案件。这意味着，省级检察机关有权根据其辖区内的办案具体情况，确立、办理新领域的检察公益诉讼案件。

[3] 最高人民检察院．检察公益诉讼白皮书（2023）[EB/OL].[2024－03－09]. https://www.spp.gov.cn/xwfbh/wsfbh/202403/t20240309_648329.shtml.

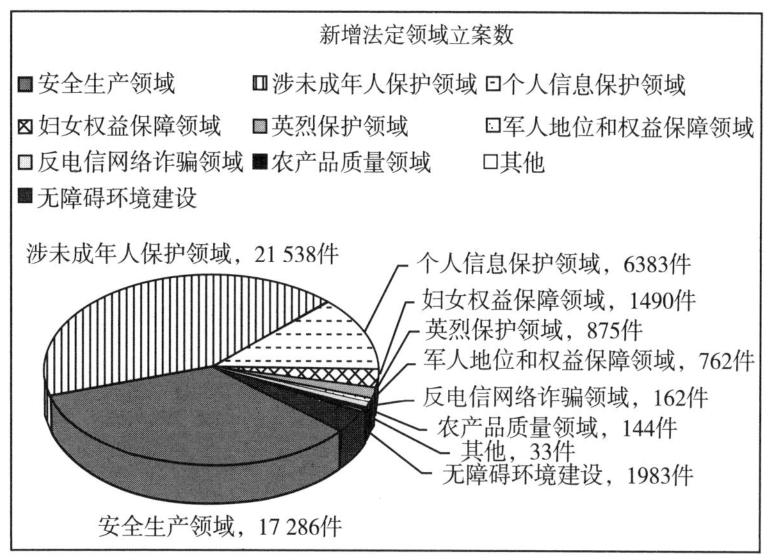

图4－1　2023年全国检察机关公益诉讼办案新增法定领域立案数

另一方面，根据对既有法律规定的解释以及检察机关的办案实际拓展公益诉讼的范围，属于没有明确依据的“法外拓展”方式，这是对“依法拓展”的补充。2023年全年共办理法定领域外的新领域公益诉讼案件21 815件，占公益诉讼总数的11.5%。其中，公共安全8489件，文物和文化遗产保护2734件，消费者权益保护1188件，国防和军事利益保护440件，知识产权保护873件。[1]

但这种拓展状况仍不规范，主要体现在如下方面。[2]

（1）从拓展主体层面来说，有权拓展主体多元易导致政出

[1] 最高人民检察院．检察公益诉讼白皮书（2023）[EB/OL].[2024－03－09]. https://www.spp.gov.cn/xwfbh/wsfbh/202403/t20240309_648329.shtml.

[2] 杨柳．论检察公益诉讼的受案范围拓展［J］．政法论坛，2023（6）：50－59.

多门、各规定之间可能相互抵牾。当前我国具有拓展公益诉讼受案范围权力的主体主要包括：党中央、国务院、立法机关（包括全国人大以及省市人大及人大常委会）、最高司法机关、省级检察机关等。有权拓展检察公益诉讼受案范围的主体不但性质不一，包括党中央、立法机关、行政机关和司法机关，而且层次不一，从中央到地方，从最高人民检察院到省级检察机关，均能拓展检察公益诉讼的受案范围。这种有权主体多元的拓展方式，固然能够灵活有效地实现受案范围的拓展，但是，“政出多门”的拓展方式易造成受案范围重叠交叉甚至相互抵牾。例如，如果司法机关与行政机关关于拓展检察公益诉讼受案范围规定不一致，此时如何确定公益诉讼的受案范围就成为问题。这是有权拓展主体多元、层级不一无法避免的难题。

（2）从拓展形式层面来说，拓展形式不一易导致公益诉讼受案范围边界模糊。如上所述，目前，公益诉讼受案范围的拓展方式形成“依法拓展” + “法外拓展”的模式，这体现了公益诉讼受案范围拓展的原则性与灵活性相结合，但存在的问题十分明显。一方面，公益诉讼受案范围应由法律规定，在法律之外设定公益诉讼受案范围不符合法律基本原理。另一方面，“法外拓展”方式因为缺乏明确性，从而导致公益诉讼受案范围边界不清。例如，根据规定省级检察机关可以根据当地的具体办案实际拓展受案范围。但是，由于各地情况不一，产生公益受损情况各异，允许省级检察机关根据具体办案实际拓展受案范围，会导致各地检察公益诉讼受案情况千差万别。因此，采用“根据实际情况”方式拓展检察公益诉讼受案范围，实质上使得检察公益诉讼范围没有边界从而不受限制。

第二节　构建公益诉讼的公共利益认定制度

通过分析公益诉讼受案范围的主要问题，可以看出对“公共利益”的认定是影响受案范围的关键所在。因公共利益本身具有不可计量性和抽象性的特点，这使得何种公共利益应被纳入我国公益诉讼的保护领域、公共利益是否受侵害以及公共利益受损害的程度成为司法实践中认定的难题和重点。因此，研究并构建公益诉讼的公共利益认定制度对于合理界定公益诉讼受案范围具有重要意义。

一、公益诉讼的公共利益认定制度正当性分析

公益诉讼制度为维护公共利益而诞生，公共利益本身的复合性使得理论界关于公益诉讼领域如何界定公共利益争论不休，理论观点的多元化要求通过制度统一公共利益认定标准，从而达成共识。

（一）国家治理公共性的发展趋势要求对公共利益的界定不断完善

国家治理的公共性是近代以来国家治理的发展趋势，国家机关必须通过公共性体现人民性，进而通过人民性获得合法性。我国治理也经历了这一过程，新中国成立至改革开放前主要是以政治为导向的政治统治模式，改革开放后至21世纪初主要是以经济为导向的行政管理模式，新时代以来以服务为导向的社会治理模式。从国家治理的角度出发，政治权力的合法性及正当性必须

建立在回应社会诉求和满足公共需要的基础上，以此实现对管理效率和治理技术的超越，这也成为现代国家合法治理的基本要求。[1] 由此，政府权威与国家治理权的公共性和合理性、合法性就互为基础、前提及手段。在当下，我国将这三者既统一于人民性，又体现着人民性。比如，当代国家治理中的政府创新，本质上就是在合理性与合法性的基础上力求实现公共性。无论是司法体制改革还是公益诉讼制度的完善，从某种意义上说，就是国家治理公共性价值增强的表现。我国国家治理实践的人民性的实现，也必然是朝着更加贴近实质公共性的方向发展，自觉围绕着增强国家治理公共性的内容进行制度构想与政策制定。公共利益是法治社会的根本理念之一，这一概念得到许多国家和地区立法例的支持[2]。在我国，为了使国家机关在国家治理过程中更好地维护全社会共同利益，我国 2004 年宪法修正案中加入了对“公共利益”概念的运用，首次将该公共利益原则引入政府土地征收征用中，自此为公共利益原则的适用提供了法律依据，也为解决我国社会性问题提供了有力的法律保障。由此可见，完善公益诉讼中公共利益的认定制度符合国家治理公共性的发展趋势，也符合人民群众对权益保护的期盼。

（二）“公共利益”本身的理论争议需要外在的认定制度

综观对“公共利益”的理解，主要争议点有二，一是如何理解“公共”二字上，“公共”的范围大小和认定主体关系到对利益的认定；二是如何理解“利益”二字，“利益”内涵和外延

---

[1] 张茜，徐家林. 以人民为中心：国家治理公共性价值的中国话语表达［J］. 江苏社会科学，2023（6）：1－10.

[2] 梁上上. 公共利益与利益衡量［J］. 政法论坛，2016，34（6）：3－17.

的认定准确与否关系到能否实现公益诉讼的根本目标。

关于如何确定“公共”的范围，以德国公法学者提出的三种标准影响最大。第一种标准是地域标准，即“地域说”，它是由洛厚德在 1884 年提出的。该学说认为一定空间内多数人的利益即公共利益，然而这种说法单纯以地域为划分标准，容易使人认为公共利益具有地域上的排他性，实践中许多公共利益的类型并不局限于同一地域，这种学说忽视了超越地域因素以外的亟待保护的公共利益。第二种标准是由纽曼在 1886 年提出的不确定多数标准，即“人数说”。这一学说的核心思想是公共利益是不确定多数人的利益，这种学说的支持者在我国也占据相当大的一部分比重，然而这种表述近年来被发现太过泛化，实际可操作性并不强。第三种标准是德国学者提出的相对较新的一种划分标准：“某圈子之人”反面标准，即“反面说”。这种学说认为公共利益是指“不特定多数人”所享有的利益，其中“特定”“多数”等概念，都是相对一个特定的圈子而言的，而这个“圈子”是一个相对的、动态的概念❶，本书认为第三种标准相对而言更具有合理性。

公共利益是一个相对概念，也是特定历史条件下的产物，无论采取何种标准对公共利益的范围进行界定，不同社会的不同发展阶段，对公共利益的理解和认识总会产生新的语境和标准，这是特定社会环境对公共利益范围界定带来的影响，并非通过立法技术可以改变的。此外，即使在同一时空、地理条件下，公共利

❶ 陈新民．德国公法学基础理论：上［M］．济南：山东人民出版社，2001：182－186.

益表现形式也并非一成不变，它有时会表现为各种形式的具体利益，有时甚至会表现为抽象利益、制度利益等，因此，想通过识别或者界定公共利益的方式去框定公益诉讼的范围，目前而言是无法实现的。但是通过把握公共利益的发展规律不难发现，公共利益总表现为利于人类生存和发展的整体利益，也正因如此，实践中缺乏对应的主体对公共利益进行专门负责，造成部分公共利益得不到保护甚至被漠视。综上，本书建议转换思路，既然无法通过界定公共利益概念的方式去框定公共利益的范围，那可以选择针对哪些法益提起公益诉讼，从机械地探讨界定公共利益的概念和范围，转变为在实践中确定哪种利益受到侵害、该利益被侵害到何种程度才应启动公益诉讼程序，以及这一决定是由哪些主体依据哪些标准做出的，由实体的法律规定更多地转变为程序性的行为选择，通过构建具有可操作性的制度规则，科学地拓展公益诉讼受案范围。

（三）现有的规范政策依据为公共利益认定提供了扎实支撑

政策是法律的先导。目前，我国形成了以民事诉讼法和行政诉讼法为基础、十部单行法为扩展的公共利益认定的法律依据。作为法定领域的公共利益认定基本无障碍。然而，随着社会发展，新的社会矛盾不断涌现，人民群众对公共利益的保护需求也会不断更新。可是，立法的滞后性决定了国家不可能将所有亟待保护的公共利益及时囊括进法律、法规中，且从现有的实践探索来看，目前各地方开展的公益诉讼“等外”拓展工作明显规范性不够、程序性不足。因此，政策依据对于公共利益认定来看就是一种重要补充。比如《第十三届全国人民代表大会第三次会议关于最高人民检察院工作报告的决议》明确提出要将安全生产、公共卫生等8个领域所涉及的公益损害纳入公益诉讼的受案范围。中共中央发布的《关于加强新时代检察机关法律监督工作的意见》第11条提出“积极稳妥拓展公益诉讼案件范围，探索办理安全生产、公共卫生、妇女及残疾人权益保护、个人信息保护、文物和文化遗产保护等领域公益损害案件，总结实践经验，完善相关立法”。《中共中央 国务院关于推进安全生产领域改革发展的意见》提出在安全生产领域“研究建立安全生产民事和行政公益诉讼制度”；《国务院关于完善进出口商品质量安全风险预警和快速反应监管体系切实保护消费者权益的意见提出在》进出口商品质量侵害消费者权益方面，要“加强重点领域质量安全公益诉讼工作”；中共中央、国务院印发的《质量强国建设纲要》提出“开展质量公益诉讼和集体诉讼，有效执行商品质量惩罚性赔偿制度”；《中共中央 国务院关于做好2023年全面推进乡村振兴重点工作的意见》对加强农产品质量安全等新领域公益保护提出了新的更高的要求；最高人民法院、最高人民检察院、公安部联合发布的《关于依法惩治网络暴力违法犯罪的指导意见》中指出，“检察机关对于严重危害社会秩序和国家利益的侮辱、诽谤犯罪行为，应当依法提起公诉，对损害社会公共利益的网络暴力行为可以依法提起公益诉讼”。可见，上述政策为公共利益认定的构建提供了有力支撑。

二、公益诉讼中公共利益认定的主要问题

对于公共利益的认定需要清晰厘清谁来认定、以什么标准认定以及按照什么程序来认定。而目前对于这三方面内容认识不统

一、实践做法不一，成为公共利益认定中的主要问题。

（一）公共利益认定的权力主体不明、权限不清

从前述我国公益诉讼受案范围拓展的权力主体来看，主要有立法机关（包括全国人大以及省市人大及人大常委会）、国务院、最高司法机关、省级检察机关等。由此可见，这些机关具有对公共利益的认定权。这些机关性质不一、层次不一、权限不一，导致对公共利益的认定不统一。此问题在前面已经阐述在此就不重复。

（二）公共利益认定的标准不明

"学术界关于公共利益的概念一直没有定论"，[1] 这就使得"公共利益"这一模糊的概念以及公共利益原则在实际适用的过程中成为一把"双刃剑"。一方面公共利益概念的模糊使得有关部门在面对公共利益保护的执法过程中易于找到执法依据，实现对公共利益的保护，另一方面也带来了相应的反作用，模糊的公共利益赋予相关部门执法依据的同时极易造成公权力膨胀对私权利的过度挤压，从而给私权利带来意外之伤害。此外，公共利益概念的模糊使得实践中司法机关、行政机关、社会组织及公民对公共利益的理解有争议，从而直接影响各公益诉讼主体认定某一法益是否属于公共利益，某一行为所侵害的具体法益是否属于公共利益，某行为对某项公共利益的侵害程度是否达到一定程度而足以启动公益诉讼程序等问题。因此，当前公共利益概念在学理和法律上的模糊是造成当前公共利益认定困境的根源。如何改变

[1] 李玲玲、梁疏影．公共利益：公共政策的逻辑起点［J］．行政论坛，2018，25(4)：70－75.

公共利益概念模糊的现状，为公益诉讼活动提供较为明确的制度指引是完善我国公益诉讼制度所不得不面对的重要现实问题。

实践中，梳理地方立法机关对公共利益的认定，发现其标准各异，各具地方特色。如云南省强调未成年人、老年人的权益保护问题；海南省将旅游消费、金融安全等案件列入公益诉讼受案范围；甘肃省格外重视文物和文化遗产保护、红色文化资源保护领域。还有的地方人大机关对公共利益的表述还不精确，如《黑龙江省人大常委会关于加强检察机关公益诉讼工作的决定》仅提出“检察机关应当围绕全省工作的中心和大局，坚持民有所呼，我有所应，回应人民群众加强公益保护的关切”；湖南省人大常委会提出“探索公益诉讼检察新领域新范围”。有的即便是同一类领域的公共利益，其称呼未必相同，以个人信息保护领域为例，湖北省人大常委会将其称为“电信互联网涉及众多公民个人信息保护领域”，内蒙古自治区人大常委会则称之为“互联网侵害公益领域”，河南省人大常委会称之为“不特定公民个人信息保护领域”，广西壮族自治区人大常委会称之“众多公民信息保护”领域，广东省称之“互联网个人信息保护”，等等，关于同一公共利益领域各地区就产生了数种名称，缺乏统一规范。

此外，公共利益的认定标准在不同省市也存在较大差别，差异最为显著的就是食品药品安全领域，内蒙古自治区认为构成公共利益侵害的标准是“缺陷、虚假宣传等”，黑龙江省则为“有毒有害或者不符合食品安全标准的；假药、劣药”，同一领域的公共利益认定标准不同，就会导致不同地区公益诉讼的结果差异较大。

（三）公共利益认定的程序规则不完善

这主要体现为：一是公众参与不充分。现行公益诉讼运行中，除少数监管主体不明晰、业态模式复杂的案件外，以检察机关自行决定涉案法益是否认定为公共利益的案件居多。而检察机关要提起的公益诉讼案件所涉及的法益到底是否属于公共利益，除了法定范围之外，缺乏充分的公众参与。公共参与是程序法治的要义，其目的就在于通过公众参与进一步规范公权力。在公益诉讼的公共利益认定过程中，公众参与不充分使得公共利益的认定程序缺乏正当性，影响公益诉讼的价值实现。二是缺乏论证程序。《人民检察院公益诉讼办案规则》第 29 条规定："对于国家利益或者社会公共利益受到严重侵害，人民检察院经初步调查仍难以确定不依法履行监督管理职责的行政机关或者违法行为人的，也可以立案调查。"然而目前我国缺乏在争议产生时的论证程序，这不利于公共利益的有效保护。公益诉讼的公共利益认定过程当中理应由多个公共利益认定主体通过规范的公共利益论证程序进行充分的讨论与调查，从而决定是否启动公益诉讼。三是监督程序不完善。在我国的法治建设中，我国建立了包括调解、仲裁、复议、诉讼在内的多元纠纷解决方式，根据纠纷的内容及侵害利益之大小可选择适当的权益救济路径。诉讼并非解决纠纷的唯一方案，同样地，启动公益诉讼也并非保护公共利益的最优途径。公共利益的认定不仅关系着公共利益的扩张，更关系着公益诉讼受案范围的扩张，其本质上关系着司法权尤其是检察权的扩张。因此，对于公益诉讼中公共利益的认定应当制定相应的监督机制，以规范和限制检察机关公益诉讼权之行使。在公益诉讼受案范围不断拓展的大背景下，要设置公共利益认定的监督规则，对公益诉讼相关主体加以监督，从而合理限制受案范围，避免公益诉讼的案件范围无序、无边界地拓展。

三、公益诉讼中公共利益认定制度的完善

为确保法律的统一正确实施，坚持问题导向，需要有针对性地完善公共利益的认定。

（一）规范公益诉讼中公共利益认定主体的权力配置

在既有权力机关、行政机关、司法机关认定公共利益的基础上，我们应综合行使，完善权力配置。

（1）权力机关通过立法，将公共利益由抽象的价值理念转为实在的法规范。作为国家最高权力机关，立法机关的法律地位高居行政机关和司法机关之上。我国的立法体制决定了公共利益的认定是以立法为中心的模式。当前我国公益诉讼的法律规范，对较为重要的公共利益类型进行了肯定列举。但对于那些难以通过肯定列举进行规定而实践证明有必要纳入公益诉讼中进行保护的公共利益类型，本书建议采用概括式方式，对其以兜底条款的形式进行规定，同时对于无法或者不能作为公益诉讼受案范围的，明确采用否定列举的方式予以排除，具体而言，这种类型的利益包括外交行为、国家内部政务行为。采用这种正向和反向、列举和概括的立法方式，能够充分结合我国国情，有助于对公共利益认定。同时，当其他国家机关从各种渠道获悉的线索经认定为公益诉讼时必须符合法律规定；当各主体针对某一案件是否应认定为公益诉讼案件产生争议时，在穷尽其他手段依旧无法认定后，可以提请立法机关进行裁决。

（2）行政机关通过具体行政行为，使公益具体化，以达到

实现公共利益的目的。立法机关通过立法可以使公益类型化，但是从类型化的公共利益到现实的、具体的公共利益还需要一个桥梁，这个桥梁很多时候就是行政机关的依法行政行为。行政机关通过具体行政行为，在现实生活中防卫公益，即借由法律有关公益的规定，授权行政机关采取防止公益被侵犯的情形发生。另外，行政机关还可以经法律授权，积极行使增进公益的行为。行政机关这种创设公益的行为可以存在一般传统干涉行政的行政权力之中，亦可在给付行政的行政权力方面，促使公益的实现。但是行政机关的具体行政行为常因程序失范导致对公共利益的认定产生怀疑，因此，行政机关在认定中应坚持比例原则❶，即在各种受损的公共利益之间进行质与量的比对，只有最紧迫、最广大且通过其他途径无法达到最优效果的公益才是应当去考量的。同时，行政机关不宜在公共利益认定中赋予过大权力，而应当将其身份定位为调查机关，协助其他机关的公共利益认定工作。

（3）司法机关通过司法实践，使公益在个案中具体实现。司法机关可以借助司法行为，使公益的概念在个案中具体实现。司法决定公益既可以通过程序对公益作出考量，也可以在实体审判方面，就讼争案件对所援引的事实作具体阐释。法院以实体法上有关的公益条款作为基本法律依据，结合法律基本原则如民法公序良俗、诚实信用，经济法促进经济发展，行政法的国家利益、公共秩序、公共安全等对个案进行具体裁断，体现公益。在公益实现过程中，司法机关不是必经程序，但是司法机关具有的通过个案审理，确认公益的权限却是必不可少的。因为公共利益

❶ 梅扬．比例原则的适用范围与限度［J］．法学研究，2020，42（2）：57－70．

是一个典型的不确定性概念，不同的主体基于不同的立场可能会得出不同的结论。当不同主体对公益的认识产生冲突时，根据现代民主法治的基本原则，就需要一个程序来进行裁决，而司法程序是最佳的程序。因此，司法机关通过司法实践，在个案中对公益诠释，促使公益在个案中具体实现，对以后类似情形具有重要导向作用。

（二）统一公益诉讼公共利益认定标准

统一认定标准主要有两种途径，一是通过立法明确界定“公共利益”的概念。对此，下文将在立法规范中提出具体方案。二是通过指导性案例界定“公共利益”类型。此处将详细阐明这一方案。首先，通过立法赋予检察指导性案例相应的法律地位。对指导性案例地位的法定性、编纂的程序性、标准的统一性，都应有明确的法律规定。地方各级检察院在处理相同或者类似案件的时候应当认同其法律地位，使之成为处理案件时必须参考和检索的依据，改变目前隐性援引居多的局面，以使得指导性案例在司法实践中的适用逐步增加，提升其事实上的拘束力。其次，明确指导性案例的刚性适用效力。《最高人民检察院关于案例指导工作的规定》中明确指出，“各级人民检察院应当参照指导性案例办理类似案件”。“应当”带有强制性含义，而“参照”则包含自由裁量的意思，二者本就难以相容。因此，应通过立法来赋予指导性案例的刚性效力，同时将指导性案例的范围明确包括为检察指导性案例和法院指导性案例。

同时，为了确保指导性案例在统一标准方面的作用，一是应优化指导性案例的评选机制，注重选择具有普遍指导意义的典型案例，在案例编纂中应准确清晰地展现争议问题，归纳总结案件办理过程中的解决问题新思路、新方法，有针对性地回应实践中普遍存在、规定不明的难点问题，体现公益诉讼指导性案例对司法实践的指导功能。[1] 二是应完善指导性案例数据库的建设和管理。借助云计算、大数据、人工智能等新兴科技手段，加强指导性案例数据库的系统化建设。建议最高人民法院与最高人民检察院相互加强沟通协调，争取早日实现案例数据库的互联互通。各省级检察院也要积极与省高级人民法院做好沟通协调，将本省的检察案例数据库与高级法院的参考性案例数据库互联互通。[2]

（三）健全公共利益认定程序规则

1. 完善公众参与程序

谢利·阿尔斯坦曾根据性质和程度，将参与分为八级三个层次，其中最低层次为非参与，包括操纵和引导；中间层次是象征性参与，包括告知、咨询和安抚；最高层次是深度参与，包括合作、授权和公众控制。[3] 据此可以认为，公众能否以及在何种程度上参与，并不完全取决于公众自己，也不完全取决于明文规定，而相当程度上取决于组织者的意图及其方案设计。治理实践中参与的形式和性质是多样的，从国家治理参与的实质性要求来说，理应是有组织、合法有序、持续有效和积极主动的。这样的参与不仅可以表达公众自身的利益诉求，还可以通过参与影响公共决策，与公共管理者一道为社会提供服务，用行动承担个人的

---

[1] 王渊，劳东燕，刘晖，等. 检察指导性案例深度应用三人谈［J］. 人民检察，2022（1）：33－40.

[2] 李文峰. 检察机关案例指导工作回顾与制度构建［J］. 人民检察，2020（7）：49－54.

[3] AMSTEIN S R. A Ladder of Citizen Participation［J］. Journal of the American Planning Association，1969，35（4）：216－224.

社会责任[1]。实践证明，争取社会公众参与支持对于推动公益诉讼有着巨大的作用。完善公民参与公共利益认定，可以从以下方面考虑：一是发挥社会公众的线索摸排作用，优化公益诉讼案件线索举报和管理平台，规范线索举报接受及调查核实结果反馈程序，同时对于不采纳的线索，应当加强反馈和对公众进行释法说理。二是探索建立公益志愿者充当公益诉讼观察员制度，打造检察官与志愿者联动的公共利益认定新模式。三是完善公益诉讼公共利益认定的听证程序。《人民检察院公益诉讼办案规则》第44条规定："人民检察院可以依照规定组织听证，听取听证员、行政机关、违法行为人、行政相对人、受害人代表等相关各方意见，了解有关情况。"如崇明检察院在督促解决长江大堤附近坑塘环境污染问题时，检察机关主动邀请区人大代表、人民监督员、特邀检察官助理共同参与调查，召开环境行政公益诉讼公开听证会，组织三家涉案行政机关、居民代表等共同参与，确保听证过程和结果的客观公正，赢得广泛好评。[2] 四是充分发挥社会公众的智力支持。根据所办公益诉讼案件专业性质的需要，分领域分类型充实优化听证员库、专家库，明确公开听证、专家论证及评估结果的运用规则。

2. 完善公共利益认定异议处理程序

鉴于公共利益具有社会性、历史性、主观性，除已有的法定领域外，在实践中对于是否属于公共利益而发生争议是难免的，

---

[1] 约翰·克莱顿·托马斯．公共决策中的公民参与［M］．孙柏瑛，等译．北京：中国人民大学出版社，2010：2.

[2] 崇明区人民检察院．我院督促解决长江大堤附近坑塘环境问题［EB/OL］．(2021-05-31)［2023-11-13］．https://www.sh.jcy.gov.cn/cmjc/cjdt/jcdt/72786.jhtml.

因此应当建立相应的异议处理程序，就争议情况下涉案法益是否属于公共利益予以判定。此外，对公共利益认定结果有异议且该案尚在检察环节的，当事人应向人民检察院提出异议，由人民检察院组织协调，释法说理，出具公共利益论证说明；对该结果仍有异议，且案件已经进入审理阶段，应向人民法院提出异议，人民法院认为有必要的，可以进行二次论证，并对公共利益认定过程开展异议审查程序，还可以经由当事人向法院申请，法院牵头召开各方联席会议来解决，行政机关、检察院、法院以及第三方专家学者集中评审，集体决策。

第三节　对受案范围的合理界定

综合前文对现行受案范围问题的分析，以构建的公共利益认定制度为方法路径，本书认为公益诉讼专门立法应在统一相关规范的基础上，依法稳妥地适当扩大受案范围。

一、统一立法规范

1. 对于公共利益的受害主体应明确“不特定的”多数人范围

目前被多数学者所认可的公共是指不确定的多数人的利益。实际上，公共在范围和数量上难以具体化和精确化，也无须具体化和精确化，在范围上只要是开放的、非封闭的，在数量上是不确定的多数人，就符合公共的意义。比如应对现行《民事诉讼法》第 58 条第 2 款中“众多”后增加“不特定的”，以更准确地表明消费民事公益诉讼的受案范围。其实，早在试点期间，最高人民检察院发布的《试点意见》就明确指出，只有“食品药品仍处于流通中，对不特定的多数人造成侵害危险的”，检察机关才可以提起民事公益诉讼。这是因为，只有“不特定的”多数人利益才属于社会公共利益的范畴，“如果有特定的侵害消费者主体，则可以通过一般民事诉讼解决其民事责任问题，只在涉及不特定的消费者主体的权益即社会公共利益时，才能启动公益诉讼程序”[1]。

2. 在受案范围界定时需明确“损害国家利益、社会公共利益”为基本前提

“国家利益”一词有两层含义：一是国际政治范畴中的国家利益，指的是一个民族国家的利益，与之相对的概念是集团利益、国际利益或世界利益；二是指国际政治意义上的国家利益，指的是政府利益或政府代表的全国性利益。[2] 国家利益作为协调公共利益与私人利益矛盾的产物，介于公共利益与个人利益之间，国家利益并不等同于公共利益，侧重于国家的政治利益，主要是统治阶级的利益，国家利益的存在是实现公共利益的必要手段。社会利益的主要内容是经济利益和文化利益，如学者孙笑侠认为，社会利益包括：（1）公共秩序的和平和安全；（2）经济秩序的健康、安全及效率化；（3）社会资源与机会的合理保存与利用；（4）社会弱者利益（如市场竞争社会中的消费者利益、劳动者利益等）；（5）公共道德的维护；（6）人类朝文明方向发展的条件（如公共教育、卫生事业的发展）等方面。[3] 因此，社

---

[1] 张卫平．民事公益诉讼原则的制度化及实践研究［J］．清华法学，2013，7（4）：6－23.

[2] 闫学通．中国国家利益分析［M］．天津：天津人民出版社，1997：4.

[3] 孙笑侠．论法律与社会利益［J］．中国法学，1995（4）：52－60.

会利益与国家利益分别代表不同的利益领域，与公共利益存在重合。

比如应对现行《消费者权益保护法》第 47 条中增加规定“损害社会公共利益”的必要条件。这是因为，“社会公共利益一定涉及众多人的利益，但并非只要涉及众多人的利益就一定是社会公共利益”[1]。实践中，如果经营者虽然侵害了众多消费者的合法权益，但损害仅体现为对消费者个体的损害，则并不必然侵害社会公共利益。如果按照现行《消费者权益保护法》第 47 条的规定，则有可能会造成消费公益诉讼范围的扩大化解释，违背公益诉讼制度本旨。[2] 因此，“损害社会公共利益”才是确定消费民事公益诉讼受案范围的核心要件，应当在立法中作出明确规定。

二、适当扩大受案范围

在“积极、稳妥”拓展公益诉讼受案范围的大背景下，结合当下的司法实践探索，可以将一些成熟的做法吸纳到公益诉讼立法之中，适当扩大受案范围。

（1）扩大对消费者权益保护的公益诉讼范围，取消《民事诉讼法》第 58 条第 2 款中“食品药品安全领域”的限定性条件。考虑到当前我国消费者权益保护面临的严峻态势，不应再将其局限于“食品药品安全领域”。对于虚假广告、隐瞒重要信息的宣传、格式合同中的“霸王条款”“价格大战”或“返券式”

---

[1] 张卫平．民事公益诉讼原则的制度化及实践研究［J］．清华法学，2013，7（4）：6－23.

[2] 朱文浩．我国消费公益诉讼适用范围的再思考［J］．研究生法学，2017（3）：90－99.

等不正当手段、证券欺诈等侵害不特定多数消费者合法权益的行为，应当纳入民事公益诉讼的受案范围。这已在我国司法实践中得到部分体现，如 2017 年 12 月广东省消费者委员会向广州市中级人民法院提起的全国首例共享单车消费民事公益诉讼，就明显超出了“食品药品安全领域”的限定性条件。

（2）将毁坏国有文物案件纳入受案范围。在我国，文物分为“国有文物”和“非国有文物”。“国有文物”归国家所有，是指“中华人民共和国境内地下、内水和领海中遗存的一切文物”，包括“国有不可移动文物”和“国有可移动文物”两类。根据《中华人民共和国文物保护法》（以下简称《文物保护法》）第 5 条的规定，“国有不可移动文物”包括：①古文化遗址、古墓葬、石窟寺；②国家指定保护的纪念建筑物、古建筑、石刻、壁画、近代现代代表性建筑等不可移动文物。对于后者，如国家另有规定，则不属于国家所有。“国有可移动文物”包括：①中国境内出土的文物（国家另有规定的除外）；②国有文物收藏单位以及其他国家机关、部队和国有企业、事业组织等收藏、保管的文物；③国家征集、购买的文物；④公民、法人和其他组织捐赠给国家的文物；⑤法律规定属于国家所有的其他文物。作为人类在历史发展过程中遗留下来的、宝贵的历史文化遗产，“国有文物”是公共利益的重要表现形式，应在修订《文物保护法》时，将毁坏国有文物案件纳入公益诉讼的受案范围。

值得注意的是，各地检察机关已经开始了对国有文物保护检察公益诉讼的探索。2020 年 2 月 26 日，甘肃省人民检察院就和甘肃省文物局联合印发了《关于开展〈国有文物保护检察公益诉讼专项监督活动的实施方案〉的通知》，在全省范围内正式启动了为期一年的国有文物保护检察公益诉讼专项监督活动。在此期间，甘肃省检察机关将重点对擅自在文物保护单位保护范围内或建设控制地带内进行建设工程，转让或抵押国有不可移动文物，在长城上取土、开沟、挖渠、种植、养殖和放牧，文物建筑管理、使用单位未按规定落实消防安全责任，将馆藏文物赠与、出租或者出售给其他单位、个人等8类违法情形开展监督。一旦发现涉嫌破坏文物犯罪的，在移送公安机关立案侦查的同时，检察机关将依法提起民事公益诉讼或刑事附带民事公益诉讼。[1]

（3）将特定人事诉讼案件纳入受案范围。我国在法律传统上与大陆法系比较接近。大陆法系国家和地区非常重视社会成员主体本身，往往将社会成员主体资格的有无、限制，以及违背“公序良俗”原则等事项，都视为涉及公共利益的事项，允许检察机关提起民事诉讼。“公序良俗”即公共秩序和善良风俗，“公共秩序是指国家社会的一般利益，善良风俗是指社会一般的道德观念”[2]。作为意思自治的界限，“公序良俗”在现代民法中承担着维护公共利益和基本道德的重要功能。学界一般认为，违背“公序良俗”的行为包括两种类型：一是违背公共秩序的行为，主要包括危害国家政治、财政、金融、治安等秩序，以及危害家庭秩序等行为；二是违背善良风俗的行为，主要包括违反性道德的合同、赌博合同、为获取其他不道德利益而订立的合同、限制人身自由的合同、违背家庭伦理道德的合同、违反人类一般

---

[1] 甘肃省开展国有文物保护检察公益诉讼专项监督活动［EB/OL］.（2020-03-04）［2020-03-15］. http://www.gsen.com.cn/fzgs/system/2020/03/04/012333551.shtml.

[2] 郑显文．公序良俗原则在中国近代民法转型中的价值［J］．法学，2017（11）：87-97.

道德的合同等。[1] 对于违背“公序良俗”的行为，我国法律根据其严重程度，规定了不同的制裁措施，轻则认定行为无效，重则可能被追究刑事责任。正是考虑到特定人事诉讼案件对“公序良俗”的违背，各国立法才允许检察机关对其提起诉讼。例如，《日本民法典》第744条第1款规定：“违反第731条至第736条规定的婚姻（主要是涉及婚姻成立的合法要件），可由各当事人、其亲属或检察官请求法院撤销。但是，在当事人一方死亡后，检察官不得提出此请求。”[2] 在这些特定类型的人事诉讼案件中，对于客观法秩序的维护应当优先于对当事人意思自治的尊重，因此，应当参考大陆法系国家和地区的立法例，将特定人事诉讼案件，如婚姻无效、家庭暴力、收养关系争议、虐待等违背“公序良俗”的案件纳入我国公益诉讼的受案范围。

（4）将侵害公民受教育权案件纳入受案范围。目前，教育公益诉讼已经得到很多国家和地区立法的认可。在俄罗斯，根据《俄罗斯联邦教育法》第49条第1款的规定，“国家教育管理机关作为国家的全权代表，对经国家评估确认资格的教育机构毕业生培养工作质量低下者，有权对该机构提起诉讼，要求其补偿在其他教育机构重新培养这些学生所需的补充经费”。在美国，针对公共教育资源分配、种族歧视等有关法律平等保护受教育权问题，陆续出现了种族隔离诉讼、教育经费诉讼和教师任期诉讼等。[3] 在我国，自20世纪90年代开始，实践中就出现了侵害公民受教

---

[1] 郑显文．公序良俗原则在中国近代民法转型中的价值［J］．法学，2017（11）：87－97.

[2] 日本民法典［M］．王爱群，译．北京：法律出版社，2014：117－118.

[3] KOSKI W S. Beyond dollars? the Promises and Pitfalls of the next gener generation of educational rights litigation［J］. Columbia Law Review，2017，117（7）：1897－1931.

育权的案件[1]，这些案件的审理和裁判为教育公益诉讼制度的建立提供了有益经验。当前，在制度缺位的情况下，为充分保障公民的受教育权，可借助《民事诉讼法》第 58 条第 2 款中“等”字提供的解释空间，由检察机关积极探索提起教育民事公益诉讼，待未来修订教育法时，再确立教育民事公益诉讼制度并对其受案范围作出具体规定。笔者认为，就我国的教育实际而言，教育民事公益诉讼应当优先在义务教育权保护、教育方式和质量领域、平等受教育权和社会教育培训治理等领域开展。

（5）将证券领域侵害公共利益案件纳入受案范围。从其他国家和地区的做法来看，基本上都将证券领域侵害公共利益的案件纳入民事公益诉讼的受案范围。在这种情况下，可借鉴域外经验，在证券法中赋予检察机关就证券领域侵害社会公共利益的案件提起民事公益诉讼的权力，尤其是应将虚假陈述、内幕交易、操纵市场和欺诈客户等侵害不特定主体合法权益的行为纳入检察民事公益诉讼的受案范围。值得注意的是，对于这类案件，不论是被告人的行为已经对证券市场秩序造成实际损害，还是存在造成损害的可能性，检察机关都有权在依法履行诉前程序后提起民事公益诉讼。

（6）将对外追索赔偿责任案件纳入受案范围。由于“涉外领域很难通过行政执法方式实现国家利益和社会公共利益之维

---

[1] 据相关媒体报道，1992 年 2 月，贵州修文县大石乡人民政府因八名辍学儿童的家长不送孩子上学而向法院提起诉讼；1998 年 4 月，湖北省团林镇陈家坪小学两名学生（姐弟）辍学回家，因家长拒不送其子女上学，学校将其父母告到法院；1997 年 5 月 15 日，四川省泸县得胜镇初级中学因五名学生家长违反《义务教育法》侵犯了子女接受教育的权利，向法院提起了诉讼；等等。

护，而可能采用以平等主体身份对外索赔的方式"[1]，因此，对涉外领域发生的需要追究赔偿责任的侵害社会公共利益行为，应当纳入公益诉讼的受案范围。事实上，这已在我国部分立法中得到体现。根据《海洋环境保护法》第114条第2款和《民事诉讼法》第58条第2款的规定，"对于破坏海洋生态、海洋水产资源、海洋保护区，给国家造成重大损失的"行为，行使海洋环境监督管理权的部门有权提出损害赔偿之诉；如果其不能或不愿提起，检察机关在履行诉前程序后可以自行提起民事公益诉讼。以此为基础，可以进一步扩大检察机关对外追索赔偿责任的案件范围，尤其是"在尚无立法赋予行政机关职责权限的类似领域，如领空、无线电、网络虚拟空间等"[2]领域，应允许检察机关为维护社会公共利益而提起诉讼。

三、规范公益诉讼受案范围的拓展

如前所述，当前我国可以拓展公益诉讼范围的权力主体在范围和层次均呈现多元样态。规范拓展权力主体是规范受案范围的基本前提。一是立法机关以法律形式拓展公益诉讼受案范围是最为明确、权威和有效的形式。因为受案范围的规定属于法律保留范畴，只有全国人民代表大会及常务委员会有权拓展公益诉讼受案范围，拓展方式主要是创设新法、修改立法或者立法解释，而省级及以下人民代表大会及常务委员会除非得到全国人民代表大

[1] 林莉红．论检察机关提起民事公益诉讼的制度空间［J］．行政法学研究，2018（6）：55－66．

[2] 林莉红．论检察机关提起民事公益诉讼的制度空间［J］．行政法学研究，2018（6）：55－66．

会及其常务委员会的授权，原则上不具有拓展受案范围的权力。二是公益诉讼作为检察机关的基本职能，作为最高检察机关的最高人民检察院具有拓展受案范围的合理性，其拓展方式为司法解释、指导性案例和典型案例。最高人民检察院应鼓励地方各级检察院进行受案范围的有益探索。在实践探索中，如果案件不属于司法解释和指导性案例、典型案例所涵盖的范围，又确实认为需要纳入检察公益诉讼受案范围的，应当通过最高人民检察院以司法解释或者指导性案例、典型案例的形式颁布，而不能由省级人民检察院自行决定扩充。此外，其他主体原则上不能拓展公益诉讼的受案范围，确实有必要拓展的，应由立法机关或者最高人民检察院以合适的形式作出。也就是说，立法机关和最高人民检察院之外的其他主体，不具有拓展公益诉讼受案范围的权限，但可以建议立法机关或者最高人民检察院拓展公益诉讼的受案范围。综上所述，将有权拓展公益诉讼受案范围的主体限定为立法机关与最高人民检察院，符合公益诉讼的规定和性质，可以避免有权主体过多。同时，立法机关与最高人民检察院只能“依法”拓展受案范围，不能以“法外拓展”这种非明确的方式进行，才能够有效避免受案范围拓展无序。[1]

---

[1] 杨柳．论检察公益诉讼的受案范围拓展［J］．政法论坛，2023，41（6）：50－59.

CHAPTER 05 >> 第五章

公益诉讼专门立法重点内容之诉前程序

诉前程序是公益诉讼发展史上的独创性制度，是人民检察院提起公益诉讼的必经程序，具体又可分为民事公益诉讼诉前程序和行政公益诉讼诉前程序。民事公益诉讼诉前程序是指检察机关在提起民事公益诉讼之前，应当依法督促或支持法律规定的机关或有关组织提起民事公益诉讼；若法律规定的机关或有关组织没有提起，检察机关才可提起。行政公益诉讼诉前程序是指检察机关在履职过程中发现行政机关不作为、乱作为以至于公共利益正在遭受侵害或者存在严重侵害的可能性的时候，检察机关必须以先提出检察建议的方式，督促行政机关主动纠正违法行为或积极履行自己职务范围内的职责，行政机关须在法定期限内就检察建议的内容予以回复。

因此，明确诉前程序的性质定位，并分别从民事公益诉讼和行政公益诉讼分析各自诉前程序的实践和问题，提出相应的完善路径，为公益诉讼专门立法提出建议。

第一节 诉前程序的性质定位

诉前程序作为公益诉讼的重要环节和必经程序，是区别于传统民事诉讼和行政诉讼的一项特别程序设计，明确其性质定位是有效适用的基本前提。因此，应从法律地位、设置目的以及权力行使要求三方面界定并把握公益诉讼诉前程序的性质定位。

一、诉前程序是检察公益诉讼的法定程序

根据2017年7月1日修改的《民事诉讼法》《行政诉讼法》，以及2018年3月《检察公益诉讼解释》的规定，诉前程序是检察机关提起公益诉讼的必经前置程序，具有法律上的刚性约束力。这种法定性意味着诉前程序具有特定的法律制度的价值，能为制度实践提供价值遵循和创设规范依据。[1]

（一）诉前程序实现了权力平衡

法律制度就是对各种无限制行使权力（权利）的做法设置一定的限制和规则，并试图维持一定的权力平衡和社会均衡。[2]诉前程序的法定性意味着实现权力平衡的必然性，这体现在公益

[1] 张莹，胡杰．论行政公益诉讼诉前程序［J］．江苏警官学院学报，2018，33（5）：37－43.

[2] E. 博登海默．法理学：法律哲学与法律方法［M］．邓正来，译．北京：中国政法大学出版社，2004：371.

诉讼之中即实现了司法权与行政权的平衡、公权与私权的平衡。一是在行政公益诉讼中，诉前程序实现了司法权与行政权的平衡。行政公益诉讼诉前程序作为一种法律制度，涵盖了公民的诉权、检察机关的法律监督权、行政机关的行政权、法院的审判权等多种权利与权力的行使，涉及滥诉防范、检察权谦抑、行政权尊重与审判权补充之间的相互平衡。通过设立诉前程序，为行政公益诉讼直接起诉设置了一个阻却性的前置性程序，该程序是建立在正视行政权是公共利益的主要代表、立法权与司法权仅为公共利益的补充的现实基础上，以"既发挥司法权对行政权的制约，又不至于以司法权破坏行政权的正当运行"[1] 为主旨，以"外部监督和内部纠错"为模式，重新界定诉权、检察权、行政权和审判权之间的关系和配置，既能防止公民、社会组织和检察机关肆意提起行政公益诉讼，影响行政权的正当行使以及造成司法资源的浪费，又能在充分尊重行政机关专长的同时对其进行监督制约，在动态中实现公民的诉权、检察机关的法律监督权、行政机关的行政权以及法院的审判权之间的平衡。二是在民事公益诉讼中，诉前程序实现了公权与私权的平衡。民事公益诉讼诉前程序将检察机关的公益诉权行使位列于"法律规定的机关和组织"之后，实际上理顺了民事公益诉权的行使顺位。民事公益诉讼作为民事诉讼的一种特殊形式，在诉权行使中应严格遵循民事诉讼基本原则，不能以"保护公共利益"为由破坏民事公益诉讼的基本构造，否则，如果检察机关放置于第一顺位，不仅会导

---

[1] 姜涛．检察机关提起行政公益诉讼制度：一个中国问题的思考［J］．政法论坛，2015，33（6）：15－29．

致公权过于介入私权争议解决，而且会过分强化检察机关公益诉讼职能，弱化其司法审查和诉讼监督职能。因此，从《授权决定》《试点方案》及《人民检察院实施办法》到2017年修正的《民事诉讼法》，始终规定检察机关在提起民事公益诉讼之前必须履行诉前程序，只有被“督促”或“建议”对象不存在或其书面回复不提起民事公益诉讼时，检察机关才提起，这种程序安排不仅符合检察机关的法律地位，体现检察机关民事公益诉权的谦抑性和补充性，而且体现了现代法治条件下公权对私权的尊重。

（二）诉前程序实现了效益最大化

法律资源作为一种特殊的社会资源，是一切可以由法律界定和配置并具有法律意义和社会意义的价值物，如权利、义务、权力、责任、法律程序等，以价值最大化的方式配置和使用法律资源的各项价值物，可以最少的投入获得最大的争端解决和权利救济效果。诉前程序的法定性，意味着通过行政权与司法权、诉讼程序与非诉程序等不同配置而取得的最大效益可能化。一是能够减少司法实践对公益诉讼人员的需求。当前，在检察机关公益诉讼力量普遍不足的情况下，由检察机关通过履行诉前程序促使其他适格原告提起民事公益诉讼，或者通过诉前程序分流为行政公益诉讼诉前程序案件和诉讼程序案件，且绝大部分行政公益诉讼案件通过诉前程序的行政机关自行纠错办结，有利于缓解检察机关的工作压力，减少司法实践对公益诉讼人员的需求。二是能够节约检察机关的办案成本。在诉讼案件中，检察机关“势必为诉辩、举证、质证投入大量的成本和资源，这些资源的耗费最终会外化为社会成本，从而增加社会负担”，而检察机关促使其他适格原告提起民事公益诉讼，或者促使行政机关自行整改，能够有效节约检察机关的办案成本，提高诉讼效率。同时，节省了司法资源又使司法资源能集中用于办理诉讼程序案件，实现司法审判资源效益的最大化。三是能够更高效维护社会公共利益。相比于诉讼程序需要投入大量的人力、物力和时间成本，通过行政公益诉讼诉前程序这一非诉讼程序救济受侵害的公共利益投入成本少且更为高效，救济公共利益投入成本的减少意味着国家财政和社会资源的节减并取得同样多的效果。同时，通过行政权维护和救济公共利益远比司法权更为直接和高效，行政机关作为公共利益的主要代表者和维护者，具有知识的专业性、裁量的灵活性、资源的丰富性和政策的多样性等优势，通过督促行政机关自行纠正致害公共利益的违法行为或不作为，把行政机关的违法履职问题和公共利益救济问题解决在行政领域，可以最少的社会成本取得对行政机关最大的监督效果和对公共利益最优的救济效果。[1]

二、诉前程序是以督促履职为主要功能

就国家机关的职权而言，国家机关职权法定是法治国家的一项基本原则，我国宪法对各类国家机关的性质、职权及职责范围均作了明确规定，立法机关、行政机关、司法机关等在公益维护方面具有不同的担当和安排，也有不同的优势和顺位。事实上，公共利益损害救济存在不同的路径选择，有通过司法程序进行的司法救济，也有通过行政程序进行的行政救济。[2] 因公共利益维

---

[1] 万进福．行政公益诉讼规则研究［M］．北京：中国法制出版社，2022：85.

[2] 徐以祥．论生态环境损害的行政命令救济［J］．政治与法律，2019（9）：82－92.

护和救济通常涉及较强的广泛性、复杂性、专业性和技术性，行政机关较之司法机关除具有知识、技术、资源等方面的优势外，其行政行为和执法手段更具有多样性，既有基础性行政行为如行政命令、行政确认，也有保障性行政行为如行政强制、行政处罚，能够充分利用自身优势发挥保护公共利益的职责。检察机关作为法律监督机关，有义务督促行政机关依法行政，督促行政机关积极依法行政。因此，在行政公益诉讼中，检察机关为了纠正行政机关的行政违法或行政不作为而发挥检察监督职能，承担督促行政机关依法行政，督促行政机关积极依法行政的职责。然而，行政公益诉讼不是为诉讼而诉讼，而是“督促执法而非执意与行政机关竞赛”，是为了促进行政机关及时履行法定职责。[1]国家公共利益受到损失多数情况下是由于行政机关或其工作人员的疏忽大意或者存有侥幸心理造成的，而作为诉前程序就可以在发现问题后先对行政机关的不依法履职和不作为进行督促整改，并且给予整改建议，警示行政机关如果不听取检察建议，不积极地采取措施纠正违法行为，就会作为被告人受到法院的审查。该阶段要重点发挥行政机关自身纠错的主观能动性，促使行政机关主动纠正违法行为或积极作为，其目的是希望绝大部分案件能够在诉前程序中得到解决，减轻司法机关办案压力。

类似地，民事公益诉讼中的诉前程序是督促社会组织、有关行政机关等适格主体提起诉讼，旨在促使相关适格主体充分发挥自己的优势积极依法履行职责，降低检察机关提起诉讼的概率，减少司法资源的消耗。

---

[1] 王春业．论行政公益诉讼诉前程序的改革：以适度司法化为导向［J］．当代法学，2020，34（1）：89-97.

三、公益诉讼诉前程序要求法律监督权谦抑行使

谦抑性是指某权力行使是在无他法替代、其他方式无效益等情况下才不得不使用。民事公益诉讼的诉前程序，是指在其他适格主体不起诉时，检察机关才提起诉讼，作为维护公共利益的保底措施。这不仅体现了司法权的谦抑性，而且通过诉前程序对案件进行分流。

行政公益诉讼的首要目的在于维护国家及社会公共利益，而行政机关是通过履行行政管理职责实现维护社会秩序的法定义务，两者在根本目的上具有“趋同性”，其皆在维护国家及社会公共利益，而两者在履行职责的手段上却因国家机构及权力模式的设置不同呈现出差异化，延伸出以监督国家机关为倾向和直接进行社会秩序管理两种不同的权力运作方式。行政管理事务本就纷繁复杂，尤其随着科技的快速发展再加上社会分工的细密化，其愈加呈现出极强的专业性与技术性，检察机关囿于职权分配及司法专门化发展的导向，对行政机关自由裁量权限范围内的事项进行判断时可能存在专业人才缺失、知识储备不足。因此，在行政公益诉讼中保持法律监督权的谦抑性便显得相当必要，具体体现在行政公益诉讼诉前程序中：一是依法精准确立建议内容。检察机关在行政公益诉讼案件办理中，应当尊重行政机关对社会管理事务的处理，只有在其“不履行职权”或者“违法履职”且造成公益受损时方可依据行政诉讼法与相关公益诉讼解释启动立案程序，如果不符合上述任一条件，则都不应当受理。在确立检察建议的内容时，应当力求“精准”“实用”“规范”，把握好合理限度，既不代替行政机关作出具体整改方案，也不简单地提原

则，喊口号，确保行政机关能够依法全面行使职权，实现检察权对行政权的监督与纠偏功能，在最大化实现维护国家及社会公共利益的基础上，形成妥善解决问题的最佳方案。二是尊重行政机关客观执法规律。在部分案件中，行政机关由于技术能力、执法资源的桎梏及政策性因素的影响，很难严格按照检察建议的要求履行职责。此时检察机关要尊重客观实际情况，保持谦抑态度，避免出现制发检察建议而无法遵照执行的窘境。[1]

第二节　诉前程序的主要问题

据《公益诉讼检察工作白皮书（2023）》显示，2023 年全国“行政公益诉讼中提出诉前检察建议 116 489 件，绝大部分案件经过诉前程序督促行政机关纠正或履行职责，回复整改率达到 99. 1%，彰显中国特色司法程序设计的效能”[2]。可见，诉前程序作用巨大，是目前行政公益诉讼有效结案的主要形式。

行政公益诉讼诉前程序有三个阶段：确认违法事实，提出检察建议，评价行政机关是否纠正违法。从这个办案阶段可知，目前行政公益诉讼诉前程序的难点主要在于检察机关诉前调查核实难、诉前检察建议效力不高、判断行政机关依法履职标准不统一。在民事公益诉讼中诉前程序主要是指发布公告，

---

[1] 李少伟，张源．司法谦抑原则在行政公益诉讼中的展开［N］．检察日报，2021 - 06 - 02（3）．

[2] 最高人民检察院．公益诉讼检察工作白皮书（2023）［EB/OL］．（2024 - 03 - 09）［2024 - 05 - 11］．https://www. spp. gov. cn/xwfbh/wsfbh/202403/t20240309_648329. shtml.

在此值得探讨的是，附带民事公益诉讼这个特殊形式，诉前程序是否应予公告。因此，本节聚焦上述四个方面来探讨诉前程序的主要问题。

一、检察机关调查核实难

检察机关的调查核实权就是指检察机关在公益诉讼诉前程序中获取证据的权能，为确保检察机关顺利提起公益诉讼起到保驾护航的作用。通过对现有规范依据和实践状况的梳理，才能切实体现检察机关调查核实难的具体所在。

（一）检察机关调查核实的现有规范依据

当前，对于检察机关的调查核实的法律规范有以下几个层面：一是《宪法》。宪法具有最高的法律效力，是我国的根本大法，一切社会活动都以宪法为准则，是国家各种制度和法律法规的总依据。《宪法》第134条规定，检察机关是国家的监督机关，检察机关对诉讼活动具有监督的作用，肩负对国家和社会公共利益的保护作用，具有法定的提起公益诉讼中的地位，在诉讼中的调查核实也是检察机关履行监督权能的一部分。二是《民事诉讼法》。关于调查核实权在《民事诉讼法》中的规定最早出现在2012年修正的《民事诉讼法》第210条，[1] 这条似乎规定了检察机关公益诉讼中拥有的调查核实权，但该条处于审判监督程序中，考虑到立法的意图以及该条所处的地位，严格意义上并不能直接应用在公益诉讼上，但是检察机关提起公益诉讼也属于实施

---

[1] 《民事诉讼法》第210条规定："人民检察院因履行法律监督职责提出检察建议或者抗诉的需要，可以向当事人或者案外人调查核实有关情况。"

法律监督权的一种类型，公益诉讼中的调查核实亦是为了查清楚案件真实情况所行使的基本权能。从法律监督的角度来看，这条规定的调查核实权本质上与本书论述的公益诉讼中检察机关的调查核实是一致的。三是《人民检察院组织法》。目前对于检察机关公益诉讼的法律规定有《人民检察院组织法》第 21 条规定。[1] 该条首次从立法层面规定了检察机关在公益诉讼中拥有调查核实的权利，并规定有关单位有义务进行配合，这是检察机关调查核实权的法律依据。但是《人民检察院组织法》第 20 条中规定检察机关的职权主要有刑事侦查、刑事案件审查起诉和提起公益、民事和行政公益诉讼、诉讼监督等权力。第 20 条从内容上看属于组织法范畴，将检察机关的调查核实单列在第 21 条中，其内容属于程序法的范畴，应该由程序法规定，这使调查核实在组织法中“权力”的属性存在分歧；不仅如此，该法只是说明检察机关拥有调查核实权，但是关于权利的性质、内容依据和保障均没有作出规定，这使得检察机关在现实办案中依旧存在很多阻碍。四是《检察公益诉讼解释》。最高人民法院和最高人民检察院于 2018 年联合发布的《检察公益诉讼解释》第 6 条规定，检察机关有权利根据案件事实向有关单位、公民进行调查核实，但是对于证据的保全部分并没有进行创新性新规定，而是遵循《民事诉讼法》《行政诉讼法》的规定。严格来讲，这一条款仍旧未体现调查核实权的性质，并且最重要的是，该条规定了检察机关

---

[1] 《人民检察院组织法》第 21 条规定：“人民检察院行使本法第 20 条规定的法律监督职权，可以进行调查核实，并依法提出抗诉、纠正意见、检察建议。有关单位应当予以配合，并及时将采纳纠正意见、检察建议的情况书面回复人民检察院。”

在调查核实过程中采取证据保全措施的手段是依照《民事诉讼法》《行政诉讼法》相关规定办理，这也从侧面表明检察机关并无采取强制措施的能力，需要采取措施还是依附民事行政诉讼程序进行，在实践中检察机关的调查核实还是存在很大的阻力。五是《检察机关行政公益诉讼案件办案指南（试行）》。最高人民检察院于2020年8月出台的《检察机关行政公益诉讼案件办案指南（试行）》（以下简称《办案指南》），在诉前程序中调查部分，运用“列举+等”的方式明确规定了检察机关的调查方式，主要包括查阅、摘抄、复制有关卷宗资料、询问、委托鉴定、勘验等调查核实方式，以及诉前程序中提出了调查的保障。大概内容为检察机关在调查过程中存在妨碍、阻碍行为的应由司法警察协助调查，存在不配合的应当警告，但没有规定强制性保障措施，依旧缺乏刚性，并且该《办案指南》同样没有规定调查核实的性质和运行程序，再加上其效力层级太低，难以作为一个有效的法律依据。六是《人民检察院公益诉讼办案规则》。最高人民检察院于2021年7月公布《人民检察院公益诉讼办案规则》（以下简称《办案规则》），在以往的法律基础上，结合实践经验，在法律规定的权限范围内细化规定了调查方式、调查程序以及调查权的一些保障措施。比如《办案规则》第36条规定，人民检察院在公益诉讼调查和收集证据时，应当由2名以上检察人员共同进行。在一些生态环境公益诉讼案件中，检察机关可以组织司法警察、检察技术人员等专业人员参与，必要时聘请具有专门知识的人员参与案件调查。遇到特殊情况时，也可以请求相关单位支持公益诉讼工作，协助进行调查。在具体调查收集过程中，检察人员可以依照规定使用高科技手段辅助进行，比如利用自动检测仪等专业办案设备、通过无人机航拍现场勘察、卫星遥感确认污染位置等。这条在《办案指南》基础上对检察机关的调查核实进行了细化规定，并且规定了检察人员可以通过高科技手段辅助进行调查核实。但是在调查的方式上直接规定，不能采取限制人身自由或查封、扣押、冻结财产等强制性措施，这使得检察机关的调查核实方式仍是“软”方式，调查核实的具体操作程序也没有进行规定。七是地方性法规。公益诉讼自从2015年开始试点以来，截至目前已经有26个省级人大常委会不间断地针对加强检察公益诉讼工作出台决定。在这些决定中，除吉林和河南两省以外，其余内蒙古、黑龙江、四川、河北、浙江等24个省级人大审议通过的决定中均对调查核实权的内容和保障进行了规定。

从以上决定的内容可以看出，这些省级法规性文件对保障检察机关行使调查核实权作出了具体规定，如：对于不配合的人员可以使用处分建议权；在特定情况下司法警察享有紧急处置权；对于妨害检察机关调查核实的行为，公安机关负有及时查处义务。但是后两种保障措施规定，行政机关、企事业单位社会团体以及单位或个人的协助义务，如若不配合，检察机关可以将情况向上级机关通报，涉嫌违法犯罪的可以移送公安机关依法处理。后两种保障措施就其适用上来说较为弱势，间接地对消极履行配合义务者进行保障；其中第二种保障措施在调查核实过程中司法警察直接拥有紧急处置权，没有必要借助公安机关等外力。另两种保障措施只能在调查核实后进行事后处理、必须借助外部力量、具有间接强制性，事后性也导致调查核实中会发生证据丢失或被转移的现象，满足不了调查核实要求证据的紧迫性。若拒绝配合的人员为公职人员，检察院可将情况报告同级党委或监察机关、被调查单位上级部门依法处理，利用监察机关的职权行使，这使得检察机关的处分建议权的间接强制性有直接强制状态之意；如若企事业单位、社会团体人员拒绝配合调查，检察机关可建议其主管部门或所在单位作出处理，但最终是否能够被采纳则另当别论，这使得处分建议权在实际运用中的效果不被看好。对于这些出台的决定单纯地认为调查核实的保障措施进行了突破性的规定，因为这些保障措施在我国《监察法》《人民警察法》《人民检察院司法警察条例》《治安管理处罚法》《刑法》《刑事诉讼法》等法律文件中均存在依据。总的来说，在目前既有的法律框架内，调查核实权保障措施的直接强制性就其内容而言规定得尚不完备，是否应当进行补强以及如何进行补强将是值得继续探讨的内容。

（二）检察机关调查核实权的实践状况

检察机关在公益诉讼中调查核实权的具体实践状况，本书选取了最高人民检察院发布的第 29 批[1]和第 35 批指导案例[2]进行对比和总结（见表 5－1）。

---

[1] 最高人民检察院发布第 29 批指导案例．最高人民检察院官网［EB/OL］．（2021－09－02）［2021－12－31］．https://www.spp.gov.cn/spp/jczdal/202109/t20210902_528296.shtml.

[2] 最高人民检察院发布第 35 批指导案例．最高人民检察院官网［EB/OL］．（2022－02－27）［2022－03－07］．https://www.spp.gov.cn/spp/xwfbh/wsfbh/202203/t20220307_547722.shtml.

表 5－1 对指导案例中的检察机关调查核实实践分析

案例类型	案例名称	启动环节	调查核实方式
民事公益诉讼	海南省海口市人民检察院诉海南 A 公司等三被告非法向海洋倾倒建筑垃圾民事公益诉讼案	（1）发现线索后；（2）立案后	实地调查、调查搜集档案、询问笔录、视听资料、鉴定意见、利用无人机现场拍摄
	江西省上饶市人民检察院诉张某某等三人故意损毁三清山巨蟒峰民事公益诉讼案	（1）发现线索后；（2）立案后	邀请专家进行价值评估
	浙江省杭州市余杭区人民检察院对北京某公司侵犯儿童个人信息权益提起民事公益诉讼	（1）发现线索后；（2）立案后	收集言词证据、使用区块链取证设备证明、提取固定犯罪嫌疑人供述、组织专家论证
	江苏省宿迁市人民检察院对章某为未成年人文身提起民事公益诉讼案	（1）发现线索后；（2）立案后	现场勘察、提取相关物证、拍照固定证据、向当事人调取书证、检索相关资料
行政公益诉讼	江苏省睢宁县人民检察院督促处置危险废物行政公益诉讼案	（1）发现线索后；（2）立案后；（3）发出检察建议后	现场调查取证；拍照、录像、询问证人；现场勘查；现场跟进调查
	河南省人民检察院郑州铁路运输分院督促整治违建塘坝危害高铁运营安全行政公益诉讼案	（1）发现线索后；（2）立案后；（3）发出检察建议后	现场勘察；调取行政机关监管职责及执法情况的证据材料；询问铁路安全监管部门、铁路企业、沿线村民等相关人员

续表

案例类型	案例名称	启动环节	调查核实方式
行政公益诉讼	贵州省榕江县人民检察院督促保护传统村落行政公益诉讼案	（1）发现线索后；（2）立案后；（3）发出检察建议后	现场勘验；询问村民及政府工作人员，查阅相关文件资料，发出检察建议后进行回访
	福建省福清市人民检察院督促消除幼儿园安全隐患行政公益诉讼案	（1）发现线索后；（2）立案后；（3）发出检察建议后	现场调查取证；调取行政机关监管职责
	贵州省沿河土家族自治县人民检察院督促履行食品安全监管职责行政公益诉讼案	（1）发现线索后；（2）立案后；（3）发出检察建议后	现场调查；调取行政机关监管职责
	江苏省溧阳市人民检察院督促整治网吧违规接纳未成年人行政公益诉讼案	（1）发现线索后；（2）立案后；（3）发出检察建议后	通过发放调查问卷、调查走访、调取行政机关监管职责

一是调查核实的启动。如表5－1所示，在行政公益诉讼和民事公益诉讼中均存在各个环节启动调查核实的问题，比如在民事公益诉讼案例中，海口市人民检察院通过“12345”平台发现危害公益线索以及收到群众多次举报有运泥船在美丽沙海域附近倾倒废物的情况后，立即高度重视，采取蹲点和无人机巡查拍摄的调查行为。这些线索的由来都是通过检察机关外部发现的，在检察机关内部发现线索的也有，比如在行政公益诉讼案例中，睢宁县人民检察院是通过睢宁县公安局移送的线索启动的调查核

实，无论检察机关是通过内部还是外部发现的损害国家的公共利益的行为，其真实性的具体情况都不得而知，都需要及时地启动调查核实程序，其目的是进行初步调查，弄清真实情况。在立案后，民事公益诉讼和行政公益诉讼均启动了调查核实程序，但是二者的启动调查核实的目的不同。在民事公益诉讼中，启动是为了寻找证据材料为起诉做准备，而在行政公益诉讼中，立案后启动是为了寻找行政机关不履职的材料，以便为下一步发送检察建议做准备，督促行政机关履职，检察建议是行政公益诉讼诉前的必备环节，在发出检察建议后，行政机关依旧不履职的，检察机关将会再次启动调查核实程序，调查搜集资料。比如在行政公益诉讼案例中，榕江县人民检察院在制发检察建议后，栽麻镇政府未回复，该检察院先后4次调查回访发现原有传统村落的违法建筑并没有减少反而在增加，国家和公共利益仍然处在损害中。实践中无论何时启动，内部批准的主体和启动调查核实程序均不明确，在指导案例中也没有具体明确交代。二是调查核实的使用数量。这10个典型指导案例中，在发现线索后、立案后以及提出检察建议后均存在行使调查核实权，其中6个行政公益诉讼中向行政机关提出检察建议6件，除了案例3未进行回复，其余5个行政公益诉讼案例都给予了回复。在案件审查过程中，检察机关一共行使调查核实权26次，平均到每个案件中，运用调查核实权2.6次，这也就意味着每个案件需要进行2~3次的调查核实。三是调查核实的具体措施。如表5-1所示，检察机关在案件中总计现场勘验12次，询问违法行为人、行政机关相对人和证人11次；前往行政机关查阅、调取材料11次，拍照、录像6次；鉴定意见1次，专家评估2次；利用无人机调查取证1次。在实践中，检察机关调查核实运用的措施种类还是较少，主要集中在现场勘验和询问这些简单手段，其他调查核实权能比如利用无人机、专家评估、鉴定意见等这类措施使用较少，在行政公益诉讼案例贵州省榕江县人民检察院督促保护传统村落行政公益诉讼一案中，调查核实过程中存在强制性不足导致传统村落依旧处在危险的状态，具有很大的局限性。四是调查核实的使用效果。这10件公益诉讼案件，全部都是通过调查核实措施并成功进行监督，检察机关通过调查核实掌握初步危害国家和公共利益的证据之后便采取了立案措施，在行政公益诉讼中检察机关需要通过详细的调查核实掌握足够的证据后，向行政机关制发检察建议。在民事公益诉讼中，检察机关发现有危害国家和公共利益的线索会向有诉讼资格的行政机关提出起诉建议，比如在民事公益诉讼案例中，海南省海口市人民检察院在发现污染海洋生态环境的违法行为之后，书面建议当地的自然资源和规划局作为原告，依法启动海洋生态环境损害赔偿程序，但该机构因缺乏法律相关的专业人才以及未曾有提起公益诉讼经验，请求检察机关提起民事公益诉讼。如何运用好调查核实权能，在公益诉讼案件中充分发挥其效能，保障公益诉讼的使用效果，是亟须解决的问题。

（三）检察机关调查核实难的具体表现

一是手段缺乏强制性。在相关法律文件中，如《检察公益诉讼解释》（2020修正）第6条规定了检察机关在调查核实过程中相对人的配合义务，该规定未对不配合检察机关调查收集证据应承担何种后果作出规定。《人民检察院检察建议工作规定》第14条与《人民检察院民事诉讼监督规则（试行）》第66条均对检察机关因提出检察建议进行调查核实作出“不得采取限制人身自由和查封、扣押、冻结财产等强制性措施”的规定。在实践中，检察机关办案中不配合甚至阻碍调查核实的事情时有发生，按照“零和博弈理论”，接受调查的行政机关以及其他组织、公民为了避免带来不好的后果，对调查核实必然保持抵触情绪，尤其是拥有行政权力的行政机关，可能以各种方式阻止检察机关开展调查核实工作。

在民事公益诉讼中，调查核实的对象以需要开展经营谋求发展的企业居多。但是对于企业来讲，如若配合检察机关调查核实，调查核实出来的结果不利于自身未来利益，这样无异于“与虎谋皮”，这使得检察机关调查核实的过程和结果都不尽如人意。比如无锡市检察院通过书证调查核实发现一企业自认产生危险废物4吨，锡山区检察院联合环保部门进入企业现场清点，发现有1吨的危险废物来源不明，该企业以检察机关无法辨别危废为由，故意从别处搬来危险废物与清理点废物混同，企业不配合，致使检察机关办案被动，陷入困境。此外，检察机关与行政机关以及民事诉讼中的企业、相关人的接触是“一次性”利益关系，[1] 而案件相关诉讼参与人与公益诉讼被告的接触却是多次的、长期的，在诉讼结束后，败诉方可能会直接或是变相地进行利益报复，导致一些人不愿意配合检察机关调查核实。

在保护国家和公民人身安全和财产安全的刑事领域，公安机关在打击违法犯罪时，为了保护其侦查活动的顺利进行，法律赋予其可以采取多种强制性的措施。在行政机关执法时，法律赋予

[1] 王慧，樊华中. 检察机关公益诉讼调查核实权强制力保障研究［J］. 甘肃政法大学学报，2020（6）：115－123.

行政机关可以对违法行为人采取任意调查、间接强制调查和直接强制调查这三种调查方式。其中在强制性调查方式里面，行政机关可以通过强制搜查和直接扣留证据来实施调查核实权。在保护国家和公共利益的安全的公益诉讼中，检察机关作为法律规定的起诉主体时，要对案件事实的违法行为进行详细的调查核实、搜集违法的证据，也必须要有如同公安机关和行政机关拥有的强制性调查核实权利。与公安机关和行政机关调查核实权能相比，检察机关公益诉讼调查核实权对被调查对象的约束力之“小”与检察机关肩负的维护国家利益和社会公共利益责任之“大”形成强烈反差，不相匹配，不利于检察机关有效履行公益监督职责。

二是适用程序模糊。检察机关在调查核实的启动上存在多个环节随意启动的问题，如表 5 - 1 中的案例可知，检察机关存在发现线索后、立案后到发送检察建议前这段时间、发送检察建议后到提起诉讼这段时间均存在不同程度、不同时间节点的启动调查核实，为检察机关是否决定立案、检察建议的内容、直到是否决定提起公益诉讼都起到提供证据的支持作用。但是在具体实践中，调查核实权启动的时间和方式并无具体规范，启动的方式较为随意，失去了调查核实的阶段性，不符合调查核实权的功能性要求。因此，需要通过立法对调查核实权的启动问题进行明确具体规定，倘若调查核实权能启动脱离了规范化约束规定，必然会导致检察机关调查核实权的滥用，同时与推动诉讼进程的功能背道而驰。我国的刑事搜查制度就是很好的例子，也存在如上随意启动的问题，具体包括缺少启动标准化管理、随意启动搜查程序等，对检察机关的调查核实造成了不好的影响，甚至形成危险的局面。[1] 检察公益诉讼调查核实权在行使过程中应该避免出现如同刑事搜查中出现的尴尬局面。

在实践中，检察公益诉讼调查核实的启动这个问题较为隐蔽导致经常被忽略，造成这样的原因既有检察机关内部本身的问题以及对检察机关在调查核实权启动程序上的监督，也来源于外部调查核实的对象。在目前立法缺位的情况下，检察机关的表现不尽如人意，过于盲目。例如，在表 5－1 江苏省睢宁县人民检察院督促处置危险废物行政公益诉讼案中，检察机关在立案后便在对象相同、方式相同、目的相同地多次启动调查核实；在贵州省榕江县人民检察院督促保护传统村落行政公益诉讼案中，检察机关向行政机关提出检察建议之后也出现多次的现场勘查、调查走访的行为，这样无限制频繁地启动调查核实程序极大地浪费人力物力等司法资源，同时也是启动阶段内部缺少审批程序的规制以及监督不严格造成的后果。应当将检察调查核实权的启动置于诉前阶段，只有检察机关在诉讼前掌握了基本的事实和证据后，对于下一步是否提起公益诉讼的决定才会进行考虑，而此时诉前调查核实活动已经完成取证，在诉讼中和诉讼后两个阶段再次启动调查核实权不符合调查核实权为诉讼活动提供证据的属性。在最高人民检察院发布的典型案例之池州市贵池区人民检察院诉固废污染刑事附带民事公益诉讼案中[2]，就存在检察机关在诉讼活动结束后仍然对调查核实进行启动的情况，调查核实功能是服务于诉讼的，而不是在诉讼程

---

[1] 殷宪龙．对搜查行为的控制［J］．法学杂志，2010（12）：107－109.

[2] 安徽池州一起固废污染案入选最高检公益诉讼典型案例［EB/OL］．（2019－10－10）［2022－02－02］．http://www.ahwang.cn/anhui/20191010/194 1713.html.

序结束后进行启动的，这样会影响检察调查核实权的权力功能的实现。不规范、多次地启动调查核实权不利于检察机关对自身监督程序的严格把控，应当构建程序化、规范化的检察监督体系，调查核实的启动作为调查核实权运行的开始，更需要向程序化和规范化靠拢。[1]

三是证明标准不明。在公益诉讼具体办案环节，检察机关受理公益诉讼案件线索后，通过线索初查，调查核实的证据应当达到什么标准可以立案；行政公益诉讼案件中，被监督的行政机关是否对公益损害问题穷尽了监管手段，对整改落实的效果以何标准评估验收等，在现有法律中未作明确规定，不利于公益诉讼检察办案的标准化和规范化。在公益诉讼案件证据证明标准上，民事公益诉讼中可依据《民事诉讼法》中规定的相应证明标准，司法解释制定者在《最高人民法院关于民事诉讼证据若干规定》中明确了“高度盖然性”的证明标准。[2] 在行政公益诉讼中，检察机关同民事公益诉讼一样，依据的是《行政诉讼法》关于证明标准的相关规定，但是行政诉讼与民事诉讼不同的是并无立法及司法解释对其进行明确规定。在实践中，我国行政诉讼法律部门也没有明确统一的证明标准，所以我国检察机关提起的行政公益诉讼在审判阶段只能参照适用我国民事诉讼中的证明标准。然而，检察公益诉讼与一般的民事诉讼、行政诉讼以及公益诉讼在证明主体、证明能力，还有诉

---

[1] 韩树军．检察公益诉讼调查核实权的运行与保障机制探究［J］．华北水利水电大学学报（社会科学版），2020，37（2）：74－81．

[2] 李国光．最高人民法院《关于民事诉讼证据的若干规定》的理解与适用［M］．北京：中国法制出版社，2002：150．

讼程序上都具有根本性区别。首先，在程序上，检察机关提起公益诉讼不同于一般的民事诉讼和行政诉讼，创造性地提出诉前程序，增加了检察建议这一环节。其次，在证明主体上，检察机关是国家的法律监督机关，既有监督权能又有公益起诉权能，并且检察机关自身拥有一定的公权力属性以及人才队伍的相对专业性与普通诉讼中的原告的举证能力相比，检察机关的调查核实权能是不可超越的，比如在表 5－1 民事公益诉讼案例江苏省宿迁市人民检察院对章某为未成年人文身提起民事公益诉讼一案中，检察机关向违法提供文身人员、40 余名未成年人及其法定代理人等开展谈话询问 79 余次。最后，在案件范围上，公益诉讼一般涉及的譬如国土财产保护、食品药品安全、未成年人保护国家或社会公益的案件，比如在表 5－1 行政公益诉讼案例贵州省沿河土家族自治县人民检察院督促履行食品安全监管职责行政公益诉讼一案中，该案件涉及学校附近的流动食品经营者的违法经营活动，与普通的民事或者行政诉讼案件相比，案件的难度高、范围广、影响深。因此，为了使公益诉讼检察调查核实权与公益诉讼目的和内容难度相匹配，必须单独制定与检察公益诉讼制度相配套的证明标准体系。[1]公益保护的紧迫性和必要性要求构建科学的检察公益诉讼的证明标准刻不容缓。

四是检察队伍专业建设和相关配套措施不完善。自从司法体制进行改革之后，检察队伍似乎越来越趋于正规化、专业化和职

[1] 柴政．检察机关提起行政公益诉讼举证责任研究［D］．呼和浩特：内蒙古大学，2021.

业化，但在实践中还存在很多问题，尤其是人才队伍建设和专业化建设方面。一方面，是检察人员人数仍较少，不能满足日益增多的公益诉讼办案需求。从机构设置来看，没有独立的公益诉讼办案部门，办理公益诉讼案件的人员来源广泛，有的来自民事检察部门，有的来自行政检察部门，在省级以下由一个部门单独负责公益诉讼工作的情况几乎没有。随着近几年公益诉讼的发展，人员配备有逐步增多的趋势，但是近几年公益诉讼案件呈井喷式增长，公益诉讼办案人员依旧处于短缺的状态。以丹阳市检察院为例，检察官的在编人员在总数中占比 37%，甚至不足 40%，在这样的情况下，最多有 1～2 名员额检察官承担公益诉讼职能，存在人少案多的客观情况。还有很多法院并没有单独设立公益诉讼专门办案部门，常常与民事、行政诉讼部门混同。另一方面，专业建设相对滞后。公益诉讼检察调查核实权的行使比其他诉讼调查核实权复杂多变且专业，不仅要求有基本的法律专业操作能力，而且要熟悉生态环境、食品药品等方面的相关知识，但是在实践中，公益诉讼检察人员大多是来自原民事行政检察人员，面对新的诉讼挑战，其知识储备和业务能力均存在一定程度的欠缺，并且专业性问题无法在短期内解决。同时，公益诉讼办案过程中，调查核实需要一系列配套制度进行保障，但目前的相关机制建设还相对滞后，如取样器具、快速检测设备、无人机、执法记录仪等公益诉讼办案设备的配备未进行统一规范，有的基层检察院自行采购了部分设备，有的缺口较大，有的缺少操作使用设备人员。

二、诉前检察建议效力不高*

诉前检察建议效力不高，是指检察机关发出的检察建议不足以引起行政机关的重视，未能有效促使行政机关的自我纠错、自我整改。主要表现为：一是诉前检察建议质量不高。实践中，有的检察机关把诉前检察建议当作普通的检察工作性建议，只是提出建章立制、改进工作、提升素质等宏观上的原则性建议，导致行政机关难以自我纠错或者正确履行职责，直接影响诉前检察建议的效力和案件办理，并对后续监管造成不利影响。如“贵州省金沙县人民检察院诉贵州省毕节市七星关区大银镇人民政府不履行行政职权一案”中[1]，检察机关提出的检察建议是“督促大银镇政府及时纠正违法行为，并采取补救措施，消除其违法倾倒垃圾对周边环境和群众生产生活造成的影响”。此检察建议语言高度概括，措施不实，不利于行政机关的整改。二是诉前检察建议送达不到位。实践中，绝大多数检察建议书由书记员直接送达被监督单位的部门，未当面与行政机关沟通检察建议制发原因、要达到的效果、如何具体实施等，导致检察建议不被重视，影响了检察建议的效力。三是诉前检察建议反馈跟进不及时。检察建议送达后，行政机关整改进展如何，需要通过及时反馈来了解，以确保每份检察建议产生应有的效果。实践中，检察机关常常关注检察建议的制发和执行结果情况，但对检察建议贯彻落实的过程

---

* 龙婧婧，张娟．行政公益诉讼诉前程序的现实困境与完善路径［J］．江苏警官学院学报，2021（5）：69－74．

[1] 贵州省金沙县人民检察院诉贵州省毕节市七星关区大银镇人民政府不当履责案［EB/OL］．［2024－03－12］．https://www.chinacourt.org/article/detail/2017/12/id/309 9648.shtml.

情况以及后续跟进情况关注不够、参与不深。

三、对行政机关“不依法履职”判断标准不一

提起行政公益诉讼取决于对行政机关在接收诉前检察建议后的履职判断，但实践中对此判断并没有一个明确的标准。

（一）对行政机关“不依法履职”判断的实践状况

在裁判文书网上，以“行政公益诉讼”“依法履行职责”为关键词，共收集2017年至2022年12月排除指定管辖、移送管辖等不涉及实体问题的实际有效裁判文书，139份。这些文书来自湖北、湖南、吉林等省份，案件范围涉及生态环境保护领域101件，国有财产保护23件，国有土地使用权出让7件，食品药品安全8件，能够体现行政公益诉讼的实践情况。以这些文书为样本，可以归纳分析检察机关、行政机关、人民法院对“不依法履行职责”的认定现状，发现行政公益诉讼中行政机关是否依法履职已经成了裁判焦点。

1. 检察机关对行政机关“不依法履行职责”的认定

从上述案例归纳出检察机关因认定行政机关“不依法履行职责”而提起行政公益诉讼的主要情形有：一是检察机关认为行政机关的履职方式不符合法律规定。在选取的139份裁判文书中有60份都是基于此理由。如“荆门市东宝区人民检察院诉荆门市民防办公室未履行追缴人民防空工程易地建设费法定职责一案”中[1]，浩森公司经荆门市民防办同意易地建设防空地下室却未按

[1] 荆门市东宝区人民检察院诉荆门市民防办公室未履行追缴人民防空工程易地建设费法定职责案，参见湖北省荆门市掇刀区人民法院（2019）鄂0804行初87号行政判决书。

期缴纳人防建设费，市民防办向荆门市中级人民法院申请对浩森公司欠缴人防建设费强制执行，但随后又撤回了申请。浩森公司补缴了部分人防建设费后，市民防办再次发出催缴通知书，但浩森公司未缴清该费用。检察机关制发检察建议书，建议市民防办依法履行职责，尽管市民防办对检察建议给予了回复，但并未采取有效措施履行法定职责，浩森公司仍未缴纳剩余费用，因此检察机关认为其“不依法履职”，对其提起行政公益诉讼。二是检察机关认为行政机关对检察建议的回复不符合法律规定。如珲春市检察院向珲春市林业局发出检察建议书[1]，建议依法及时履行法定监管职责，并要求收到检察建议书后一个月内将办理结果书面回复。截至诉讼前，珲春市林业局始终没有作出任何回复，因此该检察院对其提起行政公益诉讼。三是检察机关认为行政机关履职效果不符合法律规定。此种情形占比最大，在选取的139份裁判文中有130份都是基于此原因。如“鄂州市鄂城区人民检察院（以下简称鄂城区检察院）诉鄂州市自然资源和规划局不履行土地监管法定职责行政公益诉讼一案”[2]中，鄂城区检察院发现行政主体并未采取有效措施落实行政处罚决定书，于是提出检察建议，行政主体对检察建议进行了函复。但鄂城区检察院随后又发现涉案土地上的污水处理泵房、沥青道路、草坪景观等仍未依法处理，公共利益未得到有效恢复。因此，鄂城区检察院向法院提起行政公益诉讼。从该案可

[1] 珲春市检察院向珲春林业局发出检察建议书，参见吉林省延吉市人民法院（2018）吉2401行初12号行政判决书。

[2] 鄂州市鄂城区人民检察院诉鄂州市自然资源和规划局不履行土地监管法定职责行政公益诉讼案，参见湖北省鄂州市鄂城区人民法院（2020）鄂07行终24号行政判决书。

知，检察机关认定行政机关“不依法履职”的标准除了其需要形式上回复检察建议，还要实质上恢复公共利益，对行政处罚后续的行为进行监督。

综上可知，当行政主体未回复检察建议，未按照检察建议、行政协议作出相应的行政行为时，或者行政机关虽依法履职，但履职效果并未达到恢复公共利益的程度时，检察机关就会对行政机关提起公益诉讼。也就是说，检察机关从形式上“不依法履职”和实质上“不依法履职”两方面都对行政主体的行政行为予以评价，而从实质上对行政机关的履职效果作评价是检察机关提起行政公益诉讼的主要标准，体现了检察机关判断行政主体“不依法履职”的“结果主义”标准。

2. 行政机关对于“不依法履行职责”的抗辩事由

从 139 份行政公益诉讼裁判文书来看，行政机关对检察机关提起行政公益诉讼的抗辩事由有以下几种类型：认为已经依法履行职责毕、非被告管辖、行政机关内部因素及其因客观情况导致履行职责不全面、行政违法行为已被追究刑事责任、履职期限太短、无强制执行权限，等等，且大部分行政机关都不仅仅提出一项抗辩理由（见图 5-1）。这表明，一方面，行政机关倾向于接受检察机关的建议，尊重司法权，以形成良性互动；另一方面，多数行政机关在履职过程中存在各种主观和客观上的问题。现具体分析行政机关主要的抗辩事由。

一是行政机关提出“已依法履行职责”的抗辩理由案件有 56 件，法院对此基本未予支持。这表明行政机关对“不依法履职”的认识和检察机关、法院具有较大分歧。二是行政机关提出“非被告管辖”的抗辩理由案件有 34 件。在“黄石市西塞山区

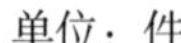

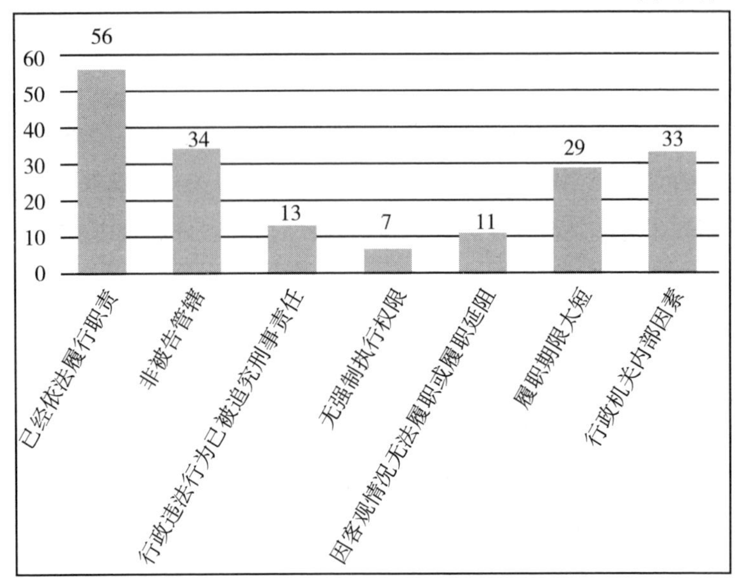

图 5-1　行政公益诉讼中行政机关的抗辩事由与数量统计

人民检察院诉黄石市水利和湖泊局不依法履职行政公益诉讼案”中❶，被告辩称市政府有权对涉案违法行为的管辖作出统筹安排，且已明确由西塞山区人民政府及其职能部门进行执法，被告水利和湖泊局应对区域内的水行政工作履行指导、监督职能，而非直接执法。但法院在判决中未支持其抗辩理由，认为在相关部门未予明确之前，管辖权并存，被告实际上对违法行为具有管辖权，该案中西塞防汛抗旱指挥部对黄石市众成黄砂站采取的一系列执法措施，并不能作为黄石市水利和湖泊局的免责事由，被告

❶ 黄石市西塞山区人民检察院诉黄石市水利和湖泊局不依法履职行政公益诉讼案，参见湖北省黄石市西塞山区人民法院（2019）鄂0203行初37号行政判决书。

将西塞山区辖区堤防管理范围内的水行政执行工作下放至西塞山区政府，亦不能免除黄石市水利和湖泊局在黄石市众成黄砂站违法案件中的履职责任。三是行政机关提出“自身内部因素”的抗辩理由案件有 33 件。这集中表现为被告认为自身没有强制执行权，没有办法行使行政强制执行措施或实施该行为并无法律依据，由此不实行该行为不构成“不依法履职”。在“荆门市东宝区人民检察院诉荆门市民防办未履行追缴人民防空工程易地建设费法定职责行政公益诉讼案”中❶，检察机关认为被诉行政机关虽无强制执行权，但存在其他管理职责，如监督、申请执行等义务。行政机关在法定期限内申请人民法院强制执行才属依法履职。法院认同检察机关的意见，并未支持行政机关该抗辩事由。四是行政机关提出“违法行为已被追究刑事责任”的抗辩理由案有 13 件，获得法院支持的仅有 2 件。在“广水市人民检察院诉广水市林业局不履行林业监督管理法定职责行政公益诉讼案”中❷，被诉行政机关认为，行政相对人夏某某的违法行为涉嫌犯罪，执法部门已依法将该案移送广水市森林公安局处理，行政相对人夏某某已被判处非监禁刑。但该抗辩理由并未得到法院支持。法院判决认为，对于行政相对人的行为构成犯罪后是选择提起刑事附带民事公益诉讼，还是选择提起行政公益诉讼督促行政机关履行监督管理职责，检察机关可以根据具体情况选择适用。负有监督管理职责的行政机关不得因行政相对人已构成犯罪而将

❶ 荆门市东宝区人民检察院诉荆门市民防办未履行追缴人民防空工程易地建设费法定职责行政公益诉讼案，参见湖北省荆门市掇刀区人民法院（2019）鄂 0804 行初 87 号行政判决书。

❷ 广水市人民检察院诉广水市林业局不履行林业监督管理法定职责行政公益诉讼案，参见湖北省广水市人民法院（2020）鄂 1381 行初 13 号行政判决书。

自己应当履行的法定职责推诿于他人或不作为。当相关行政机关怠于履行自己的法定职责时，检察机关履行行政监督职责，保护社会公共利益，对其提起行政公益诉讼是适当的。五是行政机关认为“履职期限太短”的抗辩理由案有29件。由于实践的复杂性，行政公益诉讼案中的被诉行政机关往往需要进行一系列专业的行政过程，尤其是涉及生态和环境资源领域的案件，要想在检察建议制发之后两个月内作出行政行为而改变公共利益受侵害的状态难度较大。[1] 在“长沙市雨花区检察院诉长沙市自然资源和规划局不履行追缴国有土地使用权出让金行政公益诉讼案”中[2]，被诉行政机关认为涉案土地价款追缴流程复杂，需要一定的期限。被诉行政机关为了精准确定补缴款的具体数额，专门委托第三方评估机构对全部案涉土地需补缴的价款进行评估；法院对非诉执行案件的申请、审查要求严格，执行需要时间。同时，长沙市机构改革使得行政机关内部职能交接、调整等客观因素而产生履行迟延，但该抗辩理由也未得到法院支持。

综上可知，行政机关提出的抗辩理由总体呈现“行为主义”倾向，即行政机关判断“不依法履职”时只关注于行政机关的行政行为本身，而并未考虑行政行为作出后行政相对人的违法行为是否已经停止以及受损害的公共利益是否已经恢复。[3]

---

[1] 郑朋树．我国检察机关提起行政公益诉讼的试点分析与相关制度完善［J］．行政与法，2018（8）：109－115.

[2] 长沙市雨花区检察院诉长沙市自然资源和规划局不履行追缴国有土地使用权出让金行政公益诉讼案，参见湖南省长沙市雨花区人民法院（2020）湘8601行初470号行政判决书。

[3] 刘超．环境行政公益诉讼诉前程序省思［J］．法学，2018（1）：114－123.

3. 法院对于行政机关“不依法履行职责”的认定

从上述法院对行政机关抗辩理由的态度可见，法院对行政机关判断“不依法履职”的“行为主义”标准并不太赞同。在这139份行政公益诉讼案件裁判文书中，法院在97份裁判文书中因认为“国家利益或者社会公共利益受损害状态未彻底消除，公共利益没有达到完全恢复的状态”，而判定行政机关构成“不依法履行职责”。如在“随县人民检察院诉随县自然资源和规划局不完全履行法定职责行政公益诉讼案”中[1]，被诉行政机关接到检察建议后，其书面答复与实际情况明显不符，非法占地行为仍在持续，国家和社会公共利益仍处在被侵害状态。法院认为，土地行政主管部门应当对辖区的土地利用实施监督管理工作，其未完全履行监督管理职责致使涉案土地至今处于被侵害状态，损害了国家利益和社会公共利益，因此支持检察机关的诉讼请求。由此可见，法院认定行政机关“不依法履职”体现出“结果主义”倾向。

当然，从案件庭审过程来看，法院也会对被诉行政机关履职行为、履职程序和对社会公共利益的损害等进行综合审查，也会对行政机关积极履行职责的行为予以肯定，但更注重行政机关的履职效果，如果并未消除损害影响，仍然会对行政机关作出否定性评价。[2]

[1] 随县人民检察院诉随县自然资源和规划局不完全履行法定职责行政公益诉讼案，参见湖北省随县人民法院（2019）鄂1321行初32号行政判决书。

[2] 刘艺．检察公益诉讼的司法实践与理论探索［J］．国家检察官学院学报，2017（2）：25．

（二）对行政机关“不依法履行职责”认定不同的问题分析

通过上述分析，可知在行政公益诉讼中检察机关、行政机关和法院对于行政机关“不依法履行职责”的认定各有思路，认识存在差异，其根源在于行政机关履行职责范围不明确、履行职责期限设定不合理、行政机关抗辩理由未获重视以及各方判断标准不同等方面。

1. 行政机关履行职责范围不明确

行政机关“不依法履行职责”首先需要明确行政机关负有哪些职责，而行政机关的职责都来源于“法”。❶ 因此，可以从“法”的范围、具体职责范围两个层面去分析。一是行政机关应负职责的“法”的范围不明确。当前相关法律并未对行政主体的职责义务来源作出明确规定，这就导致部分行政主体认为自己已经“依法履行职责”或者直接认为其并不负有该项职责。实践中，不同主体对于“法”可能会有不同理解：有些认为法只包含法律、行政法规和地方性法规，有些认为还包含规章以及规范性文件、地方的行政公益诉讼判例。此外，法律、法规、规章和规范性文件在效力等级上存在差异，❷ 有些主体在实践中仅仅会适用当地的地方性法规而忽视上位法，这也导致三方主体对于行政机关履职与否的判断差异。二是基层行政机关的职权分配复杂界定不清。我国基层行政执法行为的职权分配较为复杂，有时基层行政机关对应负有履行的责任把握并不精准，法院也无法判

---

❶ 沈开举，邢昕．检察机关提起行政公益诉讼诉前程序实证研究［J］．行政法学研究，2017（5）：39－51．

❷ 代杰，徐建宇．行政公益诉讼中行政机关不依法履行职责抗辩事由研究：基于159份判决书的实证分析［J］．江西理工大学学报，2020（4）：41．

断行政机关所负的具体职责，主要表现为：一是对于行政机关在授权或委托时“依法履行职责”的界定并不清晰，争议较大；二是对于多部门行政职权交叉时各自的责任厘定不清晰，有时行政机关会互相推诿，规避责任；三是对先行行政行为是否有后续监管义务存在争议。行政机关往往认为其只要积极履行行政处罚或仅仅对行政相对人下达责任书，就依法履行职责，不应对其作出否定性评价，而检察机关和法院对此持相反意见。

2. 履行职责期限设定不合理

《检察公益诉讼解释》第21条第2款规定：“行政机关应当在收到检察建议书之日起两个月内依法履行职责。”对于这两个月的履职期限因认识不同使得判断“不依法履行职责”出现差异，主要表现为：一是这两个月的履职期限到底是行政主体回复检察机关的检察建议书的期限，抑或行政主体依法履行职责的期限，还是需要在两个月内达到恢复公共利益的实质性结果，各方主体都有不同的看法，甚至同为审判机关的不同法院都会对此有不同的理解。这使得诉讼实践中裁判基准不一，不利于行政机关在合理期限内行使职权，也不利于实现维护公共利益和监督行政机关，还会对判决公正性和权威性带来挑战。二是这两个月的履职期限对于公共利益的恢复不尽合理。实践的复杂性要求行政机关审慎行使职权。行政机关在尽责调查之后，对于专业性问题还可能需要请专业人士鉴定、专家评估、公开听证、研究讨论等，而这一复杂过程必然要花费大量时间。[1] 在两个月的履职期限

---

[1] 张旭勇．行政公益诉讼中“不依法履行职责”的认定［J］．浙江社会科学，2020（1）：67-76.

内，个别案件可以得到有效解决，但仍有很多较为复杂的案件需要花费更多时间进行处理，社会公共利益也可能不会在较短时间内得到恢复。诉前程序检察建议旨在给行政机关一个自我纠错的机会，如果受制于两个月的履职期限，可能无法实现公益诉讼保护社会公共利益的目的。

3. 对行政机关履职不能的客观抗辩理由重视不够

行政机关的履职行为因未获检察机关认可而被提起公益诉讼，行政机关在诉讼中的抗辩理由大多数也未获法院支持。这里面有部分是行政机关因历史遗留、疫情、机构改革、生态环境恢复较为缓慢等客观因素致使公共利益未得到完全恢复。对此抗辩理由，检察机关、法院未充分考虑现实情况，未予以足够重视。如“遵义市红花岗区人民检察院诉遵义市红花岗区自然资源局怠于履行地质环境保护和土地复垦监督管理职责行政公益诉讼案”中[1]，检察院发出诉前检察建议后，红花岗区自然资源局分别两次书面回复，并责令采矿权人限期开展矿山治理恢复工作。但经检察机关回访发现，该矿区矿山地质环境治理恢复和土地复垦工作推进缓慢，国家和社会公共利益持续受到侵害，于是对行政机关提起诉讼。被诉行政机关辩称，被诉机关高度重视历史遗留矿山恢复工作，多次督促企业履行义务，开展工作会议，联合区生态环境分局联合镇政府及其他相关部门定期检查督促现场施工进度、进行集体约谈，已经依法履行了相关职责。但由于受疫情、雨水较多及旅发大会影响，复垦复绿工程施工较为缓慢。截至进

---

[1] 遵义市红花岗区人民检察院诉遵义市红花岗区自然资源局怠于履行地质环境保护和土地复垦监督管理职责行政公益诉讼案，参见贵州省遵义市红花岗区人民法院（2021）黔0304行初3号行政判决书。

入诉讼程序时，案涉矿山已按复垦复绿方案完成了覆土、植草、种树等，相应复垦复绿已完工验收。然而法院并未支持其抗辩事由。

4. 三方主体对于“不依法履职”认定标准不同

通过对检察机关提起行政公益诉讼的原因、行政主体抗辩理由和法院的裁判结果进行分析可知，行政公益诉讼中三方主体对行政机关是否“依法履职”的判断标准并不相同。检察机关、法院主要以“结果主义”为标准，行政机关却往往倾向于“行为主义”标准。然而，无论是“行为主义”标准还是“结果主义”标准，都无法对实践中所有复杂的事实进行判断，当行政机关面临复杂社会情况时，若使用“结果主义”标准，对于行政机关因客观事实无法履职的情形，则会对行政机关过于严苛，也不利于行政公益诉讼制度的发挥，❶ 而“行为主义”标准不需要考虑公共利益是否得到恢复，不需要消除公共利益受损的影响，在实践中往往难以达到恢复公益的结果，还会导致行政机关怠于履行职责。

四、刑事附带民事公益诉讼的诉前公告程序较为烦琐

2018 年 3 月 1 日，《检察公益诉讼解释》第 20 条规定：“人民检察院对破坏生态环境和资源保护、食品药品安全领域侵害众多消费者合法权益等损害社会公共利益的犯罪行为提起刑事公诉时，可以向人民法院一并提起附带民事公益诉讼，由人民法院同

---

❶ 最高人民检察院第八检察厅．行政公益诉讼典型案例实务指引：食品药品安全领域、国有财产保护、国有土地使用权出让领域［M］．北京：中国检察出版社，2019：219.

一审判组织审理。人民检察院提起的刑事附带民事公益诉讼案件由审理刑事案件的人民法院管辖。”这标志着刑事附带民事公益诉讼作为民事公益诉讼的一种新型诉讼形式得以立法确认。

然而，在刑事附带民事公益诉讼中是否需要履行诉前公告程序呢？实践中做法不一，有的履行了诉前程序，如湖北省利川市检察院对吴某等3人生产销售不符合安全标准的食品罪提起刑事附带民事公益诉讼案，该院在对该案立案后便在《检察日报》发布公告，督促适格主体提起民事公益诉讼。截至提起公诉时，没有其他适格主体对被告人吴某等3人提起民事公益诉讼，社会公共利益处于持续受侵害状态。有的没有履行诉前程序，如广东省茂名市电白区检察院以李某某等5人涉嫌生产、销售有毒、有害食品罪提起刑事附带民事公益诉讼；湖北省恩施市咸丰县检察院对周某某等4人以非法猎捕、杀害珍贵、濒危野生动物罪提起刑事附带民事公益诉讼；许某某等污染环境罪提起刑事附带民事公益诉讼等。

2019年12月6日，针对部分高级人民法院、省级人民检察院的请示，《最高人民法院、最高人民检察院关于人民检察院提起刑事附带民事公益诉讼应否履行诉前公告程序问题的批复》（以下简称《批复》）明确规定：“人民检察院提起刑事附带民事公益诉讼，应履行诉前公告程序。对于未履行诉前公告程序的，人民法院应当进行释明，告知人民检察院公告后再行提起诉讼。”同时规定：“因人民检察院履行诉前公告程序，可能影响相关刑事案件审理期限的，人民检察院可以另行提起民事公益诉讼。”尽管《批复》对于实践中的不一做法有了明确，但刑事附带民事公益诉讼的诉前公告程序是否正当且必要，还值得进一步探讨。

第三节　诉前程序的完善建议

以问题为导向方能有针对性地找寻完善路径。完善公益诉讼诉前程序必须完善检察机关的诉前调查核实制度，提升诉前检察建议效力、明确行政机关依法履职的判断标准，以及重塑刑事附带民事公益诉讼的诉前公告程序。

一、完善检察机关的调查核实权

（一）明确调查核实权行使的原则

1. 依法规范原则

检察机关作为公权力机关，为了防止公权力的滥用，其行为应该严格依据法律规范行使，正所谓“法无授权不可为”，检察机关虽在公益诉讼中作为公益诉讼人的角色行使的调查核实权力同样也应受到法律的规制，检察调查核实权从本质上来讲也是监督权的一种表现形式，依法规范原则应该是检察机关行使调查核实权所遵循的首要原则。在该原则的涵盖下，检察机关在行使权力时应根据法律规定的内容和方式进行，比如法律规定在调查核实的手段上可以通过大数据、无人机等科学技术手段进行辅助调查，检察机关不可采取对公民实施限制人身自由的方式进行调查核实等，调查核实权以公益诉讼为目的的同时不能给企业、公民的生活带来困扰。

2. 客观公正原则

随着公益诉讼近几年的快速崛起，从刚开始的生态环境保护、食品药品安全、国有财产保护、国有土地使用权出让这四大领域已经扩展到目前九个法定领域，不同公益诉讼领域的案件相互都存在差异，这就需要检察机关在调查核实时要根据案件的性质，结合具体情况运用不同的方式进行，制定详细的调查核实计划。公益诉讼案件的复杂性需要检察机关重视每一起公益案件，面对疑难复杂的案件共同商讨、严格把控，认真搜集与案件相关的证据材料，为下一步发送检察建议甚至诉讼准备好详细完备的证据。检察机关在审查起诉前对材料要进行严格规范，保障证据材料的完整性和有效性，对不符合规范要求的证据必须进行补充调查，对模棱两可的材料必须进行重新调查。在案件的证据调查搜集上，检察机关要做到客观公正，坚持独立性，严守中立性，平等对待各方参与人，尊重各方参与人的合法权益。❶ 检察机关要注重客观公正原则的全面贯彻，不仅是自己贯彻客观公正的立场，也要积极运用抗诉、纠正意见、检察建议、提起诉讼等方式促进检察机关、行政机关和审判机关遵守客观公正的义务。

3. 稳妥审慎原则

检察机关提起公益诉讼应当遵循司法权的运行规律，将稳妥审慎作为行使调查核实权的基本准则，检察机关行使调查权时，在手段和方法上必须做到有法有据、稳妥适度。手段上不能为了调查而过于强硬，避免对社会造成负面影响，也不能过于软弱，以免耽误案件进程，扩大国家和公共利益的损害。同时，检察机关在调查取证时对涉案单位正常的工作、生产秩序的影响应控制

---

❶ 韩成军．行政检察调查核实权的规范化运行［J］．国家检察官学院学报，2021，29（5）：103－115．

到最低，最大限度地减少对其带来的负面影响，防止调查核实行为不当造成不好的社会影响。严格依据《人民检察院公益诉讼办案规则》中规定的调查核实内容的方式进行，既履行保护国家和公共利益的安全，也使得检察机关的司法公信力不被破坏。

（二）赋予检察机关调查核实权的强制性措施

1. 立法完善

从立法上对检察公益诉讼调查核实权刚性进行规定，可以从根源上解决调查核实难的问题，也是最大限度地避免检察机关的公益诉讼职能有权但无保障的尴尬局面以及公益被损害的关键。因此，现在首要任务就是对公益诉讼调查核实权进行立法保障。对于检察公益诉讼领域调查核实权的立法，目前有三种呼声。第一种是修改《民事诉讼法》《行政诉讼法》，对检察机关公益诉讼调查核实程序予以专门规定。胡婧提出在行政公益诉讼立法中的具体建议：在《行政诉讼法》第 25 条第 4 款，增补“检察调查核实权”，即人民检察院在履职过程中可以通过诉前调查核实对行政不作为或乱作为进行检察监督，明确了调查核实权在行政公益诉讼中的重要地位。第二种是以刘加良为代表，提出出台具有可操作性的检察公益诉讼调查规则，刘加良提出，目前行政公益诉讼调查核实权存在体系化不够科学、质量不高的问题，影响其预设功能的充分发挥，通过从主体要件、内容要件、对象要件、方式要件、期限要件、控权要件方面对检察公益诉讼调查核实权的规则进行优化来完善调查核实权。第三种是最近学界以及多位人大代表呼吁的制定单独的“公益诉讼法”，其中分出专门的章节规定调查核实程序。最为理想的方式就是第三种制定单独的公益诉讼法，并专章规定调查核实的程序和内容。随着公益诉讼的快速发展，实践中积累了许多有益经验。党的二十大提出“完善公益诉讼制度”的号召，为公益诉讼专门立法提供了有力政策支撑。

2. 增加调查核实权强制性措施

正所谓承担多大的责任就应该拥有多大的权利，现有法律已经明文规定了检察机关在公益诉讼中独有的法律地位和公益目标，理所应当对其赋予与其相匹配的权利。公益诉讼离不开调查核实，如何增加调查核实的强制性便是目前首要解决的问题。曹军认为，检察机关的调查取证权必须赋予其一定的强制力，对不予配合调查取证的单位和个人应受到一定措施的处罚，以保证检察机关法律监督职能的顺利实施。[1] 如同检察机关在刑事诉讼中的职责与调查取证权一样，在刑事诉讼中检察机关具有保护国家和公民人身财产以及惩罚犯罪的责任，所以在《刑事诉讼法》中就赋予了检察机关与其职责相匹配的较大的调查取证权，通过与公安机关和检察机关内部沟通、相互协作，在调查核实过程中有力地保障了检察机关在履行惩治犯罪、法律监督目的的实现，进而稳定社会秩序，保障了社会和人民安全。与此相比，检察机关在公益诉讼中所承担的责任和其拥有的权利形成了较大反差，甚至在《办案规则》中直接明确了检察机关在调查核实过程中不得采取查封、扣押、冻结这些强制性措施。对于调查核实权具体措施的问题上，学界对于我国检察调查核实权的强制性不足问题导致调查难的问题，分别从手段和后果两个角度上补强调查核实权的强制性。就手段上来讲，张贵才主张赋予采取查封、扣

[1] 曹军．论民事公益诉讼中检察机关的调查取证权［J］．探求，2017（6）：65－71．

押、冻结等强制措施的权力[1]；就后果上来讲，对于不配合调查国家机关工作人员，可视情节轻重，移送有关主管部门给予行政处分；对拒不配合检察机关调查的违法行为人可以酌情列入社会征信系统，将恶意篡改证据、捏造事实的行为人列为失信人[2]。王志道主张对消极妨碍检察机关调查者，检察机关可以采取诸如罚款、拘留等措施制裁妨碍取证者，排除妨碍[3]。王春业认为检察机关在必要时，有权采取查封、扣押、冻结财产等强制性措施进行收集证据，但不得对公民的人身自由采取强制措施[4]。笔者认为，应该通过对公益诉讼进行单独立法规定，对调查核实的具体程序和内容进行细化规定，由于公益诉讼特别是环境公益诉讼和食品安全领域的证据具有复杂性和特殊性，应赋予检察机关在开展调查核实过程中，手段上可以对相关证据材料实行强行查询、扣押和冻结，对证据进行固定，防止灭失，在表5－1的海南省海口市人民检察院诉海南A公司等三被告非法向海洋倾倒建筑垃圾民事公益诉讼案中，检察机关在海口市检察院和海洋行政执法人员共同出海开展联合调查活动，在海上当场截获一艘已经倾倒完垃圾正在返航的船只，倘若检察机关单独巡航调查，是否能够顺利对该船只进行拦截，该船只是否配合存在疑问，所以应该赋予检察机关在证据可能灭失的危急情况下强行查询、扣押、

[1] 张贵才，董芹江．公益诉讼调查核实程序有待完善［N］．检察日报，2016－09－18（3）．

[2] 曹军．论民事公益诉讼中检察机关的调查取证权［J］．探求，2017（6）：65－71．

[3] 王志道．检察公益诉讼调查核实权的路径完善［N］．江苏法制报，2019－07－01（3）．

[4] 王春业．论公益诉讼中检察机关的调查取证权［J］．浙江社会科学，2020（3）：46－52．

冻结的权利。后果上可以对不配合调查的人员和组织根据情节严重给予不同的处罚措施。情节轻微的责令其排除妨害、口头进行释法训诫，情节严重的可以实施一定金额的处罚的惩戒性措施，或者规定对不配合调查的机关、企事业单位有关负责人或直接责任人员，提请有关部门给予行政处罚或党纪、政纪处分，对行政机关不配合的情况予以公告，并将相关线索移送监察机关等强制性措施。[1] 在证据面临着被人为毁灭的紧急风险时，才可以对其人员进行限制人身自由强制性措施，为防止滥用上述强制性措施，可以设置严格的使用条件加以限制，比如必须由本级检察机关检察长批准或报上级检察机关批准。

（三）规范检察机关在公益诉讼中的调查核实权的程序

1. 完善启动程序

在公益诉讼的启动程序上，应当由公益诉讼部门中负责具体案件的承办人提出调查核实的启动申请，由相关负责人进行审批。首先，检察机关发现公益线索后应先对其真实性进行初步调查，确定是否符合危害公益的行为，此时的调查核实的内容和方式较为简单，比如现场勘察、拍照、调取行政机关监管职责等简单措施，所以该环节可以由接受线索的部门负责人进行批准即可。其次，立案后，案件的性质就发生了变化，调查核实的方式也变得复杂谨慎，此时调查核实启动的批准应当由管理公益诉讼部门的检察长或副检察长进行。因为一经立案，这个案件就将一步一步进入制发检察建议或者诉讼阶段，制发检察建议则需要检察机关掌握一定程度的证据。因此立案后的调查核实将服务于下一阶段的顺利进行，且该环节调查核实内容与立案前的内容相比

---

[1] 吴泽坤．检察机关提起公益诉讼调查核实权研究［D］．沈阳：辽宁大学，2021.

难度增大，调查核实的行使方式也变得复杂，对人力物力的需求以及专业性要求也相应增多。调查核实过程中涉及的范围较为广泛，这就需要检察部门在启动时认真稳妥。为了谨慎起见，需要交给职务更高的主体来批准完成。另外，调查核实一旦涉及国家秘密、商业秘密、个人隐私等产生重大社会影响时，调查核实的启动就只能限定由检察长批准。[1] 另外，为了防止无节制地启动调查核实程序，给被调查人或企业带来的生活、生产上的困扰，而且基于调查核实服务于诉讼证据的前提下，应当将调查核实权的启动限定于诉前阶段，防止检察机关在诉中和诉后主动启动调查核实，违背调查核实的目的。[2] 参照《行政诉讼法》的规定，在诉讼中除了人民法院要求提供和补充证据，被告不能在诉讼中自行调查取证。[3] 虽然该条文在行政诉讼中约束的是行政机关的调查取证行为，但通过体系解释也可以得出调查核实的启动也应被限制于诉前阶段的结论。当检察机关在诉中甚至诉后启动调查核实时，为了有效防止权力滥用，被调查人可以选择拒绝配合，从而使被调查人自身权益得到保障。对于调查核实的启动阶段以及审批程序，属于检察机关内部的工作流程，应当通过内部规范进行约束，制定内部立法进行规定。

2. 细化操作程序

在检察公益诉讼调查核实权的运行过程中，应当严格遵循规

---

[1] 刘加良. 检察公益诉讼调查核实权的规则优化［J］. 政治与法律，2020（10）：148－161.

[2] 曹翊群，徐本鑫. 公益诉讼检察调查核实权的实践进路与规则优化［J］. 浙江理工大学学报（社会科学版），2021，46（6）：685－692.

[3] 杨建顺. 应当赋予检察院有足够穿透力和覆盖面的调查取证权［N］. 检察日报，2020－08－27（7）.

范性原则。在行使调查核实权的过程中应严格依法行使，尊重保护当事人的合法权益，在采取询问、查询、调取相关证据材料、查阅案卷材料、勘验现场等调查核实措施时不应给被调查对象、证人的生活造成不好的影响。特别涉及个人隐私、信息安全这种敏感的问题时，更要严格遵守法律规定。为此，应建立检察机关的内部制约机制来行使调查核实权，如制定调查核实权行使内部细则。如调查核实过程中录音录像，增派司法警官同两名检察官进行调查，保证收集有关调查对象妨害取证的证据客观公正等。程序正义是防止权力滥用的重要制度保障，调查核实权的行使当然也不能例外，也要遵守程序正义的原则，因此检察机关在开展调查核实时，必须执行严格的程序规范，在涉及不同类型的调查手段时，其审批权限和行使期限应该与调查核实难度相匹配，比如案卷查询这种较为简单的调查措施可交由部门负责人启动；如果涉及利益特别重大的案件，所使用的调查核实难度较大时，可以提请上级检察院决定，并可适当延长行使期限。

（四）合理分配检察机关公益诉讼的证明标准

目前关于检察公益诉讼的证明标准有两种学说，分别是“同一证明标准说”和“多元证明标准说”。[1] 所谓的“同一证明标准”即一元证明标准，是指不考虑诉讼类型、证明标准这些因素，民事行政和公益诉讼均适用同一个证明标准。即以案件事实清楚和证据确实充分这一证明标准。但是这一证明标准的出现是建立于唯物主义论上的[2]。唯物主义认识论认为人们是理性的，

---

[1] 谢登科．论刑事简易程序中的证明标准［J］．当代法学，2015，29（3）：135－143；霍海红．提高民事诉讼证明标准的理论反思［J］．中国法学，2016（2）：258－279.

[2] 陈一云．证据学［M］．北京：中国人民大学出版社，1998：115.

人们的认识能力是无限的、无条件的[1]，所以在诉讼中，在调查核实查明事实真相的证据标准上，只需要将待证事实证明到客观真实的状态即可。也有学者指出，从认识论的角度来说，在诉讼中的证明过程也是司法人员对案件调查核实了解的过程。[2] 不可否认，同一证明标准当然具有一定程度上的合理性，但是其并未考虑到各个诉讼之间的差异性，仍具有很大的局限性。持“多元证明标准说”的学者认为，由于诉讼目的不同、个案的差异以及不同的程序阶段等因素，应在不同的诉讼中适用不同的证明标准。与“同一证明标准说”相比，“多元证明标准说”更符合我国诉讼的发展方向，也更符合我国目前公益诉讼证明标准的证明现状。虽然“同一证明标准说”的证明标准更为简单便捷，有助于快速地推进诉讼进程，但是其证明标准过于单一，没有考虑到实际的诉讼差异、调查核实能力、案件之间的差异以及诉讼过程中可能涉及的经济成本等现实因素，不论在理论中还是在实践中都存在欠缺。我国检察公益诉讼作为新兴的诉讼模式，与三大诉讼相比，不论是在程序的进程还是诉讼阶段以及证明需要的专业性等方面均存在很大的差异，所以证明标准也不尽相同。就程序而言，检察公益诉讼具有明显特殊的阶段递进性，普通的民事诉讼和行政诉讼案件的开始都是先在法院进行立案，接下来通过调查核实证据后，在庭审阶段通过各自举证进行对抗。在检察公益诉讼中，检察机关经过调查核实后进行立案，立案后在行政公益诉讼中必须经过诉前程序才能进入诉讼审判程序，并且检察公

---

[1] 葛洪义．法学研究中的认识论问题［J］．法学研究，2001（2）：3－18.

[2] 刘金友．证据理论与实务［M］．北京：法律出版社，1992：202.

益诉讼更多在制发检察建议后便可完成结案，即使提起诉讼，一般都以检察机关胜诉告终。证明标准贯穿于立案到诉前再到诉讼每个过程中，不同的证明标准对于调查核实的内容也有不同的要求。

检察机关提起民事公益诉讼的目的是通过法院的审理判处侵权人承担相应的民事责任，从而制止其危害公益的行为。根据《人民检察院公益诉讼办案规则》的规定，检察机关应当围绕侵权人的具体侵权行为、造成的公益损害结果、二者的因果关系和赔偿数额等进行调查核实，否则将会因为证据不足面临败诉的后果。而行政公益诉讼的主要目的是监督行政行为是否依法履职，调查核实的内容应围绕行政机关的行政行为、是否因为其行政行为导致公益受损。与检察机关提起的民事公益诉讼相比较，证明内容存在本质的差别，证明难度也不可相提并论。在证据规则上，法律规定，在民事公益诉讼中应遵循的是《民事诉讼法》的证明标准，即适用谁主张谁举证的证据规则，检察机关需要将待证事实证明到高度盖然性的程度。而行政公益诉讼应该借鉴行政诉讼的证明标准，然而法律并无明文对证明标准进行规定，行政诉讼实践中却将案件分为作为和不作为两种情形，分别适用不同的举证标准。在行政公益诉讼行政机关作为的案件中，行政机关需要对自己已经依法履职的行为进行举证，检察机关需要对行政机关履职行为和公益受损害具有因果关系、检察机关已经履行诉前程序制发检察建议但是行政机关拒不整改的行为进行调查核实。在行政公益诉讼不作为的案件中，行政机关应该对其不履行职责的法律依据或者客观存在不能依法履职的阻却事实进行举证，检察机关则需要对行政机关具有法定职责却未依法履职的行为、行政机关不履职和公共利益的损害具有因果关系以及检察机关已经发过检察建议行政机关仍不履职致使公共利益持续遭受损害的行为进行调查核实。从诉讼能力来看，特别是在检察机关提起的民事公益诉讼中，拥有公权力的检察机关无论是在人才队伍上还是在专业性建设等方面都不可与普通原告相提并论，具体体现在调查核实能力上和质证等能力要高于一般民事的主体。基于公共利益取证的复杂性以及公益诉讼的公益性目的，根据诉讼主体平等原则而建立的“优势证据”证明标准能够适用于检察机关提起的民事公益诉讼。然而在行政公益诉讼中，诉讼双方都是国家机关，二者的调查核实能力并无太大差距。以被告能力强于原告为理由主张实行举证责任倒置的证据规则不符合公益目的，也不利于检察机关调查核实主张证据，而应采取明显优势证据的证明标准，通过双方的调查核实提供的证据使得法官确信其主张的事实存在。

（五）增强检察机关在公益诉讼调查核实权的保障机制

1. 配齐公益诉讼办案设备

制定公益诉讼办案设备配备标准，在公益诉讼快速实验室配备食药安全检测仪、多参数水质测定仪、噪音计等快检仪器以及采样器材样品保管箱等辅助设备，能够通过现场采样、现场检测等方式快速初步判断现场水体、大气粉尘污染类型以及食品药品中的有害成分和非法添加物等，可以对环境污染、食药安全等多类即时性公益损害案件的办理发挥重要作用，为公益设施提供优质的技术保障。加强高科技的手段辅助调查核实，比如在森林、草场等一些地广人稀的区域开展线索发现、调查取证和巡查回访的时候，全国人大代表殷红梅就提出利用遥感卫星图片、3D 全息影像、地面全景技术等高科技手段的辅助，为调查核实插上“高科技的翅膀”。

2. 解决鉴定难题

规范鉴定服务市场，避免鉴定费用虚高；增加“先鉴定，后付费”鉴定机构，以满足日益增长的公益诉讼办案需求；设立鉴定费专项账户，可以在各省行政区建立公益诉讼专项基金，里面的资金由国家财政和以往环境公益诉讼中责任人赔偿的资金组成，检察机关遇到鉴定费用问题时，可先从这里面进行垫付，以解决公益诉讼办案经费开支困难的问题。同时推动专家意见作为公益诉讼案件证据的合法化，专家意见能够快速总结推导出来，弥补鉴定意见耗时久、成本高的不足，提高办案效率。[1]

3. 建立专家库

针对公益诉讼案件调查核实难、专业性强等问题，可以从外部引入专业力量辅助办案。通过由省或市级检察机关进行统一聘请公共卫生、环境资源等方面的专业人员，建立专业人才库，对专门性问题进行调查，做好涉及专门性问题的收集；分析解读涉案的专业报告、鉴定意见；对涉案的专门问题咨询书面专业评估、审计意见；出庭辅助检察机关对案件事实所涉及的专门性问题进行说明或发表专业意见等。

4. 完善司法队伍建设

公益诉讼检察作为一项新兴的检察业务，对办案人员综合能力素质要求较为全面。尤其在发展初期，法律规章还不健全，机

---

[1] 龙婧婧，张娟．行政公益诉讼诉前程序的现实困境与完善路径［J］．江苏警官学院学报，2021，36（5）：69－74．

制建设还不完善，经验方法还不成熟，应当相应加大业务培训力度，包括理论知识、调查取证设备操作使用、法律文书制作、出庭应诉以及相关协调沟通能力等。通过招录、调整专业人才进入办案队伍，提升队伍整体专业能力；优化办案人员结构，形成办案合力，提高办案效率。[1] 公益诉讼检察办案人员通过提供扎实的证据材料、规范的法律文书以及正确的释法说理，可以促使被监督行政机关正视自身存在的问题，更加自觉和虚心接受检察机关的公益监督，配合检察机关的调查核实，有效树立检察机关的监督权威。

5. 牢固树立“双赢、多赢、共赢”的公益监督理念

检察机关对行政机关实施公益监督最终目的不是将行政机关推上被告席，而是通过提起诉讼的方式进行监督，督促危害行为人停止侵害以及行政机关的积极履职，以达到保护公益的目的。可以通过诉前程序如组织磋商、召开圆桌会议、发送检察建议、召开听证会等形式，推动行政机关依法全面履行职责，实现及时保护受损国家利益和社会公共利益的共同目标。牢固树立“双赢、多赢、共赢”的办案理念，有助于降低行政机关对检察机关开展调查核实工作的排斥，提升双方的协作配合意愿，为依法全面履行职责、及时保护受损国家利益和社会公共利益创造积极条件。

6. 充分发挥政治智慧，有效借力外部监督

检察机关不能仅靠自身力量维护国家利益和社会公共利

[1] 龙婧婧，陈忠，王立兵．行政公益诉讼调查核实权运行分析：以湖南省检察机关办案实践为例［J］．人民检察，2019（8）：10－15.

益，还要善于借助外力强化监督刚性。如争取本级人大出台支持公益诉讼检察工作的决议；将配合检察机关开展公益诉讼调查取证、落实检察建议情况纳入法治政府建设考核内容；建立重要案件发布、重要检察建议抄送党委人大备案制度；与纪委监委建立信息共享、线索双向移送制度等。通过引入外部监督力量，增强行政机关接受公益监督的动力，从而达到增强公益诉讼检察调查核实权刚性的目的，使行政机关由被动监督转化为主动接受监督，积极履行自身工作职能，与检察机关合力对公益进行保护。

二、提升诉前检察建议效力

（一）加强规范提高建议质量

诉前检察建议不同于一般检察建议，其具有潜在的强制性，是引发公益诉讼程序的必经环节，这就要求检察机关提出诉前检察建议时要注重检察建议内容与诉讼请求的关联性，提出细化的建议和具体的措施，而不能将诉前检察建议当作一般性的工作建议。因此，各级检察院要加强对检察建议的选题、建议项目、事实和法律依据等的审核把关，承办部门、管理部门和院领导要切实履行把关职责，重要的检察建议还应由上级院指导。比如，上海、山东等地检察机关采取检察建议由研究室统一把关的做法，既能保证检察建议的质量，也便于统一督促落实。

（二）创新诉前检察建议送达方式

要将诉前检察建议送达作为检察机关和相关责任主体互动交流的平台，推动检察机关变“闭门监督”为“开放监督”，变

“单一监督”为“合力监督”，进一步强化检察建议送达的仪式感和监督效力。比如创新“公开送达+座谈会”“公开宣告+警示教育会”“集中公开送达”等方式，邀请人大代表、政协委员共同见证，甚至还可以将检察建议落实整改情况纳入当地年度综治考核，促使被监督单位积极履行法定职责，增强与检察机关协同履职的主动性，有效彰显诉前检察建议的重要地位，发挥诉前程序的应有功能。

（三）建立检察建议跟踪落实机制

检察机关应安排承办人定期实地跟踪回访，针对相关职能部门在收到诉前检察建议后的整改落实情况，采取一建议一回访制度。同时，检察机关还应积极与相关职能部门对接，建立联席会议制度，及时沟通有关整改落实情况。检察机关还可就行政机关整改落实的总体情况向当地人大进行专题汇报，积极争取人大支持，促使柔性监督产生刚性效果。

三、完善对行政机关“依法履职”的判断

（一）明确界定行政机关应依法履行的职责

针对当前行政机关依法履行职责范围不明确的问题，本书将从规定行政机关应负职责的“法”的范围和行政机关的具体职责要求等角度来对行政机关应履行职责范围予以完善。

（1）对行政机关应负职责的“法”的范围应作扩大性理解。《检察机关行政公益诉讼案件办案指南（试行）》中就对食品、药品、生态环境等重要领域负有法定监管职责的行政机关职权范围、权限和法律依据作出重要指引，其中明确行政机关应履行职

责的法律依据不仅包含法律、法规，还包括规章和规范性文件，以及行业指引。《人民检察院公益诉讼办案规则》第72条规定："人民检察院认定行政机关监督管理职责的依据为法律法规规章，可以参考行政机关的'三定'方案、权力清单和责任清单等。"这对"法"的范围理解给出了重要指示。确定行政机关职责的"法"不能仅片面理解，认为只包含法律、行政法规和地方性法规，而应作适当扩大理解，[1] 还包括规章、有关行政机关"三定"方案、权力清单和责任清单的规范性文件，必要时还可以参照一些行业标准或指引、行政公益诉讼判例。

但是由于法律、法规、规章和规范性文件在效力等级上存在差异，具体适用中，判断检察机关、法院在审查行政机关是否"不依法履职"时，应当将法律作为行政主体是否具有法定职责的根本依据；对于规章中的具体规定，可以参照适用；对于不具有强制效力的一般规范性文件，法院可以选择性参考。

（2）将行政机关监督执行行政处罚决定纳入法定职责范围。在行政公益诉讼中，对违法行为的相对人作出行政处罚，是其依法行使职权的一种普遍形式。[2] 行政主体作出行政处罚决定之后是否有效地得到落实也是判断行政机关是否依法履行职责的重要依据。行政机关既然先行作出了行政处罚决定，就应采取合理措施来保证行政处罚决定得以有效实现。若行政处罚决定和行政强制措施未得到贯彻落实，致使公共利益仍然处于受损状态，那么

---

[1] 陈德敏，谢忠洲．论行政公益诉讼中"不履行法定职责"之认定［J］．湖南师范大学学报（社会科学），2020（1）：49.

[2] 卢彦汝．行政公益诉讼中"依法履行职责"的认定标准［J］．人民检察，2020（16）：57－60.

检察机关将对此提起诉讼，行政机关面临败诉风险。因此，行政机关“不依法履行职责”不仅包括行政机关对于行政相对人实施的违法行为所作出的行政处罚，还应当包括对行政处罚决定的有效执行。

（二）设定弹性的履职期限

《检察公益诉讼解释》第24条规定：“在行政公益诉讼案件审理过程中，被告纠正违法行为或者依法履行职责而使人民检察院的诉讼请求全部实现，人民检察院撤回起诉的，人民法院应当裁定准许。”对于行政机关在起诉前或者诉讼程序中依法履行职责，使公共利益受损状态得到恢复，可以作撤诉处理，对行政机关的履职行为予以认可。这也表明检察机关和审判机关认定行政机关履行职责的期限为“起诉前”或“法庭辩论结束前”。因此，为更好地适应公益诉讼的工作需要，对完善履职期限可以作如下建议：一是在今后修改行政公益诉讼相关法律制度或出台司法解释时，对两个月的履职期限明确为行政机关回复检察建议的期限。二是对行政机关履行职责的期限加以弹性规定。比如可以参照《刑法》的“审理期限”延长的相关规定，在“情节严重”时，可报请检察机关批准，延长履职期限1个月，若“情节重大复杂严重”的，经上级检察机关批准，可延长履职期限至6个月。三是建立专门的磋商制度。在诉讼前实行诉前磋商，检察机关可以就行政机关的履职期限、履职内容等问题与行政主体进行协商，尽量在诉前将案件解决分流，减少程序运行成本，节约司法资源。在诉讼中实行磋商，检察机关、行政机关、法院可以对履职期限进行讨论，以便能对一些行政专业性事项有更深层次的了解。在诉讼磋商中，应以作为中立角色的法院为主导，当行政机关面临较为复杂的案件需要评估依法履职的期限，或因法定事由超过法定期限，或因公共利益难以在短期内恢复时，行政机关可以向法院申请三方磋商陈述其延期理由。但是，行政机关明显的消极不作为不在此范围之列，或行政机关明显可以在期限范围内履行职责的，则可以不进行磋商，由法院直接裁决。

（三）重视行政机关客观不能的抗辩事由

行政公益诉讼中行政机关依法享有陈述申辩的权利，可以提出自己已经履职或者不需要履职的抗辩事由。法院对此应该充分尊重行政机关的专业特性，结合行政机关的法定职责及其行为履行，不能因为其没有使公共利益得到恢复等原因，直接认定其不依法履行职责，而应对行政机关的抗辩理由予以充分重视。具体来说，一是对具有法定管理措施的行政机关而言，其不依法履职的抗辩必须是法定事由，不得自己随意加设，逃避履行自身职责。二是对在法律法规、规范性文件中没有具体规定其管理措施，只是笼统规定“管理”职责的行政机关而言，其不依法履职的抗辩理由，法院应综合考量行政机关的行政行为、客观事实、相关政策、公私利益等因素，适时支持。[1] 当然，这并不是指行政机关可以完全不履行职责，在其具有法定管理职责时，仍要履行管理责任，如报告义务或是申请法院强制执行等。换句话说，在行政公益诉讼中，检察机关和法院发现行政机关已经穷尽一切手段都无法恢复公共利益时，法院不能因其客观不能而直接作出否定性评价。

---

[1] 陈梦雪，王晓京．如何准确认定“不依法履行职责”［N］．检察日报，2021－12－30（3）．

（四）采用复合型实质判断标准

复合型标准是指有机结合“结果主义”和“行为主义”标准，根据行政机关的法定职责，综合考察行政机关履职行为的积极性、是否穷尽所有手段、履职行为所付出的资金和人力资源，以及国家利益或者社会公共利益恢复的情况，来判断行政机关是否构成“不依法履职”❶。只有以此为标准，才能统一三方主体的不同认识，真正有效保护国家和社会公共利益。在具体实质性审查中，可以借鉴以下程序：一是引入“专家辅助人”对行政机关是否依法履职作出专业性评估。“专家辅助人”通过对行政机关依法履职情况进行专业性调查，对其提出履职建议，量化公共利益恢复情况，对其需要的履职期限加以评估，从而为检察机关和法院判断行政机关是否“不依法履职”提供较为专业的参考意见。二是引入“听证制度”。通过举行听证会，听取公众对行政机关履行职责行为的意见，掌握公共利益是否得以恢复和保护的第一手资料，便于全面判断行政机关的履职情况。

四、简化刑事附带民事公益诉讼诉前公告程序 *

尽管上文所提的《批复》明确了刑事附带民事公益诉讼应予履行诉前公告程序，本书依然认为，在刑事附带民事公益诉讼中可以简化诉前公告程序。主要理由如下。

---

❶ 龙婧婧，张娟．行政公益诉讼诉前程序的现实困境与完善路径［J］．江苏警官学院学报，2021，36（5）：69－74.

* 龙婧婧．刑事附带民事公益诉讼可简化诉前公告程序［N］．检察日报，2018－12－12（3）.

（一）符合刑事附带民事公益诉讼的效益价值

成本与效益是司法运作不可回避的问题。现阶段，司法资源是一种相对稀缺的资源，只有对其进行合理配置，才能实现司法公正与司法成本经济相结合。正如有学者认为，“控制并降低诉讼成本以便提高整个社会的诉讼效益，成为诉讼制度改革的基本动因和价值取向”❶。刑事附带民事公益诉讼的制度设计便是基于此初衷，在程序上充分体现了司法效益的价值。一是合理配置司法资源。对案件的管辖和审理实行合并处理，尽可能避免法院在实践操作中的重复，将由有管辖权的刑事法院一并受理民事公益诉讼；审理刑事案件的审判组织一并审理民事公益诉讼部分，极大节约了司法资源。二是证据共享利用。刑事诉讼中收集到的证据有利于迅速而合理地解决民事责任的承担，可以节约物力、财力。❷

如果在刑事附带的民事公益诉讼中履行诉前公告程序，那么检察院的诉讼进程将因 30 日的公告期出现暂停；如果有社会组织愿意提起诉讼，那么法院该如何对待此民事公益诉讼的立案与检察院提起的刑事公诉的立案，这或将出现法院在立案操作上的混乱。因此，在附带的民事公益诉讼中简化诉前公告程序，既可以节省诉讼环节，加快诉讼进度，提升司法效率；又可以统一法院立案，避免操作上的纠结，有效节约司法资源。

（二）符合附带型诉讼的从主诉讼原则

从诉讼性质来看，刑事附带民事诉讼是以刑为主，民事为

---

❶ 赵钢，占善刚．诉讼成本控制论［J］．法学评论，1997（1）：61.

❷ 龙婧婧．检察机关提起刑事附带民事公益诉讼的探索与发展［J］．河南财经政法大学学报，2019（2）：91.

辅。根据《刑事诉讼法》第 101 条的规定，对于国家财产、集体财产遭受损失的，附带的民事诉讼是由提起刑事诉讼的人民检察院一并提出；《刑事诉讼法》第 104 条规定，附带的民事诉讼审理组织由审理刑事案件的审判组织一并审理。同理，在刑事附带民事公益诉讼中，民事公益诉讼是依托于刑事诉讼而进行，也应贯彻以刑事诉讼为主、民事公益诉讼为附从的原则。因此，检察机关不仅是刑事诉讼的提起主体，也是民事公益诉讼的提起主体。而如果经过履行诉前公告程序，有法律规定的机关和有关组织愿意提起民事公益诉讼，那么一方是检察机关提起刑事诉讼，另一方是法律规定的机关和有关组织提起民事公益诉讼，就将与刑事附带民事公益诉讼的诉讼性质相悖。

（三）符合便于立案的办案需求

从附带诉讼程序启动来看，根据《最高人民法院关于适用〈中华人民共和国刑事诉讼法〉的解释》第 184 条的规定，附带民事诉讼应当在刑事案件立案后及时提起。同时，《刑事诉讼法》第 104 条规定，附带民事诉讼应当同刑事案件一并审判，只有为了防止刑事案件审判的过分迟延，才可以在刑事案件审判后，由同一审判组织继续审理附带民事诉讼。由此可知，附带民事诉讼应当在人民法院对刑事案件立案后审理之前提出。如果在刑事附带民事公益诉讼中履行诉前公告程序，那么 30 日的等待期可能会延误提起附带起诉的期限，错过了附带诉讼的程序启动，不符合办案的时限需求。

CHAPTER 06 >>

第六章

公益诉讼专门立法重点内容之审理程序

公益诉讼案件的审理是围绕公益诉讼人提出的诉讼请求，按照举证责任分配辨明违法事实、确定法律后果。因此，针对公益诉讼审理程序，本书重点阐述公益诉讼的诉讼请求和举证责任分配，同时考虑到民事公益诉讼惩罚性赔偿的特殊性，单独就此列明阐述。

第一节　公益诉讼的诉讼请求

诉讼请求是原告基于一定的事实关系请求法院的裁判之要求，这既是原告的诉讼主张，也是法院审理和裁判的对象。在公益诉讼中，公益诉讼人提出的诉讼请求有助于确立公益诉讼的审理范围和对象，也有助于检察机关法律监督职能的发挥，还有助于划定司法权和行政权的边界。因此，提出的诉讼请求应当精确、具体，而不能含糊、宽泛。下文分别就民事公益诉讼和行政公益诉讼的诉讼请求展开探讨。

一、民事公益诉讼的诉讼请求

民事公益诉讼的诉讼请求不仅是原告要求侵权人承担具体民事责任形式的表达，还包含着恢复社会公共利益和明确法院审判对象的重要功能，对法院判决内容的可执行性也有重要影响。下文从规范依据和实践状况两个方面进行分析，为精准化提出民事公益诉讼的诉讼请求提供完善路径。

（一）民事公益诉讼请求的规范依据

目前，对民事公益诉讼请求的规范依据主要集中在司法解释中，如《最高人民法院关于适用〈中华人民共和国民事诉讼法〉的解释》中第 282 条仅原则性要求提起民事公益诉讼的应当有“具体的诉讼请求”；《检察公益诉讼解释》第 18 条规定：“人民法院认为人民检察院提出的诉讼请求不足以保护社会公共利益的，可以向其释明变更或者增加停止侵害、恢复原状等诉讼请求。”同时，对于公益诉讼请求的规定主要以不完全列举为主，不同领域类型的公益诉讼中均有特性的诉讼请求体现，如《最高人民法院关于审理环境民事公益诉讼案件适用法律若干问题的解释》《最高人民法院关于审理消费民事公益诉讼案件适用法律若干问题的解释》等有一些规定。

目前对民事公益诉讼请求规定相对比较完整的依据是《人民

检察院公益诉讼办案规则》（以下简称《办案规则》）第98条[1]。该规定既明确了诉讼请求的基本方式，又对生态环境和资源保护领域、食品药品安全领域、英雄烈士保护领域的特色诉讼请求作了列举规定。

（二）民事公益诉讼请求的实证分析

本书选取2017—2022年最高人民法院发布的20例民事公益诉讼指导性案例和最高人民检察院发布的8例民事公益诉讼指导性案例，对诉讼请求进行分析（见图6－1）。

在这28起案例中，生态环境与资源保护领域的案件居多，其诉讼请求大致可以分为两类，一类是直接同生态环境公共利益保护有关的，比如停止侵害、排除妨碍、消除危险、恢复原状、赔礼道歉、赔偿损失、生态服务功能损失费等；另一类就是公益诉讼人为了保护环境而发生的经济利益，比如检验、鉴定费用，为了停止侵害、排除妨碍、消除危险而合理预防、处置措施所产生的费用，合理的律师费以及为诉讼支出的其他合理费用等。[2]

---

[1] “人民检察院可以向人民法院提出要求被告停止侵害、排除妨碍、消除危险、恢复原状、赔偿损失等诉讼请求。针对不同领域案件，还可以提出以下诉讼请求：（一）破坏生态环境和资源保护领域案件，可以提出要求被告以补植复绿、增殖放流、土地复垦等方式修复生态环境的诉讼请求，或者支付生态环境修复费用，赔偿生态环境受到损害至修复完成期间服务功能丧失造成的损失、生态环境功能永久性损害造成的损失等诉讼请求，被告违反法律规定故意污染环境、破坏生态造成严重后果的，可以提出惩罚性赔偿等诉讼请求；（二）食品药品安全领域案件，可以提出要求被告召回并依法处置相关食品药品以及承担相关费用和惩罚性赔偿等诉讼请求；（三）英雄烈士等的姓名、肖像、名誉、荣誉保护案件，可以提出要求被告消除影响、恢复名誉、赔礼道歉等诉讼请求。人民检察院为诉讼支出的鉴定评估、专家咨询等费用，可以在起诉时一并提出由被告承担的诉讼请求。”

[2] 王敏，余贵忠．环境民事公益诉讼的诉讼请求类型化实证研究［J］．荆楚学刊，2022，23（2）：28－34．

在这28起案例中，公益诉讼人提出恢复性诉讼请求的情形比提出预防性诉讼请求要少得多，有11%案件的公益诉讼人提出了停止侵害、消除危险等预防性诉讼请求，有7%案件的公益诉讼人提出了恢复原状等恢复性诉讼请求，有31%案件的公益诉讼人提出了赔偿损失的诉求，有23%案件的公益诉讼人都会提出赔偿生态服务功能损失费以及保护公共利益而发生的经济利益这一类型的诉求。比如法院指导性案例203号“左某、徐某污染环境刑事附带民事公益诉讼案”[1]，检察机关提出请求判令赔偿环境污染造成的财产损害费用3400元，应急处置费用1 431 788元，生态环境损害费用1800元以及检验、鉴定等其他合理费用400 000元，合计1 853 188元。有27%案件的公益诉讼人都提出要公开赔礼道歉的诉讼请求，提出惩罚性赔偿金的诉讼请求目前还不多，仅占1%。总体而言，民事公益诉讼请求的提出在实践中仍存在一定的问题，影响民事公益诉讼的应有制度预期。

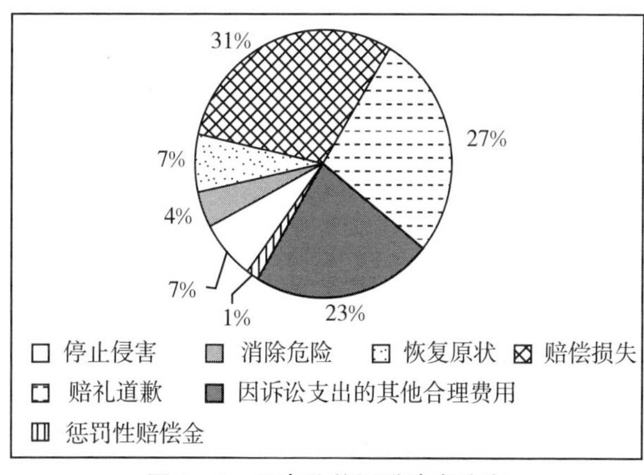

图6-1　民事公益诉讼请求分布

---

[1] 来自最高人民法院网 http://www.court.gov.cn，指导性案例203号，(2019)苏0830刑初534号。

1. 预防性诉讼请求的内容不明确

司法实践中，一些检察机关或者社会组织在起诉时，对预防性诉讼请求的内容和概念界限不能清晰地辨析，往往在请求中直接诉明“停止侵害、排除妨碍、消除危险”，而没有结合具体案情表明停止何种侵害、排除何种妨碍、消除何种危险，只是空泛地请求法院支持自己的诉讼请求。如社会组织起诉时常常用“排除危险”“排除危害”等词代替“排除妨害”，[1] 模糊的概念将会导致该措施的适用率降低，影响其应有价值的发挥。如在生态环境保护领域，预防性诉讼请求的作用发挥不太理想，尤其在涉及生物多样性保护和环境破坏的案件中，预防性诉讼请求本可以发挥极大作用。环境一旦被破坏很难恢复如初，即便可以修复，也要付出极大代价。濒危的野生动植物一旦受到环境的侵害，其伤害会不可逆。若能够在造成不可逆结果之前提前预防，则有益于国家和社会的公共利益。指导案例 173 号“北京市朝阳区自然之友环境研究所诉中国水电顾问集团新平开发有限公司、中国电建集团昆明勘测设计研究院有限公司生态环境保护民事公益诉讼案”[2] 中，无论是诉讼请求还是判决结果，均未直接表述为停止侵害、排除妨碍和消除危险等责任承担方式，而是结合个案事实，明确具体地提出了旨在消除戛洒江一级水电站建设对绿孔雀、陈氏苏铁等珍稀濒危野生动植物以及热带季雨林和热带雨林侵害危险的一些举措。因此，预防性诉讼请求的内容明确具体会

[1] 李爱年，张小丽，张小宝．检察机关提起环境民事公益诉讼之诉讼请求研究［J］．湖南大学学报（社会科学版），2021，35（5）：145－152.

[2] 来自最高人民法院网 http://www.court.gov.cn，指导性案例 173 号，（2017）云 01 民初 2299 号。

使其适用更准确，从而发挥更显著的作用，反之则不然。

2. 赔偿性诉讼请求责任及范围不明确

赔偿性诉讼请求在私益诉讼中是常见的诉讼请求，行为人侵害他人造成损害结果，对方可以向法院提起赔偿损失的诉讼请求，要求其承担赔偿责任。在私益诉讼当中，受损害的程度和结果是比较容易固定下来的，并且所获的赔偿是用来填补受害人遭受的损失，但公益诉讼则不同。首先，公益诉讼的提出是为了保护国家利益和社会公共利益，出现损害结果也就意味着公共利益受到了侵害，而该种侵害的程度、范围、大小往往难以确定。如生态环境和资源保护领域，环境污染的范围常常横跨多个区域，相关的社会组织甚至检察机关都难以精准测算，并且环境污染在检验、鉴定方面都存在种种困难。其次，即使损害范围确定了，赔偿数额的计算以及赔偿金额的归属又存在问题，公益诉讼人缺乏专业知识影响民事公益诉讼请求的精准化；一些社会组织和检察机关设有的专门公益诉讼资金账户，管理不一，规范化不够。同时，在赔偿性诉讼请求中还有惩罚性赔偿性诉讼请求，对此内容下文将单独论述，在此不展开。

3. 恢复性诉讼请求难以实现

广义上的恢复原状是指恢复权利被侵害前的原有状态，但不是所有权利受到侵害都能适用恢复原状。在消费者民事公益诉讼和英烈名誉侵权公益诉讼等领域，即使权利受到侵害，也无法适用恢复原状这种责任承担方式，因为无修复的可能与必要，可适用赔礼道歉等责任承担方式。除了一些领域不能适用，在其余可以适用的领域，恢复性诉讼请求的实现也往往不易，还是以生态环境领域为例，生态恢复工作是一个周期漫长的过程，其中的系统性、复杂性往往使恢复原状难以执行到位，尤其是环境自身状态的特殊性以及相关恢复工作的专业性，在实践中很难举证证明其最初的原状态是怎样的，因此原告在主张恢复原状时，会产生一定的争议。在分析的28起案例中，只有7例原告主张恢复原状，承担生态环境修复责任。可见，因司法实践当中恢复性诉讼请求的实现较为困难，该诉讼请求提出的频率也不多。

（三）民事公益诉讼请求精准化的完善

1. 探索并完善预防性诉讼请求

社会组织提起民事公益诉讼时，为了避免提出的诉讼请求出现内容不准确、概念模糊的情况，应充分发挥检察机关支持起诉的作用，防止出现影响公共利益保护的结果。检察机关在适用预防性诉讼请求的过程中也应当具体准确，说明排除何种妨害、消除何种危险，最大限度发挥预防性诉讼请求的作用。尤其在生态环境和资源保护领域，落实《环境保护法》第5条当中的“保护优先，预防为主”的理念，及时提出预防性诉讼请求，能在损害发生前做好预防措施，必会减轻破坏和污染的程度。检察机关和有关社会组织应结合个案情况，将预防性诉讼请求作为首选的诉讼请求，探索并完善预防性诉讼请求，以便更好地采取证据保全、行为保全等诉讼救济措施，遏制污染和破坏的扩大，防止造成更大的损害，危及公共利益。

2. 完善赔偿性诉讼请求，补偿与惩罚并行

借鉴生态环境资源保护领域公益诉讼办案经验，对赔偿金额以及鉴定、检验费用的确定借助专业的力量，以保准确地提出赔偿损失的诉讼请求。生态环境问题往往涉及多学科、多领域的专门知识，理清环境污染和生物多样性等专业问题需要很强的专业

技术能力，相关社会组织和检察机关一般不具备这些专业知识。因此，可以邀请专家辅助人员讨论和咨询，具体分析个案当中损害的大小及范围。专家辅助人员可就专业性问题出庭说明或者提出意见，经过质证可作为事实认定和诉讼请求的依据，该专业意见可增强诉讼请求的精准性。[1] 同样，对于赔偿性诉讼请求的精准提出也需要专业力量。在检察院指导性案例 164 号“江西省浮梁县人民检察院诉 A 化工集团有限公司污染环境民事公益诉讼案”[2] 中，公益诉讼人为保障公共利益，依法变更诉讼请求，在原诉讼请求基础上提出惩罚性赔偿诉讼请求，要求 A 公司以环境功能性损失费的 3 倍承担环境侵权惩罚性赔偿金 71 406.35 元。对惩罚性赔偿诉讼请求问题下文专节论述，在此不作展开。

3. 确定恢复性诉讼请求的范围与标准

《民法典》第 1234 条规定的“生态环境修复责任”在很大程度上弥补了恢复原状诉讼请求的模糊性，恢复原状的诉讼请求在实践中难以实现，但是对受损的环境等进行修复，这对于原告和被告而言都是可以实现的。恢复性理念要求受损的生态环境得到切实有效的修复，系统的全方位、全地域、全过程地保护。对于破坏生态环境所造成的损失进行修复，也要从系统的角度予以综合考量，注重从源头上系统开展生态环境修复，注重自然要素生态利益的有效发挥。法律对于不同类型的生态环境的修复方式也作了细化规定，如补植复绿、增殖放流、土地复垦等，只待检

---

[1] 郑若颖，张和林．论检察民事公益诉讼的精准化［J］．华南师范大学学报（社会科学版），2022（6）：158－169.

[2] 来自最高人民检察院网 https://www.spp.gov.cn，检例第 164 号，（2020）赣 0222 民初 796 号。

察机关和相关社会组织根据案件的具体情形分情况精准适用。[1]在指导性案例209号“浙江省遂昌县人民检察院诉叶某成生态破坏民事公益诉讼案”[2]中，检察院聘请林业专家进行修复评估，要求被告人根据专家提出的意见，具体细化到补植的树种以及在补植的时间完成补植复绿的工作。在指导性案例213号“黄某辉、陈某等8人非法捕捞水产品刑事附带民事公益诉讼案”[3]中，附带民事公益诉讼起诉人和附带民事公益诉讼被告人达成的调解协议对于修复渔业资源与环境的要求也有较为细化的规定，协议按照生态损失评估报告提出的生态修复建议来确定放流的种类、规格和数量以及物价鉴定意见。这些都有助于生态环境的修复，从而达到保护公共利益的最终目的。

二、行政公益诉讼的诉讼请求

（一）行政公益诉讼请求的规范依据

目前，行政公益诉讼请求在《行政诉讼法》中没有单独的明确依据，而主要是参照《行政诉讼法》第76条的规定：“人民法院判决确认违法或者无效的，可以同时判决责令被告采取补救措施；给原告造成损失的，依法判决被告承担赔偿责任。”行政公益诉讼请求具体的明确依据集中体现在《检察公益诉讼办案规制》中第83条：“人民检察院可以根据行政机关的不同违法情

[1] 秦圣卓．论检察环境民事公益诉讼请求精准化［D］．重庆：西南政法大学，2023.

[2] 来自最高人民法院网 http://www.court.gov.cn，指导性案例209号，（2020）浙11民初35号。

[3] 来自最高人民法院网 http://www.court.gov.cn，指导性案例213号，（2021）湘0621刑初244号。

形，向人民法院提出确认行政行为违法或者无效、撤销或者部分撤销违法行政行为、依法履行法定职责、变更行政行为等诉讼请求。”第 84 条：“在行政公益诉讼案件审理过程中，行政机关已经依法履行职责而全部实现诉讼请求的，人民检察院可以撤回起诉。确有必要的，人民检察院可以变更诉讼请求，请求判决确认行政行为违法。”此处规定，以不完全列举方式规定了行政公益诉讼中的四种诉讼请求类型，“等”字为其他类型诉讼请求的增加留有余地。

《最高人民法院关于适用〈中华人民共和国行政诉讼法〉的解释》第 68 条，列明了 9 项“具体的诉讼请求”，其中“请求一并审查规章以下规范性文件”在行政公益诉讼中常被提起。

（二）行政公益诉讼请求的实证分析

在行政公益诉讼中，法律明文规定的诉讼请求主要有四种：确认行政行为违法或者无效、撤销或者部分撤销违法行政行为、依法履行法定职责、变更行政行为。其余还有确认违法或者无效后可以责令采取补救措施的诉讼请求以及司法解释中规定的一并审查规范性文件的诉讼请求。在实践中，这几种诉讼请求可以单独提出，也可以一并提出，以保证可以全面保护国家和社会的公共利益。

本书选取 2017—2019 年最高人民法院发布的 2 例行政公益诉讼指导性案例和最高人民检察院发布的 15 例行政公益诉讼检察院指导性案例中的诉讼请求进行分析研究。从中可知，诉求程序以检察建议纠正违法的占比 47%，“确认违法 + 继续履行”的占比 53%。根据目前学界关于行政诉讼的诉讼请求争议问题再结合案例，可以发现存在以下几种问题。

1. 复合诉讼请求内容存在矛盾

在行政公益诉讼中，检察机关可以提出“确认违法”“继续履职”等单一诉讼请求，也可以提出“确认违法 + 采取补救措施”等复合诉讼请求，但有些诉讼请求不能一并提出，比如“确认违法 + 继续履行”这类复合诉讼请求就存在一定的矛盾。首先，根据《检察公益诉讼解释》第 24 条的规定：“在行政公益诉讼案件审理过程中，被告纠正违法行为或者依法履行职责而使人民检察院的诉讼请求全部实现，人民检察院撤回起诉的，法院应当裁定准许；人民检察院变更诉讼请求，请求确认原行政行为违法的，人民法院应当判决确认违法。”与其他诉讼请求相较而言，确认违法只有在特定情况下才适用，具有补充性[1]，能够履行时，都应判令继续履行。在典型案例中，大多是因为行政机关不作为而提起诉讼，检察机关提起公益诉讼的目的是督促行政机关履行相应的责任，即继续履行。实际上，继续履行的诉讼请求中本身就包含对行政机关不作为行为的否定性评价，不需要单独予以确认。其次，根据诉讼请求的不同，诉讼可分为确认之诉、给付之诉、形成之诉。不能在同一诉讼中既提出确认诉求又提出履行诉求，这与诉讼理论逻辑不符。

实践中，还常出现检察机关提出“继续履行 + 采取补救措施”的诉讼请求，根据《行政诉讼法》第 76 条和《检察公益诉讼解释》第 25 条第 1 款的规定，只有当法院判决确认违法或者

---

[1] 田亦尧，徐建宇．环境行政公益诉讼的诉讼请求精准化研究：基于 540 份裁判文书的实证分析［J］．南京工业大学学报（社会科学版），2021，20（5）：17－30.

确认无效时，才可以同时判决责令行政机关采取补救措施。“采取补救措施”并不是一项单独的诉讼请求，需附加在“确认违法”“确认无效”之后。因此，一并提出“继续履行＋采取补救措施”这一复合性诉讼请求，既不符合法律的规定，也不符合诉讼请求精准化的要求。

2. 诉前检察建议与诉讼请求内容不对应

在行政公益诉讼当中，作为公益诉讼人的检察机关在起诉前须向负有监督管理职责的行政机关发出检察建议，可见行政公益诉讼的诉前检察建议是行政公益诉讼程序中的法定必经环节。诉前检察建议的实现程度直接决定了对诉讼请求的确认，《检察公益诉讼办案规则》第75条规定：“《检察建议书》的建议内容应当与可能提起的行政公益诉讼请求相衔接。”这就意味着，如果诉前检察建议与诉讼请求不一致，很容易被法院驳回，导致检察机关在行政公益诉讼中程序性败诉[1]，这将会影响检察机关检察监督的权威性，导致诉讼请求内容不够精准。

3. 检察机关职能错位

检察机关提起行政公益诉讼分为诉前和诉中两个阶段，诉前程序通过制发检察建议体现检察机关的行政监督职能，而在诉讼过程中则由检察机关向法院精准地提出诉讼请求来体现检察机关的诉讼职能。两者在精准性、强制力方面存在递进关系。诉前程序中检察建议体现的是检察机关对行政机关履职的“柔性监

---

[1] 刘加良，李畅．行政公益诉讼诉前检察建议的规则调适［J］．河北法学，2023，41（11）：59－77.

督”；诉中程序中，检察机关提起诉讼请求就赋予“柔性监督”以“刚性”。[1] 实践中，一些检察机关对于自身两个阶段的职能定位并未有清晰认识，将行政监督职能与诉讼职能相混淆，过分强调诉讼职能，忽略对行政机关的监督职能，使得提出不够精准合理的诉讼请求、视情况变更撤回诉讼请求、以“确认违法”作为兜底、检察建议与诉讼请求的内容没有相衔接等，未能体现检察机关在不同阶段职能的差异性。这既不利于行政机关履行职责，也不利于国家和社会公共利益的保护。

此外，行政公益诉讼请求还存在实体法依据不足和法官释明积极性不足的问题。当前对行政公益诉讼请求的规范依据没有细致规定和具体分类，容易出现上述的诉讼请求适用混乱而不精准。《检察公益诉讼解释》第 18 条规定：“人民法院认为人民检察院提出的诉讼请求不足以保护社会公共利益的，可以向其释明变更或者增加停止侵害、恢复原状等诉讼请求。”这意味着法官可以通过释明来影响诉讼请求的确定。但在司法实践中，因为释明的一般性规则缺失且体系不足，法官主动释明的积极性还有待于加强。

（三）精确化确立行政公益诉讼请求

1. 分类型确定诉讼请求适用情形

检察机关在发出检察建议或者确立诉讼请求时，要综合从法律规定、案件事实、执行的难易程度等方面综合考虑法律适用和督促整改的可行性。检察机关在提出诉讼请求前需先分清行政机

---

[1] 李少伟，张源．生态环境行政公益诉讼请求的矫正与重塑［J］．西南政法大学学报，2022，24（3）：100－111.

关行政行为的性质：是行政不作为还是作出的行政行为违法；其中行政不作为又分为程序性和实体性，行政违法行为又分为可撤销的行为和不可撤销的行为。

单一性诉讼请求提出的情形：一是确认违法。这是司法实践中常见的诉讼请求，但因为其具有基础性，其请求通常包含在继续履行法定职责、撤销或者部分撤销违法行政行为、变更行政行为等诉讼请求当中，因此较少单独提出。其提出一般只存在一种情形：行政机关未在规定期限内书面回复检察建议，即程序性行政不作为。法院对于检察机关单独提起确认违法的诉讼请求可分以下情形作出不同处理（见表6－1）。

表6－1　单独提起确认违法诉讼请求后法院处理的不同情形

适用情形	法院处理情形
检察建议期限内履行完毕	不予立案，已立案的驳回起诉
起诉前履行完毕且不存在程序违法	
仅存在程序违法	可单独提起确认之诉
违法履行法定职责且可撤销	释明提起撤销之诉
履行错误且不可撤销	释明提起确认违法＋采取补救措施诉讼请求
未履行且有履行的必要	释明提起履行法定职责诉讼请求

资料来源：赵娜．行政公益诉讼的诉讼请求研究［D］．重庆：西南大学，2023.

二是继续履行。这在实践中也是常见的诉讼请求，其提出主要有以下两种情形：首先是行政机关行政不作为，且有继续作出行政行为的可能性和必要性，此种情形主要是对行政机关的监督。其次是诉前检察建议中部分职责未全面履职，针对未履职部分继续履行，此种情形下表明行政机关的履职方向得到检察机关的认可，故可继续履职，且能够最大限度保护社会公共利益。

三是对复式诉讼请求的问题要分清程序性和实体性的诉讼请求。例如，“撤销或者部分撤销违法行政行为＋附带审查规范性文件”这种情况适用于检察机关认为行政机关的行为违法，且违法原因是由规范性法律文件所导致的；“撤销违法行政行为＋重新作出行政行为”复合式诉讼请求，此种情形适用于行政机关实施了违法行政行为，但违法的原因并非规范性法律文件所导致，需要行政机关重新作出行政行为；“确认违法＋采取补救措施”复合式诉讼请求，当行政机关实施了不可撤销的违法行政行为时，检察机关可以请求确认该行政行为的违法，并要求行政机关采取相应的补救措施。此外，还有“确认违法＋继续履行”诉讼请求的复合适用：如果检察机关提起确认行政机关未在规定期限内书面回复检察建议书违法，则可以一并提起继续履职，如果检察机关提起确认行政机关未履职或者未全部履职的行政行为违法，则不可以一并提出继续履职的诉讼请求。“确认违法＋附带审查规范性文件”诉讼请求的综合适用，确认违法针对的是行政机关未在法定期限内回复的程序性事项，而规范性文件的附带性审查针对的不仅仅是行政行为的实体内容，还有该文件的其他内容。[1] 在实践中，如果检

[1] 曹水清，周江涛．论行政公益诉讼中诉讼请求的确定：以“两高”典型案例中诉讼请求为研究对象［J］．山东行政学院学报，2018（6）：47－51.

察机关对于行政机关履行职责的依据存疑，并且行政机关未在法定期限内回复检察建议，则可以在确认违法的同时对该规范性文件进行附带性审查，这对检察机关的专业性提出了较高的要求。

2. 促进诉前检察建议与诉讼请求相衔接

随着公益诉讼的稳定发展，“坚持把诉前实现维护公益目的作为最佳司法状态”成为行政公益诉讼的办案理念。诉前检察建议的发出、送达、回复以及之后与诉讼请求的衔接成为关注的重点。“相衔接”有两个层面的认识，形式层面上的“相衔接”是指诉讼请求的内容不能超过诉前发出的《检察建议书》的内容；实质层面上的“相衔接”是指诉前检察建议与诉讼请求应该具有一致性，应当将诉前程序与之后的诉讼视为一个整体。诉前检察建议与诉讼请求的衔接也是检察机关法律监督职能与公益诉讼起诉人职能的相衔接。检察机关在诉前检察建议中未列举的内容不宜成为诉讼请求，这是公益诉讼诉前程序法定性和必经性的体现，既体现了诉讼过程的严肃性，也体现了检察机关的权威性。当检察机关制发检察建议后行政机关仍不履职，此时检察机关可以提起诉讼，并且诉讼请求须与《检察建议书》的内容相一致。如制发检察建议后行政机关违法履职，此时的诉前检察建议在内容上已不能涵盖诉讼请求，检察机关可以重新制发检察建议，重新实现检察建议与诉讼请求内容的衔接。在上述 17 个分析样本中，有 47% 的案件都是将争议化解在诉前程序，真正实现了维护公共利益的最佳司法状态。

3. 清晰认知检察机关的职能

检察机关在行政公益诉讼中具有职能复合型，兼具行政监督职能和诉讼职能。诉前阶段，检察机关应当发挥其行政监督职能，督促行政机关履行自己的职责，但是也要保持谦抑性，充分尊重检察机关的自由裁量权，[1] 实行“柔性监督”。诉讼程序中，检察机关应当提出精准刚性的诉讼请求，保护公共利益。通过诉前程序的监督职能，能够解决大量的行政机关违法履职问题，即使行政机关在诉前程序未能完全履行职责而进入诉讼阶段，根据诉前检察建议与诉讼请求相一致的规定，诉讼请求也会少些宽泛、不准确的问题，这样可以有效避免检察机关因为过于强调诉讼职能而提出不精准的诉讼请求的问题，也能缓解检察机关以“确认违法”诉讼请求作为兜底适用的问题。[2]

此外，为了实现行政公益诉讼请求精准化，我国应加快关于公益诉讼专门立法工作，让公益诉讼请求有清晰具体的法律规定。同时，要提升法官释明的积极性，充分发挥法官在案件审判中的丰富经验，增强法官释明能力，不断促使诉讼请求更加精准，有效维护公共利益。[3]

第二节　民事公益诉讼的惩罚性赔偿

惩罚性赔偿，是指“侵权人所要承担的损害赔偿数额超过其造成被侵权人实际损失数额，在填平被侵权人损害的基础上提高

---

[1] 葛迪，张宏德，刘鹏，等．行政公益诉讼请求精准化路径分析与模型设计［J］．人民检察，2021（15）：49－52.

[2] 赵娜．行政公益诉讼的诉讼请求研究［D］．重庆：西南大学，2023.

[3] 祝颖．环境民事公益诉讼请求释明规则的理论反思［J］．杭州电子科技大学学报（社会科学版），2020，16（5）：51－57.

赔偿数额，以彰显对侵权人侵权行为进行惩罚的制度”[1]。自公益诉讼制度确立以来，其是否能适用于民事公益诉讼领域一直存在较大争议。实践中，已有关于惩罚性赔偿适用于公益诉讼领域的探索，但由于缺乏相应的法律规范和配套制度，实践中暴露出一些问题。2021 年中共中央印发《法治中国建设规划（2020—2025 年）》明确强调要“拓展公益诉讼案件范围，完善公益诉讼法律制度，探索建立民事公益诉讼惩罚性赔偿制度”。考虑到民事公益诉讼惩罚性赔偿的特殊性和国家政策的要求使然，本书将此从“诉讼请求”中单列出来专节阐述。

一、民事公益诉讼惩罚性赔偿的基本面向

（一）学界对民事公益诉讼惩罚性赔偿的主要争议观点

关于在民事公益诉讼领域能否适用惩罚性赔偿，学界主要存在“肯定说”“否定说”“限制说”三种观点。

持“肯定说”的学者认为，公益诉讼与惩罚性赔偿在制度功能及实践领域高度契合。孙佑海、张净雪认为，在环境公益诉讼领域适用惩罚性赔偿有助于实现兼顾保护私益和公益，解决实践中私法方面救济不充分、赔偿不足以及公法领域惩治不法、维护秩序的目标难以实现的问题。[2] 李华琪、潘云志认为，环境民事公益诉讼与惩罚性赔偿均有公法属性，二者性质契合；均以维护环境公益为目的，二者价值契合；均有助于制裁遏制环境损害

---

[1] 孟穗，柯阳友．论检察机关环境民事公益诉讼适用惩罚性赔偿的正当性［J］．河北法学，2022，40（7）：135－148.

[2] 孙佑海，张净雪．生态环境损害惩罚性赔偿的证成与适用［J］．中国政法大学学报，2002（1）：26－37.

行为，二者功能契合，因此在环境民事公益诉讼领域适用惩罚性赔偿具有正当性。[1] 张嘉军认为，在经过6年的消费民事公益诉讼后，实践经验充足，且环境公益诉讼领域已有司法解释规定可以适用惩罚性赔偿，在法律规范中明确规定可以在消费民事公益诉讼领域适用惩罚性赔偿的时机已经成熟。[2]

持“否定说”的学者给予规范、功能、后果等方面理由，认为不能在公益诉讼领域适用惩罚性赔偿。杜乐其认为，实践中适用惩罚性赔偿的依据是由不同规范组合而成，属于“复合型请求权基础”，从文义解释角度出发，上述规范只有部分能用于特定案件，因此消费公益诉讼原告缺乏请求权基础不能提出惩罚性赔偿。从功能角度出发，消费公益诉讼惩罚性赔偿不能实现最优威慑，还可能导致威慑过度，弱化威慑效果和权威。[3] 王树义、龚雄艳认为，在环境民事公益诉讼领域适用惩罚性赔偿缺乏法理依据，而且在后果方面会造成重复性惩罚，因此应加强行政执法等途径保护公共利益，避免惩罚性赔偿在环境民事公益诉讼领域的适用。[4]

持“限制说”的学者在“肯定说”的基础上采纳部分“否定说”观点，从规范、功能和后果三方面论证惩罚性赔偿应当适用于民事公益诉讼，但要对其进行必要限制，以行政权优先，引

---

[1] 李华琪，潘云志．环境民事公益诉讼中惩罚性赔偿的适用问题研究［J］．法律适用，2020（23）：124－133.

[2] 张嘉军．消费民事公益诉讼惩罚性赔偿司法适用研究［J］．河南财经政法大学学报，2022：37（6）：121－131.

[3] 杜乐其．消费公益诉讼惩罚性赔偿解释论［J］．南京大学学报（哲学·人文科学·社会科学），2022，59（1）：119－136，160.

[4] 王树义、龚雄艳．环境侵权惩罚性赔偿争议问题研究［J］．河北法学，2021，39（10）：71－85.

入“一事不再罚”原则解决惩罚性赔偿金与行政罚款的折抵问题。

上述学说只从某一领域出发讨论民事公益诉讼惩罚性赔偿的适用，未从民事公益诉讼整体角度对惩罚性赔偿的适用进行研究，除了食品药品安全、生态环境和资源保护领域，个人信息保护、未成年人权益维护等领域也需要惩罚性赔偿制度发挥其作用。同时，随着民事公益诉讼惩罚性赔偿在司法实践中广泛适用，上述研究所提出的相关的制度设计仍需进一步完善。

（二）民事公益诉讼惩罚性赔偿的功能性质

明确民事公益诉讼惩罚性赔偿的功能性质是确定其能否适用的前提。

在我国，私益诉讼惩罚性赔偿金首先适用于消费者权益保护领域，首次规定于1994年《消费者权益保护法》第49条，该制度是在市场经济发展过程中伪劣商品和服务屡禁不止的背景下设立的，旨在“动员群众与伪假商品作斗争”[1]。由此可见，我国私益诉讼惩罚性赔偿金的设立初衷是通过经济奖励激发私人与违法行为作斗争的积极性，鼓励私人执法。之后该制度的适用扩展至环境侵权领域，其首要功能是赔偿功能，一般赔偿责任难以弥补破坏环境的行为造成的全部损害，因此为实现对权利的充分救济，就需要惩罚性赔偿责任予以填补。[2] 在公益诉讼中引入惩罚性赔偿金，旨在借鉴该举措的惩罚和震慑功能。通过对侵权人施加高额财产性惩罚，加大侵权人的违法成本，使其不仅无法获

---

[1] 杨会新．公益诉讼惩罚性赔偿问题研究［J］．比较法研究，2021（4）：115－127.

[2] 孙佑海，张净雪．生态环境损害惩罚性赔偿的证成与适用［J］．中国政法大学学报，2022（1）：26－37.

益，而且财产还可能受到损失，从而实现该项举措的惩罚功能。通过对侵权人判处高额的财产性惩罚，防止其再次违法，同时预防类似侵权行为的再次发生，警示其他行为主体更加注重行为的合法性，从而实现该项举措的震慑功能。

基于上述功能，可以从以下两方面判定民事公益诉讼惩罚性赔偿的性质。

第一，从适用依据角度看，民事公益诉讼虽以民事诉讼程序为框架，但其旨在维护公共利益，具有公共属性。[1] 处于民事公益诉讼制度背景下的惩罚性赔偿是因行为人损害社会公共利益而向社会公众承担的法律责任，并不针对特定人，因此也具有公法属性。惩罚性赔偿金的适用虽以上述私法规范为适用依据，但主要原因是公益诉讼惩罚性赔偿制度缺乏明确的法律规范，需要予以参照适用。[2] 公益诉讼惩罚性赔偿制度仍处于实践探索阶段，有待以法定形式加以完善，但不能因其以私法为适用依据而否认其公法属性。

第二，从目的角度看，公益诉讼是检察机关或法定组织在国家利益和社会公共利益已被损害或存在被损害危险时提起的诉讼，旨在通过司法程序纠正违法行为，维护国家利益和社会公共利益，该制度框架下的惩罚性赔偿金也以维护公共利益为目的。一是惩罚性赔偿金的适用条件是公共利益受损，其主要适用于消费者权益保护、食品药品安全、生态环境保护等领域，当这些领域中不特定多数人利益受损时，检察机关和法定组织有权请求违

---

[1] 巩固．环境民事公益诉讼性质定位省思［J］．法学研究，2019，41（3）：127－147.

[2] 徐全兵．稳妥推进民事公益诉讼惩罚性赔偿实践探索［N］．检察日报，2020－11－09（3）.

法行为人承担惩罚性赔偿责任，以维护市场秩序、公众健康、生态环境等公共利益。二是惩罚性赔偿金数额的计算以违法行为所侵害的整体利益为基础，其对违法行为作出“全部整体不法性”评价[1]，以行为人非法获利或所造成的全部损失为基础确定数额，不仅保护特定受害人的利益，更侧重于实现对公共利益的保护。三是惩罚性赔偿金的用途是维护公共利益。基于公共利益受损提起的诉讼，获得的诉讼利益也应当用于保护公共利益。惩罚性赔偿金作为对违法行为所侵害的特定领域整体利益所作出的赔偿，其应当用于保护特定领域的公共利益。司法实践中将其上缴国库的行为使其成为国家收入，由政府统一划拨，无法精准用于维护受损的公共利益，因此该做法并不妥当，属于替代性方案。正如内江市检察院诉徐某良消费者权益保护公益诉讼案中，内江市中级人民法院将惩罚性赔偿金上缴国库，只是基于该市未建立消费公益基金。[2]

综上所述，处于公益诉讼的框架下，惩罚性赔偿金因公共利益受损而产生，以公共利益为保护对象，在适用依据、功能、目的等方面均带有明显的公益属性，本质上属于公法责任，民事责任只是其外观。

（三）民事公益诉讼惩罚性赔偿的必要性和可行性分析

在公益诉讼领域是否有必要引入该制度仍需在理论上进行深入论证，在法理上说明其适用的必要性与可行性，以巩固其适用基础。作为一种法律责任，其适用的合理性分析不仅应从该制度

---

[1] 杨会新．公益诉讼惩罚性赔偿问题研究［J］．比较法研究，2021（4）：115－127.

[2] 内江市检察院诉徐某良消费者权益保护公益诉讼案，参见四川省内江市中级人民法院（2020）川10民初48号判决书。

本身出发，还应当坚持全面、系统的观点，从法律责任体系的全局着眼，通过与传统民事责任、刑事责任、行政责任进行比较，分析其适用的合理性。

1. 民事公益诉讼惩罚性赔偿制度的必要性分析

一是传统民事责任存在不足。在传统诉讼中承担法律责任的目的是保护私人利益，而在公益诉讼中承担法律责任是为了保护公共利益，这一点在私益诉讼与公益诉讼的对比中较为明显。停止侵害、排除妨碍、消除危险等传统民事责任主要实现结果意义上的预防，在侵权行为发生后，法院判处侵权人承担上述责任，以预防危害结果的发生和扩大，属于事后救济。但在食药领域或生态环境保护领域，侵权行为所造成的损害涉及不特定多数人，造成分散性损害，且因补救成本高等原因难以进行事后补救，在公共利益受损时，上述传统民事责任难以发挥良好效果。私益诉讼中惩罚性赔偿由自然人或法人等一般民事主体提出，最终归属于民事主体自身，是一种具有惩罚性的民事损害赔偿责任。❶ 这一责任借鉴了美国的做法。在美国，法院计算惩罚性赔偿金数额时，对侵权人的行为作出整体不法性评价，即法院并非仅考量该案原告的利益受损情况，而且将他案原告的利益受损情况也纳入考量范围。❷ 这一做法意图减少因潜在的他案受害人未主张惩罚性赔偿请求而导致侵权人仍获得不法利益的可能。但在我国，惩罚性赔偿则是对侵权人“个别报应不法性”的评价，惩罚性赔偿金数额的计算仅针对特定案件中原告所受的损失，仅要求侵权

---

❶ 王勇．刑附民公益诉讼案件惩罚性赔偿的民事适用及其刑事调和［J］．政法论坛，2023，41（3）：106－118.

❷ 杨会新．公益诉讼惩罚性赔偿问题研究［J］．比较法研究，2021（4）：115－127.

人对该案中的侵权行为承担责任。当赔偿数额低于侵权人所获利益时，其仍可获得不法利益。当侵权人的行为针对不特定多数人造成分散性损害时，由于受害者维权意识淡薄或损害数额较小，且私人自身调查取证能力有限，诉讼成本与收益不成正比，多数受害者提起诉讼要求侵权人承担惩罚性赔偿责任的积极性不高，意图通过私益诉讼惩罚性赔偿实现对侵权人的惩罚效果并不理想。公益诉讼惩罚性赔偿则着眼于维护不特定多数人的利益，通过对侵权人施加高额惩罚以实现对侵权人的惩罚及震慑，达到保护公共利益的目的，有效弥补私益诉讼惩罚性赔偿的漏洞。

二是罚金、行政罚款等公法责任不彻底。公共利益受损时，不仅会关联公益诉讼程序，而且会引发行政责任与刑事责任，法院对侵权人判处的经济惩罚还包括罚金、行政罚款，以及没收违法所得等。在程序方面，罚金和行政罚款均属于公法责任，其适用受到法律的严格限制，法律明确规定其适用的种类和幅度，法官的自由裁量空间较小，在一定程度上能避免造成过度惩罚，但上述限制也难以适应快速发展的社会实际。公益诉讼惩罚性赔偿的适用则更具有灵活性，在一定程度上能弥补公法责任的漏洞，实现传统民事责任与刑事责任的灵活转化。[1] 相较于罚金和行政罚款，公益诉讼惩罚性赔偿的适用条件、证据标准等并不严格，因此用这一责任的适用更为方便，操作更为灵活，能快速实现对侵权人的有效制裁。[2] 在功能方面，罚金、行政罚款、惩罚性赔偿

---

[1] 李会彬．传统刑事责任与民事责任关系的理论反思及其重新界定［J］．政治与法律，2019（7）：38－49.

[2] 王勇．刑附民公益诉讼案件惩罚性赔偿的民事适用及其刑事调和［J］．政法论坛，2023，41（3）：106－118.

均具有惩罚和震慑功能，均要求侵权人因其侵权行为承担金钱责任，从而对侵权人进行惩罚，对一般社会公众进行警示。然而根据《罚没财物管理办法》和《预算法》的规定[1]，罚金和行政罚款属于政府非税收收入，应当上缴国库，纳入一般公共预算管理，用于保障和改善民生、推动经济社会发展、维护国家安全等方面。而公益诉讼领域适用惩罚性赔偿，还兼具修复、预防等维护特定领域公共利益的功能。公益诉讼所获得惩罚性赔偿金主要用于食品药品安全、生态环境保护等领域的治理修复，用于救济维护相关领域的公共利益。同时，公共利益涉及范围较广，而我国公共执法资源有限，公共利益受损案件难以及时发现，食品药品安全、环境领域公共利益受损频发，侵权人则较少被判处罚金或行政罚款，侵权人仍可能获得不法利益，所以罚金、行政处罚等公法责任施加的经济处罚具有不彻底性。[2] 公益诉讼则是对公共执法手段的补充，惩罚性赔偿可对侵权行为作出"整体不法性评价"，充分发挥其惩罚与震慑作用，有利于解决公共执法手段不彻底的问题。虽然公益诉讼惩罚性赔偿与罚金、行政罚款等公法责任在功能等方面存在一定重叠，但在维护公益、弥补漏洞等方面可发挥难以替代的作用，所以需要在公益诉讼程序中引入惩罚性赔偿责任，并努力实现惩罚性赔偿金与罚金、行政罚款的协调适用。

---

[1] 《罚没财物管理办法》第24条规定："罚没收入属于政府非税收入，应当按照国库集中收缴管理有关规定，全额上缴国库，纳入一般公共预算管理。"《预算法》第6条规定："一般公共预算是对以税收为主体的财政收入，安排用于保障和改善民生、推动经济社会发展、维护国家安全、维持国家机构正常运转等方面的收支预算。"

[2] 黄忠顺．食品安全私人执法研究：以惩罚性赔偿型消费公益诉讼为中心［J］．武汉大学学报（哲学社会科学版），2015，68（4）：84－92.

综上所述，在当代社会公共利益受损现象频发，分散性损害问题严重，而传统民事责任、刑事责任与行政责任在解决公益受损问题时存在漏洞，以维护公共利益为主要目标的公益诉讼程序有必要强化其惩罚和震慑功能，引入惩罚性赔偿制度，充分发挥其应有价值。

2. 民事公益诉讼惩罚性赔偿制度的可行性分析

一是公益诉讼与惩罚性赔偿相契合。一方面，公益诉讼与惩罚性赔偿在性质方面相契合，二者均具有公法属性，公益诉讼是针对侵害国家利益或者社会公共利益的行为，当法律上没有直接利害关系的主体，或者是有直接利害关系的主体但其不愿提起诉讼时，由法律授予没有直接利害关系的特定主体提起的担当性诉讼。作为一种新的诉讼制度，公益诉讼不以与案涉利益有直接利害关系作为对当事人资格的限定，赋予检察机关提起公益诉讼的权利，作为典型的客观诉讼，其主要指向食品药品安全、生态环境保护等领域的公共利益受损现象，其目的就是维护公共利益和客观的法律秩序，是一种公法责任，兼具公共责任、法定责任、执法责任特性。[1] 上文已从适用依据、功能、目的等方面论述公益诉讼惩罚性赔偿制度的公法属性，惩罚性赔偿的适用目的便是要求侵权人承担超出实际补偿数额以实现惩罚和震慑功能，从而保障私法责任以及行政责任、刑事责任无法涵盖的受损公共利益，实质是在私法机制中发挥主要由公法机制承担的惩罚与震慑功能的特殊处罚制度，[2] 也具有公法属性。公益诉讼是实现维护

---

[1] 巩固．环境民事公益诉讼性质定位省思［J］．法学研究，2019，41（3）：127－147.

[2] 朱广新．惩罚性赔偿制度的演进与适用［J］．中国社会科学，2014（3）：104－124，206－207.

公共利益为目的的特殊诉讼，惩罚性赔偿是一种具有公法属性的特殊法律责任，二者均以维护公共利益为目的，在作用机理方面具有同质性。另一方面，公益诉讼与惩罚性赔偿在功能方面相契合。公益诉讼针对侵害公共利益的行为提起诉讼，具有救济性和预防性功能，引入惩罚性赔偿可发挥其惩罚、震慑功能以加强公益诉讼的执法效果。[1] 传统私法责任基于“同质补偿原则”，强调补偿受害者实际损失，侧重于补偿性。但在公益诉讼领域，由于公共利益具有抽象性，难以准确计算其实际损失，因此基于“同质补偿原则”，公共利益可能无法得到全面维护。惩罚性赔偿则是对“同质补偿原则”的突破，其要求侵权人承担高额损害赔偿金，既可以填补损失，还可以对侵权人进行惩罚，对其他主体进行震慑，制裁和遏制损害公共利益的行为。

二是公益诉讼实践中适用惩罚性赔偿有良好效果。检察机关在公益诉讼实践中，借鉴私益诉讼中惩罚性赔偿制度的相关规定，已对公益诉讼惩罚性赔偿的适用进行了积极探索，积累了实践经验，形成了良好效果。在公益诉讼程序中，惩罚性赔偿制度可以发挥其有效制裁违法者、精准警示市场主体、全面教育社会、充分保护民事权利、告慰社会公众、引导个体行为、规范社会秩序和优化文明生态的社会功能。[2] 这一制度是对公共利益的充分维护，可以有效稳定社会秩序，大大增强人民群众的获得感、幸福感和安全感。

---

[1] 李华琪，潘云志．环境民事公益诉讼中惩罚性赔偿的适用问题研究［J］．法律适用，2020（23）：124－133．

[2] 刘俊海．为何要全面激活公益诉讼惩罚性赔偿制度［N］．检察日报，2020－11－09（1）．

如涟源市检察院诉梁某某生产销售有毒、有害食品刑事附带民事公益诉讼案，土菜馆老板梁某某为增加饭菜口感，留住“回头客”，在菜里非法添加罂粟壳。涟源市检察院了解该案线索后依法介入，并启动刑事附带民事公益诉讼案件办理程序。2019 年 5 月 16 日，涟源市检察院依法向法院提起刑事附带民事公益诉讼，诉请判令梁某某承担赔礼道歉、支付价款十倍的惩罚性赔偿金的民事侵权责任，并终身不得从事食品生产经营管理工作，不得担任食品生产经营企业食品安全管理人员。法院经审理支持检察机关全部诉讼请求。该案提出的惩罚性赔偿金，增加了违法行为人的违法成本，从而降低其继续侵害社会公共利益的可能，切实维护民生民利，有效确保了“舌尖上的安全”，也警示并教育食品经营者要有法律敬畏之心、商家经营良心。[1] 2023 年，“广东省江门市检察机关聚焦网络餐饮食药安全、冷食类食品、医疗美容等领域问题依法开展公益诉讼监督办案，追偿食品药品惩罚性赔偿金约 1.95 亿元”[2]。公益诉讼惩罚性赔偿金是严格落实习近平总书记关于食品药品安全“四个最严”要求的具体实践，积极回应了社会新关切，赢得了人民群众的一致好评。

二、民事公益诉讼惩罚性赔偿的适用现状

（一）民事公益诉讼惩罚性赔偿适用的情况

本书以裁判文书网为检索平台，以“公益诉讼”“惩罚性赔

---

[1] 张吟丰，谢特波，贺国亮．湖南涟源：一刑事附带民事公益诉讼案宣判［N］．检察日报，2019-7-09（1）．

[2] 最高人民检察院．公益诉讼检察工作白皮书（2023）［EB/OL］．［2024-03-12］．https://www. spp. gov. cn/xwfbh/wsfbh/202403/t20240309_648329. shtml.

偿”为关键词进行检索，发现从2015年至2023年6月共能搜索到符合条件的有效判决书288份（见图6－2）。以样本数据为基础，本书对民事公益诉讼领域惩罚性赔偿的适用情况进行简要分析。经初步分析可知，民事公益诉讼领域惩罚性赔偿案件数量自2018年起大幅增加。

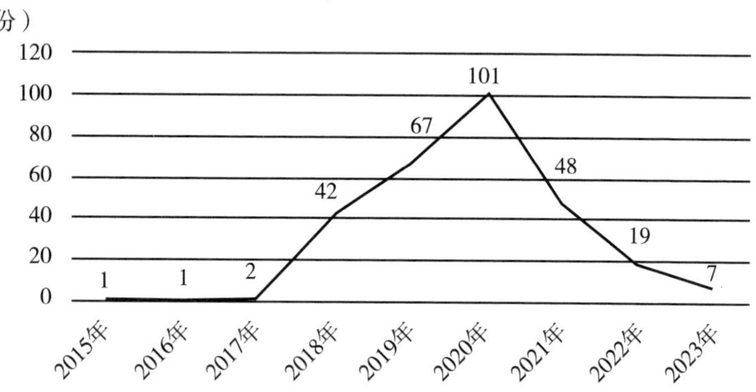

图6－2　我国民事公益诉讼惩罚性赔偿案件数量

1. 惩罚性赔偿的适用领域

在288份判决书中，惩罚性赔偿适用于消费者权益保护公益诉讼案件的共有274份，占比95.14%；适用于生态环境保护领域的有14份，占比4.86%（见图6－3）。从适用领域看，消费者权益保护领域已成为主张惩罚性赔偿金的“主战场”。其中，惩罚性赔偿适用于食品领域的案件有193件，约占70.44%；适用于药品领域的有53件，约占19.34%；适用于产品领域的有28件，约占10.22%（见图6－4）。

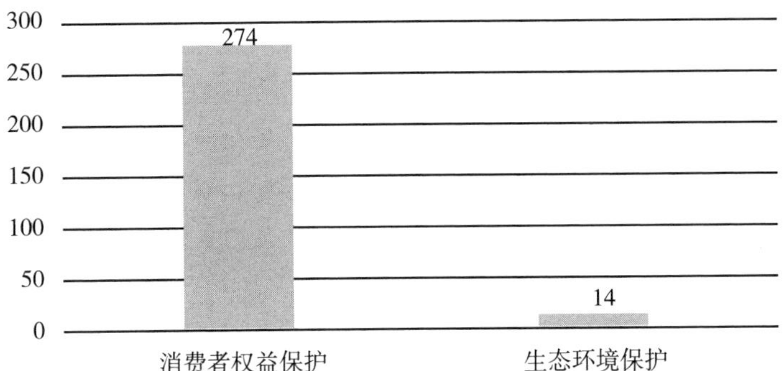

图6-3　惩罚性赔偿的适用领域

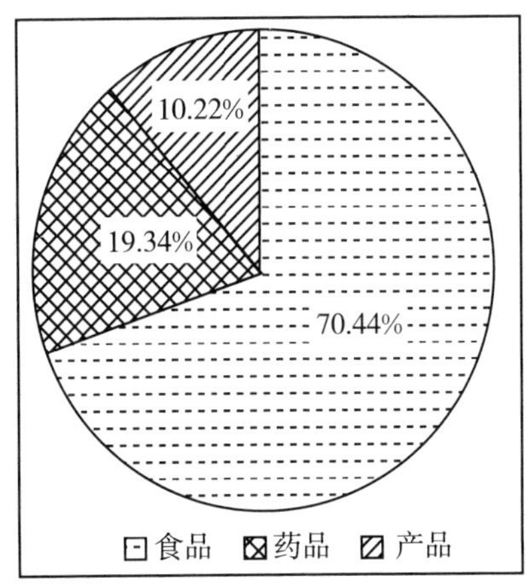

图6-4　消费者权益保护领域惩罚性赔偿的适用

2. 裁判结果

在288份判决书中，法院支持惩罚性赔偿请求的有275份，占95.49%；不予支持的有13份，占4.51%（见图6-5）。由此可见，在司法实践中，法院总体上支持民事公益诉讼惩罚性赔偿的适用。

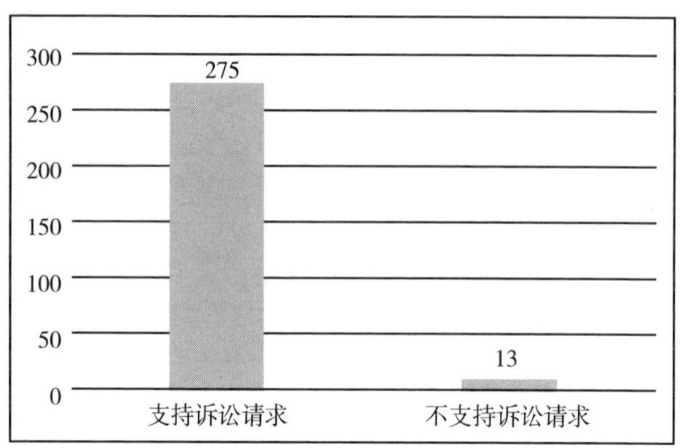

图 6-5 民事公益诉讼领域惩罚性赔偿案件裁判结果统计情况

3. 惩罚性赔偿金的计算方式

关于民事公益诉讼惩罚性赔偿金的计算方式，通过分析样本发现，大部分案件以销售价款为计算基数，以销售价款的 3 倍或 10 倍为计算标准，但有少部分案件未说明计算方式或由法官酌情认定。其中以 10 倍为计算标准的有 142 件，约占 51.6%，以 3 倍为计算标准的有 82 件，约占 29.8%；未明确说明计算标准的有 33 件，约占 12%；由法官酌情认定的有 18 件，约占 6.6%（见图 6-6）。

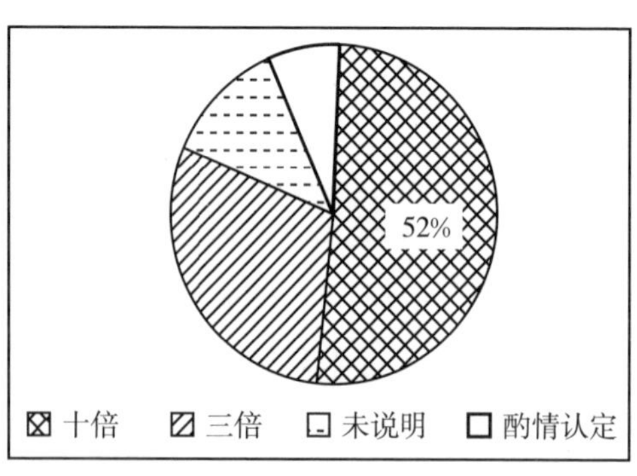

图 6-6 惩罚性赔偿金的计算方式

4. 惩罚性赔偿金的归属

在支持惩罚性赔偿诉讼请求的案件样本中，惩罚性赔偿金的归属与管理情况存在较大差异。其中上缴国库的有 77 件，向法院缴纳的有 29 件，向检察院缴纳的有 63 件，判决书中未说明去向的有 93 件，存入公益基金的有 13 件（见图 6－7）。

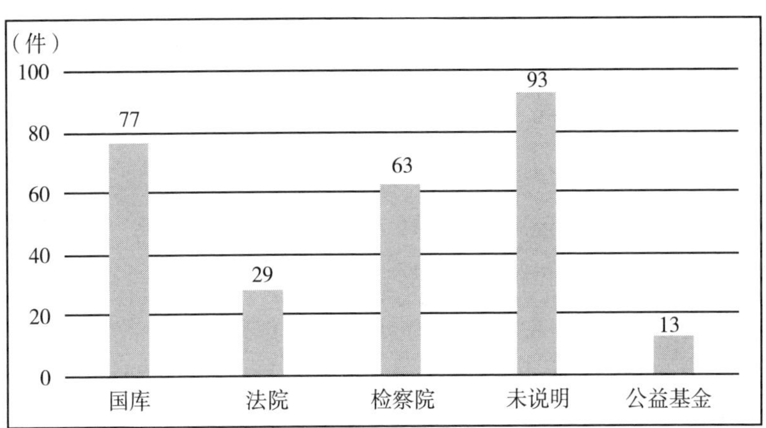

图 6－7　惩罚性赔偿金的归属情况

依据上述分析可以看出，在民事公益诉讼案件中，适用惩罚性赔偿主要呈现以下特征：第一，消费者权益保护尤其是食品药品领域成为适用惩罚性赔偿的主要领域；第二，大部分案件中的惩罚性赔偿请求均得到支持；第三，惩罚性赔偿金的计算基数主要是销售价款，计算的倍数是 10 倍或 3 倍；第四，实践中，各地对于惩罚性赔偿金的归属和管理有不同的做法。

（二）民事公益诉讼惩罚性赔偿适用中的问题

1. 适用惩罚性赔偿缺乏请求权依据

当前我国民事公益诉讼领域适用惩罚性赔偿的主要法律依据

是《关于审理生态环境侵权纠纷案件适用惩罚性赔偿的解释》[1]、《人民检察院公益诉讼办案规则》[2] 等。一方面，上述规范性文件均属于司法解释，然而依据《民法典》第 179 条第 2 款的规定，惩罚性赔偿的适用需要法律明文规定。相较于法律，司法解释的效力层级较低，因此检察机关依据司法解释在公益诉讼领域适用惩罚性赔偿的请求权依据不足。在徐文某等销售有毒、有害食品罪一案[3]中，法院认为适用惩罚性赔偿并无充分的法律依据，因而驳回检察机关的相关诉求。另一方面，现阶段我国法律关于惩罚性赔偿的规定主要有《民法典》第 1185 条侵害知识产权领域、1207 条产品责任领域、1232 条生态环境领域，《消费者权益保护法》第 55 条，《食品安全法》第 148 条，《药品管理法》第 144 条等。在消费公益诉讼领域，根据《消费者权益保护法》第 55 条、《食品安全法》第 148 条，规定的惩罚性赔偿请求权主体是消费者或受害人，而对于消费者和受害人是否包括法律规定的机关和组织，并未作出规定。《最高人民法院关于审理消费民事公益诉讼案件适用法律若干问题的解释》虽然规定检察机关和社会组织有权提起消费民事公益诉讼，但第 13 条也没有明确规定可以适用惩罚性赔偿。除此之外，公益诉讼领域惩罚性赔

[1] 《关于审理生态环境侵权纠纷案件适用惩罚性赔偿的解释》第 2 条："因环境污染、生态破坏受到损害的自然人、法人或者非法人组织，依据民法典第一千二百三十二条的规定，请求判令侵权人承担惩罚性赔偿责任的，适用本解释。"

[2] 《人民检察院公益诉讼办案规则》第 98 条："被告违反法律规定故意污染环境、破坏生态造成严重后果的，可以提出惩罚性赔偿等诉讼请求；食品药品安全领域案件，可以提出要求被告召回并依法处置相关食品药品以及承担相关费用和惩罚性赔偿等诉讼请求。"

[3] 参见吉林省辽源市龙山区人民法院（2018）吉 0402 刑初 220 号刑事附带民事判决书。

偿制度目前还存在管理及使用的还未完善的制度依据等问题，这阻碍着该制度的发展，需要相关的法律制度予以完善。

上述法律规定，惩罚性赔偿应由消费者或受害者提出，而检察机关并不具有上述身份，因此检察机关并不享有惩罚性赔偿请求权。在罗某某、张某某等生产、销售有毒、有害食品罪一案[1]中，法院认为检察机关并非消费者，不具有主张惩罚性赔偿金的主体资格。

2. 缺少具体适用条件

由于惩罚性赔偿具有惩罚功能，应当严格限制这一制度的适用。然而根据上述样本可以看出，实践中，多数法官均支持适用惩罚性赔偿的请求，公益诉讼惩罚性赔偿的适用呈现宽泛化的趋势。由于缺乏明确的法律规范，实践中并未形成统一的认定标准，因而导致惩罚性赔偿责任认定的混乱。在司法实践过程中，部分法官淡化惩罚性赔偿责任的主观过错和损害结果。在主观过错方面，由于认证困难以及“重典治乱”观念的影响，法官往往认为侵权人作出侵权行为就具有主观恶意，不去过多考虑案件具体情形；在损害结果方面，由于公益诉讼旨在维护公共利益，所以并不要求造成特定的人身或精神损害，存在受损的可能即可认定造成损害。[2]

惩罚性赔偿责任成立的宽泛化导致法院极易对所有侵犯公共利益的侵权人处以重罚，食药安全、产品质量领域易被科以顶格

[1] 参见安徽省淮南市谢家集区人民法院（2019）皖04民初861号民事判决书。

[2] 黄忠顺，刘宏林．论检察机关提起惩罚性赔偿消费公益诉讼的谦抑性：基于990份惩罚性赔偿检察消费公益诉讼一审判决的分析［J］．河北法学，2021，39（9）：75－92.

责任，在内蒙古赤峰市检察院诉王某侵权责任纠纷一案中，被告作为馒头铺的经营者被判处承担135万元的惩罚性赔偿金，无疑超出被告的承受能力。[1] 宽泛化的责任成立要件会导致责任的严苛化，不仅不利于修复受损的社会利益，而且会让法律显失公平，不利于社会的稳定，无法起到良好的社会效果。

3. 计算方式不统一

司法实践中，公益诉讼惩罚性赔偿存在不同的计算方式，主要体现在计算基数和计算倍数两方面。在计算基数方面，司法实践中主要以销售价款作为基数，然而具体到个案中，检察机关确定具体金额的方式也存在较大差异，检察机关可通过委托鉴定机构出具《价格认定书》或直接以进货价格作为计算基数，此外，确定公共利益受损的时间也影响具体金额的计算。在计算倍数方面，目前司法实践中主要以3倍或10倍计算。这主要是以《消费者权益保护法》和《食品安全法》为法律依据，在私益诉讼中，由于受害者所受损失较小，以3倍或10倍作为计算倍数既有利于弥补受害者损失，也能对侵权人在承受范围内进行惩罚。但在公益诉讼中，以所有受害者的全部损失为基数，此时机械地以3倍或10倍进行计算，大大超出侵权人的承受能力。上述因素均会导致惩罚性赔偿适用的不确定性，缺乏统一的计算方式会影响惩罚性赔偿金的数额，容易出现“同案不同判”的情形，导致司法实践过程中出现矛盾，阻碍公益诉讼惩罚性赔偿的适用，影响公益诉讼效果。

4. 惩罚性赔偿金与罚金是否折抵做法不一

目前司法实践中，关于惩罚性赔偿金与罚金、行政罚款间的

---

[1] 参见内蒙古自治区赤峰市中级人民法院（2018）内04民初100号民事判决书。

折抵主要存在三种方案：二者应予折抵[1]；二者不予折抵且惩罚性赔偿金的计算不考虑罚金[2]；二者不予折抵但惩罚性赔偿金的计算考虑罚金[3]。方案一中，法官认为惩罚性赔偿金在上缴国库时性质实质上与罚金相似，所以二者可以折抵。方案二和方案三中，法官均认为惩罚性赔偿金属于民事责任，与罚金不应折抵，由此可见，在司法实践中，最终决定二者能否折抵的因素是法官对于惩罚性赔偿金与刑事罚金性质的认识。针对公益诉讼惩罚性赔偿性质的探讨，理论界存在两种看法：一种是“公法责任说”，认为惩罚性赔偿金与罚金均具有惩罚和威慑功能，二者具有同质性，均属于公法性质的金钱罚。[4] 另一种是“私法责任说”，认为惩罚性赔偿金虽具有公法性质，但基于民事关系而产生，属于私法性赔偿，与罚金性质不同。[5] 由于公益诉讼惩罚性赔偿性质尚不明确，导致惩罚性赔偿金与罚金间的性质混淆，容易导致法院漠视消费者的惩罚性赔偿请求权，消费者请求权因公法处置方式而受到削弱。[6]

5. 缺乏完善的管理制度

司法实践中关于惩罚性赔偿金的归属与管理，各地做法不

---

[1] 王某娇、闻某旭等产品销售者责任纠纷案，吉林省辽源市中级人民法院（2020）吉04民初48号民事判决书。

[2] 尚某、杨某红等侵权责任纠纷案，江苏省泰州市中级人民法院（2019）苏12民初108号民事判决书。

[3] 吉林省吉林市人民检察院诉王某甲、王某乙生态破坏民事公益诉讼案，吉林市中级人民法院（2022）吉02民初88号民事判决书。

[4] 杨会新．公益诉讼惩罚性赔偿问题研究［J］．比较法研究，2021（4）：115－127.

[5] 杨雅妮，刘磊．消费民事公益诉讼惩罚性赔偿的实践与反思：以776份判决书为基础的分析［J］．南海法学，2022，6（3）：92－105.

[6] 朱江波，赵谦．食品安全公益诉讼惩罚性赔偿适用的实证研究［J］．重庆科技学院学报（社会科学版），2023（5）：61－75.

一，实践中出现监督管理缺位、使用效率低下等现象。司法实践中将其上缴国库的行为使其成为国家收入，由政府统一划拨，无法精准用于维护受损的公共利益。由法院、检察院进行管理则并无相关法律依据，扩大了法院、检察院的职权，且在法检系统内惩罚性赔偿金的分配及使用难以得到社会监督。❶ 设立公益基金则由于并无相关制度，地方在自主探索过程中呈无序状态，设立主体包括深化改革委员会、法检机关，以及其他行政主体，而且申领条件、管理机构、监督方式等方面也有不同规定，设立公益基金并无完善的制度支撑。❷ 各地自主探索公益诉讼惩罚性赔偿金的管理与使用制度，导致惩罚性赔偿金管理模式不统一，破坏了司法的规范性，也导致无法对惩罚性赔偿金的使用进行监管，制约惩罚性赔偿的作用发挥，反而容易导致公共利益受损。

三、民事公益诉讼惩罚性赔偿的完善

（一）完善法律依据，规范惩罚性赔偿的行使

目前我国法律体系中私益诉讼领域适用惩罚性赔偿的相关规定已较为成熟，惩罚性赔偿主要由受害者提出。但在公益诉讼领域，由于立法尚不完善，且惩罚性赔偿适用缺乏法律明文规定，所以由检察机关或法定组织提出惩罚性赔偿请求的合法性和正当性不足。在如今公益诉讼专门立法的呼声高涨的时期，惩罚性赔

---

❶ 田漫．“惩罚性赔偿”在民事公益诉讼中的适用问题研究［D］．重庆：重庆邮电大学，2022.

❷ 朱江波，赵谦．食品安全公益诉讼惩罚性赔偿适用的实证研究［J］．重庆科技学院学报（社会科学版），2023（5）：61－75.

偿作为公益诉讼领域的法律责任之一，也应受到重视。在未来的立法过程中，应明确增加公益诉讼惩罚性赔偿责任，赋予起诉主体请求权，合理划定其适用范围，明确其适用条件、计算方式、归属与管理等制度。

（1）应明确赋予检察机关惩罚性赔偿请求权，检察机关提出惩罚性赔偿请求符合现行立法和司法解释规定。第一，公益诉讼与私益诉讼是两种不同类型的诉讼，在私益诉讼中提出惩罚性赔偿的法定主体是侵权案件中的受害者，而适用公益诉讼具有不同的指导思想和程序规则。根据《民事诉讼法》第 58 条的规定，检察机关或法律规定的组织有权提起公益诉讼，这一规定是对传统私益诉讼中“直接利害关系规则”的突破，[1] 检察机关在公益受损案件中并不是直接利害人，仍可以作为公益诉讼起诉人。同理，基于公益诉讼的基本法理和精神，应当赋予检察机关惩罚性赔偿请求权。第二，司法解释为惩罚性赔偿请求权预留了扩展的空间。目前我国公益诉讼领域立法尚不完善，司法实践方面呈现“司法先行示范，立法吸收完善”的发展态势。[2] 基于《人民法院审理人民检察院提起公益诉讼案件试点工作实施办法》第 3 条的规定，人民检察院提起民事公益诉讼，可以提出要求被告赔偿损失等诉讼请求。赔偿损失在内涵方面不仅局限在补偿性赔偿方面，还应包括惩罚性赔偿；以及前述《最高人民法院关于审理消费民事公益诉讼案件适用法律

---

[1] 廖中洪，颜卉．消费公益诉讼中的惩罚赔偿问题研究［J］．学术探索，2019（1）：53－61.

[2] 郝海燕．异化与归正：消费公益诉讼惩罚性赔偿适用研究［J］．四川大学学报（哲学社会科学版），2021（3）：185－192.

若干问题的解释》中作出关于责任承担方式的保留性规定，有待进一步扩展。因此，即使上述司法解释中未明确规定惩罚性赔偿，但将惩罚性赔偿作为公益诉讼责任承担方式也符合司法解释规定的相关精神。由于缺乏法律依据，在司法实践中，部分法院驳回检察机关的惩罚性赔偿请求，存在公共利益保护缺位现象。赋予检察机关该项权利，可以解决检察机关提起惩罚性赔偿请求缺乏合法性的问题，从而更好地发挥其功能，维护公共利益。

（2）应规范检察机关对于惩罚性赔偿请求的处分权。处分权是指当事人在法定范围内依自身意愿行使诉讼权利，从而对实体权利进行处分。❶ 在公益诉讼中，检察机关处分权包括实体性和程序性两种类型。实体性处分权是检察机关确定受案范围、处分实体权利的权利，包括对诉讼请求的确定、变更、放弃以及和解、调解等权利；程序性处分权是检察机关基于推动诉讼顺利进行的目的而行使的权利，包括对程序的启动和终结。❷ 检察机关作为起诉主体，了解案件具体情况以及实际需要，可在一定程度上对惩罚性赔偿请求进行变更或放弃，从而在更大程度上实现对公共利益的维护；同时也可以简化诉讼流程，提高诉讼效率。但由于公益诉讼案件中受损的公共利益并无直接利害关系人，由检察机关作为代表提起诉讼，在诉讼过程中也无法自由处分案涉公共利益；同时基于惩罚性赔偿需有法律明文规定的法定性原则，应当对检察机关行使惩罚性赔偿的权利进行限制，使其在法律授

---

❶ 吴兴宇．消费民事公益诉讼中惩罚性赔偿问题研究［D］．赣州：江西理工大学，2021.

❷ 马倩．民事公益诉讼中检察机关处分权研究［D］．兰州：兰州大学，2021.

权范围内确定、变更或放弃惩罚性赔偿请求权，规范检察机关对于惩罚性赔偿请求权的行使。

（3）应当限制惩罚性赔偿的适用范围。在公益诉讼领域，惩罚性赔偿的功能更侧重于对侵权人的惩罚与制裁，超越了私法范畴的民事赔偿制度，具备准刑事罚的性质。[1] 惩罚性赔偿的滥用可能导致重罚倾向，影响社会秩序，因此基于谦抑性原则，应当严格限制其适用范围，只有事关人民根本利益、严重侵害公共利益、侵权范围广泛影响恶劣的领域才可以适用。[2] 目前，在公益诉讼的法律制度和司法实践中，食品药品安全和生态环境保护领域可适用惩罚性赔偿制度。在前述领域中。因为侵权行为仅仅侵犯特定个体的利益，也不适用惩罚性赔偿制度，若对惩罚性赔偿泛化适用，将会导致公法与私法间的极限混淆：一方面，会导致私法责任填补损害的功能受到冲击；另一方面，也使侵权人承担的责任畸重。只有当侵权人造成的公共利益损害与惩罚性赔偿责任相称时，提出惩罚性赔偿请求才是适当的。若通过行政执法或传统民事责任等可以对公共利益进行救济，此时惩罚性赔偿无适用的必要性，只有当穷尽其他救济手段无法实现维护公共利益的目的时，才可以适用惩罚性赔偿制度。

综上所述，检察机关提出惩罚性赔偿请求应具有法律依据，并且在适用过程中应当遵循谦抑性原则和必要性原则，在立法层面明确赋予检察机关惩罚性赔偿请求权时，还要对其进行合理限

---

[1] 李友根．惩罚性赔偿制度的中国模式研究［J］．法制与社会发展，2015，21（6）：109－126.

[2] 张旭东，颜文彩．消费民事公益诉讼惩罚性赔偿制度研究［J］．华北电力大学学报（社会科学版），2022（2）：98－108.

制，避免导致惩罚性赔偿的不当与泛化适用。

（二）明确适用要件

“惩罚性赔偿具有普通侵权不具备的惩罚功能，故其构成要件应当更为严格。”❶ 因此应当采用传统的侵权四要件：侵权行为、损害事实、因果关系与主观过错，作为惩罚性赔偿责任的适用依据。

1. 主观要件：故意或重大过失

当侵权人损害公共利益时，将造成的损害转嫁由侵权人承担的正当性依据是侵权人基于故意或重大过失实施侵权行为。故意是指行为人意识到其行为所导致的后果及其违法性，却在意志上接受该后果，包括希望和放任该结果的发生。❷ 故意实施侵权行为损害合法权益可见侵权人的主观恶性，理应受到谴责和制裁，因此，故意便可作为适用惩罚性赔偿的正当性依据。在认定行为人是否存在故意时，可判断行为人是否“明知”并“希望”或“放任”损害结果发生。❸ 即行为人明知自己的行为会损害社会公共利益而希望或放任行为的发生并且造成公共利益严重受损。而“明知”可解释为知道或应当知道，这一解释是根据侵权人本身作出主观判断；也可解释为推定知道，❹ 这一解释立足于理性人标准作出，对侵权人作出客观判断，依据这一种解释方法，

---

❶ 黄薇．中华人民共和国民法典侵权责任编释义［M］．北京：法律出版社，2020：188．

❷ 朱广新．论生态环境侵权惩罚性赔偿构成条件的特别构造［J］．政治与法律，2023（10）：18－33．

❸ 张新宝．侵权责任法［M］．5版．北京：中国人民大学出版社，2020：35．

❹ 朱晓峰．论《民法典》对惩罚性赔偿的适用控制［J］．暨南学报（哲学社会科学版），2020，42（11）：62－77．

“故意”则包含以客观标准进行认定的重大过失。重大过失是指行为人未能尽到法律和道德规定的较高的注意义务，甚至未尽到普通人的注意义务。[1] 大陆法系国家普遍认同“重大过失等同于故意”这一原则，因此行为人存在重大过失时损害公共利益的，也应当适用惩罚性赔偿制度。

2. 实施违法行为

与填补性损害赔偿不要求违法性不同，惩罚性赔偿适用需以违法行为为条件，主要原因是惩罚性赔偿制度具有惩罚性质。行为人的行为违反法律明文规定时，应当适用惩罚性赔偿。实施严重的违法行为足以表明其主观恶意，可以认定该行为的恶劣程度已达到社会所不能容忍的地步，该行为已对社会公共利益造成重大损害或存在损害的可能，此时，应当对其适用惩罚性赔偿以进行惩罚。同时，为避免出现侵权行为未违反法律规定却导致严重损害的现象，可对“法律”一词进行扩张解释，将其解释为在环境、消费等公益诉讼惩罚性赔偿适用领域，既包括具有可操作性的规范性文件，又包括概括性的规范性文件。[2]

3. 造成严重后果

在惩罚性赔偿成立要件客观方面要求行为损害公共利益，造成严重后果，目的是限制该制度的适用，避免其滥用造成过度惩罚，从而保护行为自由。此处造成“严重后果”应解释为既包括现实的损害后果，又包括潜在的损害后果，公共利益存在重大

---

[1] 王利明．侵权行为归则原则研究［M］．北京：中国政法大学出版社，1997：249.

[2] 朱广新．论生态环境侵权惩罚性赔偿构成条件的特别构造［J］．政治与法律，2023（10）：18－33.

损害风险。因为公共利益的损害具有隐蔽性等特点，难以被及时发现，若仅将其限缩解释为现实的损害结果，侵权人可利用这一漏洞，采取较为隐蔽的方式实施侵权行为，难以受到及时制裁；而若不及时制止损害后果的发生，容易导致损害后果的扩大，惩罚性赔偿制度的预防作用落空，不利于公共利益的维护。关于严重性的认定，应依据公共利益所受损害程度及可能性予以判断。在人身权利方面，由于生命安全、身体健康等事关个人生存发展，影响社会稳定，因此即使造成一人伤残或死亡，也应认定为造成严重后果。在财产权利方面，应当依据案件具体情况判断，结合案件所涉及的财产的客观价值设置认定标准。重大风险是指公共利益存在受损的危险，一旦受损，损害后果难以恢复和逆转。可对损害成本与行为收益进行评估，若前者高于后者，则损害发生具有高度盖然性，风险转化为实际损害的可能性较大，此时可适用惩罚性赔偿。[1]

4. 因果关系

惩罚性赔偿的适用要求侵权行为与公共利益受损之间存在因果关系。我国侵权责任要件事实证明采取了法律近因的证明方法，依据“可预见性”标准进行因果关系的认定，以侵权人对结果的可预测性作为认定依据，若侵权人能够预见其行为对公共利益的损害，就可以认定因果关系成立。[2] 这一标准降低了认定所需的技术成本，操作更为便捷。关于举证责任的承担，在公益

---

[1] 宋汉林．论预防性环境民事公益诉讼请求之确定［J］．中州学刊，2023（10）：65－74．

[2] 高利红．生态环境损害惩罚性赔偿严格审慎原则之适用［J］．政治与法律，2023（10）：2－17．

诉讼领域应采用“谁主张，谁举证”的标准。在诉讼过程中，检察机关作为国家机关，举证能力较强，为维护诉讼双方当事人的平等地位，检察机关应当承担举证责任。

综上，在公益诉讼中，检察机关提出惩罚性赔偿请求应当承担举证责任，由其证明侵权人因其主观故意或重大过失，违反法律规定，实施侵权行为，造成公共利益受损。

（三）明确惩罚性赔偿金的计算方式

惩罚性赔偿金数额的确定存在多种做法，主要包括最高数额限制模式、“基数＋倍数”模式、法定数额模式等。由于案件具体情况不同，确定公益诉讼惩罚性赔偿金额时，本书建议采用“基数＋倍数”模式，一是由于这一模式与我国当前公益受损惩罚性赔偿的司法实践相符，实践经验较为充足；二是这一模式可以赋予法官一定程度的自由裁量权，使惩罚性赔偿金足以既满足维护公共利益的需要，又可以对侵权人进行适度惩罚，避免惩罚畸重畸轻。

1. 以公益损失为计算基数

惩罚性赔偿是要求侵权人承担超出实际损失的赔偿责任，因此其惩罚性赔偿金额便是该责任发挥功能的具体体现。提出公益诉讼惩罚性赔偿请求的前提是侵权人的行为损害了公共利益，因此公益诉讼惩罚性赔偿应以公益损失为计算基数。但由于公共利益具有抽象性，其实际损失难以衡量，因此必须解决在实际操作中如何测量公共利益损害程度的问题。

目前，我国公益诉讼惩罚性赔偿主要适用于消费和环境领域。在消费领域，可以商家的销售金额作为计算公益受损程度的依据。一是由于销售金额是侵权人销售商品的主观恶意和社会危害程度的具体体现，销售金额是侵权人从侵权行为中获得的收益，销售行为实质上是使消费者承担经营者造成的外部性损失，导致社会财富进行不合理的转移，消费者利益受损，给消费环境造成负面影响，市场秩序也遭到破坏，所以销售金额越高，公共利益受损的范围越广，危害程度越大。二是由于可操作性强，一般经营者对于销售产品的数量、金额与盈利都有明确记载；另外还可通过销售凭据认定销售金额，税务发票是认定销售金额最有效力的证据，除此之外，还可通过其他凭据认定销售情况。[1] 通过上述明确记载，可以快速有效地对销售金额进行统计、计算，大大降低举证的困难程度。在环境领域，《最高人民法院关于审理生态环境侵权纠纷案件适用惩罚性赔偿的解释》第 12 条将生态环境修复期间功能服务损失和永久性功能损失作计算基数。为维护法律体系的稳定性，应当继续适用这一规则。环境受损时，公共利益与私人利益均在一定程度上受到损害，因此在公益诉讼中需厘清公益与私益相重合的部分，私人利益受损是指污染环境导致的私人人身权、财产权等合法权益受损，为填补其损失，应以人身损害、财产损失数额为计算基数；公益受损是指生态环境整体遭到破坏，为维护公共利益，应以环境功能性损失费用作为计算基数。永久性功能损失是指污染环境、破坏生态的行为导致生态系统的服务功能彻底丧失，先行条件下难以修复，仅仅赔偿修复费用及修复期间损失无法维护生态利益，因此需对侵权人施

---

[1] 李友根．论消费者协会公益诉讼的损害赔偿请求权：对最高人民法院司法解释立场的商榷［J］．政治与法律，2017（9）：2－12.

加惩罚性赔偿。[1]

2. 计算倍数

惩罚性赔偿金计算基数的确定主要以公共利益受损程度为依据，计算倍数的确定则与侵权行为需被制止的迫切程度相关，直接体现了惩罚与制裁的严厉程度。[2] 本书建议惩罚性赔偿金的计算倍数采取弹性倍数模式，即法官在法律规定的倍数限度内依照案件具体情况确定采取何种倍数，从而确定惩罚性赔偿金的数额。一方面，可以结合案件具体情况，灵活确定倍数，避免惩罚性赔偿金的僵化适用，在具体案件中实现过罚相当，维护个案正义；另一方面，可以对法官的自由裁量权进行限制，避免出现同案不同判的现象，维护法治统一。在公益诉讼中，惩罚性赔偿金的基数是公共利益所受的损失，与私益诉讼中个人利益相比数额更大，若选择适用的倍数较大，则会出现处罚畸重的现象，超出侵权人的负担，判决难以执行；若选择适用的倍数较小，则无法起到惩罚的效果，因此本书建议倍数区间限制在 3 倍以内。

3. 其他衡量因素

除法律明确规定的基数与倍数外，确定惩罚性赔偿金还应考虑多种因素。例如侵权人的主观过错程度、侵权人的财产状况、侵权人的非法获利数额、侵权人承担的其他财产性责任等。[3] 侵

---

[1] 王莉，郭玲．环境民事公益诉讼适用惩罚性赔偿制度的正当性及适用规则调适［J］．海峡法学，2023，25（3）：65－77．

[2] 朱晓峰．论《民法典》对惩罚性赔偿的适用控制［J］．暨南学报（哲学社会科学版），2020，42（11）：62－77．

[3] 最高人民法院民法典贯彻实施工作领导小组．中华人民共和国民法典侵权责任编理解与适用［M］．北京：人民法院出版社，2020：354．

权人的主观过错程度代表了侵权行为的可非难性，故意实施侵权行为的可谴责性高于基于重大过失实施的侵权行为，其惩罚性赔偿金数额应当更高。惩罚性赔偿金数额与侵权人的财产状况密切相关，若侵权人财产状况不良，则应降低惩罚性赔偿金，避免出现惩罚畸重导致不能执行的情况；若侵权人财产状况良好，可以适度提高其惩罚性赔偿金，找好维护公共利益和保障个人利益之间的平衡，实现实质正义。侵权人非法获利数额一定程度上表现其实施侵权行为的意愿，获利数额越高，则实施侵权行为的积极性越高，此时应判处高额的惩罚性赔偿金以更好地发挥其震慑功能。除承担惩罚性赔偿责任之外，侵权人也有可能因其侵权行为承担行政罚款、刑事罚金等财产性责任出现多个责任竞合的情形，此时应当兼顾个人合法权益的保护与维护公共利益的双重目的，不应支持惩罚性赔偿金与罚金、罚款进行折抵，也不能将各个责任进行机械叠加。[1]

4. 灵活变通责任承担方式

法院判处惩罚性赔偿金的意图是通过发挥该制度的惩罚与震慑功能维护公共利益，但要求侵权人缴纳金钱并非对其进行惩罚震慑和维护公共利益的唯一手段，[2] 可以借鉴刑事司法领域的恢复性司法理念，灵活变通责任承担方式。若侵权人难以承担其所负担的惩罚性赔偿责任，此时法院应当允许其灵活变通执行方式，可以采用提供公共服务、劳务代偿等方式。这样既可以减轻侵权人的经济负担，又可以由侵权人直接维护受损的公共利益，

---

[1] 李佩哲．惩罚性赔偿在环境民事公益诉讼中的适用与计算［J］．中国石油大学学报（社会科学版），2023，39（1）：76－83.

[2] 文艺韵．消费公益诉讼惩罚性赔偿研究［D］．武汉：武汉大学，2022.

更为便捷，同时使其感受到公共利益的重要性，起到良好的诫勉效果，实现惩罚与教育相结合的目的。

5. 惩罚性赔偿金与罚金不宜折抵

根据上述分析，惩罚性赔偿金属于公法责任，与罚金性质相同，但本书认为不能因惩罚性赔偿金与罚金的同质性而对二者予以折抵，因为二者的服务目的不同。一是从适用前提角度分析，斯蒂文斯大法官认为“刑事制裁（如罚金）与惩罚性赔偿裁决的理由之间几乎没有什么区别”[1]。本书则认为二者存在差别。根据当前我国法律规定，惩罚性赔偿金主要适用于食品安全和环境保护等领域，只有当行为人实施生产销售有毒有害食品、破坏生态环境等违法行为以致不特定多数人利益受损时，法院才能依法判处其承担惩罚性赔偿金。罚金则是针对犯罪行为的刑罚方法，犯罪的本质在于它危害了国家和人民的利益，危害了社会主义社会。[2] 判决适用罚金的前提是行为人构成犯罪，即实施危害社会的行为，依法应受刑罚处罚。所以判决适用两种责任的理由在本质上有所区别，罚金的适用以构成犯罪为前提，惩罚性赔偿金的适用以损害不特定多数人利益为前提。二是从受偿主体角度分析，惩罚性赔偿金归社会主体享有，而罚金由国家享有。根据社会补偿性赔偿理论，当存在分散性侵权损害行为时，法院作出的赔偿判决包括补偿起诉至法院的受害者以及补偿其他遭受损害但并未起诉的受害者两部分，前一部分是个别赔偿，后一部分是“社会”赔偿。[3] 由于侵权行为对社会公共利益产生影响，惩罚

[1] 王承堂．论惩罚性赔偿与罚金的司法适用关系［J］．法学，2021（9）：150－163.

[2] 高铭暄，马克昌．刑法学［M］．北京：北京大学出版社，2019：42.

[3] 王承堂．论惩罚性赔偿与罚金的司法适用关系［J］．法学，2021（9）：150－163.

性赔偿便更侧重于考量更为一般的社会利益领域。在民事公益诉讼案件中，起诉人并非直接遭受损害的受害者，因此法院判决行为人承担的惩罚性赔偿责任是“社会”赔偿责任，应由社会公众享有。罚金则是法院基于国家权力剥夺罪犯一定数额的金钱，归国家所有。三是从用途的角度分析，惩罚性赔偿金用于特定领域的公益修复和权利救济，罚金用于维护社会整体利益。民事公益诉讼为保护公共利益而提起，通过诉讼获得的利益也应当用于保护公共利益。在食品安全领域，《探索建立食品安全民事公益诉讼惩罚性赔偿制度座谈会会议纪要》中提出：“各地可以探索把惩罚性赔偿金纳入专门公益基金账户统一管理，依法统筹用于消费者合法权益保护。”与其相似，《环境民事公益诉讼司法解释》规定，人民法院判决被告承担的款项应当用于修复被损害的生态环境。可见在公益诉讼领域，惩罚性赔偿金主要用于维护特定领域的公共利益，实行“专款专用”。而根据《罚没财物管理办法》和《预算法》的规定[1]，罚金属于政府非税收收入，应当上缴国库，纳入一般公共预算管理，用于保障和改善民生、推动经济社会发展、维护国家安全等方面，由此可见罚金主要用于维护整个社会、国家的公共利益。

因此，惩罚性赔偿金与罚金虽然都属于公法责任，但是其服务的目的不同，罚金维护的是宏观层面的社会整体利益，而惩罚性赔偿金维护特定领域的公共利益，因此不宜折抵。

---

[1] 《罚没财物管理办法》第 24 条：“罚没收入属于政府非税收入，应当按照国库集中收缴管理有关规定，全额上缴国库，纳入一般公共预算管理。”《预算法》第 6 条：“一般公共预算是对以税收为主体的财政收入，安排用于保障和改善民生、推动经济社会发展、维护国家安全、维持国家机构正常运转等方面的收支预算。”

虽然本书认为惩罚性赔偿金与罚金不宜折抵，但“肯定说”认为二者并用可能会造成对行为人的处罚畸重的观点也有其合理性。根据行为激励理论，惩罚应考虑行为人承受的能力，若惩罚幅度在行为人承受能力内，则能起到相应的效果；反之则会失效。在“铜仁市检察院诉吴某某、杨某某侵害消费者权益公益诉讼纠纷案”❶ 中，检察院要求被告承担销售价款 10 倍惩罚金约 132 万元，被告表示无力承担，法院结合案件具体情况以及罚金、违法所得追缴情况酌定被告承担赔偿金 13 万元，极大地减轻了被告的负担，便于被告执行，有效地发挥惩罚性赔偿金的惩罚威慑作用。因惩罚性赔偿金与罚金都具有“惩罚性”，二者并用可能会造成对违法行为人的处罚畸重，不利于保护违法行为人的合法权益，且不利于执行，因此需要合理适用惩罚性赔偿金。

过罚相当原则是指设定和实施处罚时必须以事实为依据，处罚程度需与违法行为的事实、性质、情节以及社会危害程度相当。❷ 该原则强调对违法行为人的惩罚措施及程度应当与违法行为所造成的损害相匹配，既重视对受害人及社会公共利益的救济与维护，也重视对违法行为人合法权益的保护，因此引入过罚相当原则有其合理性。当惩罚性赔偿金与罚金构成要件相异时，两者侧重于不同的违法行为，功能上实现了互补；当两者构成要件相同时，功能重合，但刑法的谦抑性使惩罚呈非罪化和轻型化，

---

❶ 贵州省铜仁市中级人民法院（2020）黔 06 民初 49 号民事判决书。

❷ 姜明安. 行政法与行政诉讼法 [M]. 北京：北京大学出版社，2011：277.

此时惩罚性赔偿金可对罚金进行补充。[1] 依据过罚相当原则，惩罚性赔偿制度的适用应以必要为前提。[2] 刑罚是最严厉的强制性制裁方法，罚金作为其中之一，其惩罚性程度要高于惩罚性赔偿金，因此在已被判处罚金的前提下，惩罚性赔偿金的适用不能造成过度惩罚，只有罚金等法律责任无法满足救济公共利益的需求时，才可以适用惩罚性赔偿金。

在过罚相当原则的限制下，应当合理确定对行为人处以的惩罚金额。罚金作为法定刑，其数额的确定只能依据刑法规定。民事公益诉讼惩罚性赔偿制度目前并未有明确的法律依据，需要参照私益诉讼惩罚性赔偿制度，[3] 惩罚性赔偿金数额的确定也需要参照私益诉讼惩罚性赔偿的计算规则。为合理确定其数额，本书认为可以引入弹性适用模式，以目前的法定基准为基础，在计算惩罚性赔偿金的金额时，对罚金、罚款等因素进行考量。正如上述吴某某、杨某某一案中，惩罚性赔偿金的适用要考虑行为人的承受能力、罚金、违法所得的追缴等情况。我国当前法律规范中已有相关规定，2022 年《最高人民法院关于审理生态环境侵权纠纷案件适用惩罚性赔偿的解释》规定，因同一污染环境行为被判处罚金等，与惩罚性赔偿不予折抵，但在确定惩罚性赔偿金数额时可综合考虑。同为民事公益诉讼案件，在环境公益诉讼领域

---

[1] 康京涛．生态环境损害惩罚性赔偿的逻辑理路与适用规则：基于功能主义视角的分析［J］．中南大学学报（社会科学版），2023，29（1）：42－51.

[2] 李华琪，潘云志．环境民事公益诉讼中惩罚性赔偿的适用问题研究［J］．法律适用，2020，23（3）：124－133.

[3] 王勇．刑附民公益诉讼案件惩罚性赔偿的民事适用及其刑事调和［J］．政法论坛，2023，41（3）：106－118.

适用惩罚性赔偿金的规则也应当适用于其他公益诉讼领域，从而在法律规范体系内实现法律措施间的协调统一。[1] 综上，在确定惩罚性赔偿金额时应考虑罚金等财产刑的判处情况，寻找刑事诉讼与民事公益诉讼之间的平衡点，避免出现极端惩罚，有利于疏解二者同时适用的张力关系，促进二者目的与功能的实现。[2] 同时，司法实践中刑民交叉案件形成了“先刑后民”的处理模式，因此判处罚金在先，这为惩罚性赔偿金在计算时考量罚金等因素提供了可行性。

综上所述，本书基于惩罚性赔偿金与罚金所服务的目的的不同，认为二者竞合时不宜折抵。但在确定惩罚性赔偿金数额时，在法定计算标准的基础上，需要法官结合刑事责任、行为人承担能力等因素综合考量，以实现惩罚与损害间的平衡。

（五）惩罚性赔偿金的管理与使用

关于公益受损惩罚性赔偿金的管理与使用这一问题，由于缺乏相关的法律规定，所以在实践中各地法院操作不一，管理混乱，导致惩罚性赔偿金的公益性与中立性难以实现。因此有必要加强顶层设计，完善惩罚性赔偿金的管理与使用制度。

1. 惩罚性赔偿金的管理

司法实践中，将惩罚性赔偿金上缴国库的做法并不恰当。由于侵权行为对社会公共利益产生影响，惩罚性赔偿便更侧重于考

---

[1] 邱帅萍．论罚金与惩罚性赔偿的折抵［J］．湖南科技大学学报（社会科学版），2021，24（1）：151－157.

[2] 金晓伟，冷思伦．刑事附带民事公益诉讼中的惩罚性赔偿制度完善研究：从危害食品安全领域的576份裁判文书切入［J］．中国人民公安大学学报（社会科学版），2023，39（2）：47－60.

量更为一般的社会利益领域。在民事公益诉讼案件中，起诉人并非直接遭受损害的受害者，因此法院判决行为人承担的惩罚性赔偿责任是“社会”赔偿责任，应由社会公众享有。但此时由于并无明确的受偿主体，因此对于惩罚性赔偿金的管理方法也有其特殊性，实践中存在上缴国库的操作，但即使该笔资金被分配给国库，国家也只是代为受偿。[1] 将惩罚性赔偿金直接上缴国库是对其性质和功能的改变。根据《预算法》的规定，我国财政国库采用统一管理及计划，在全国范围内进行分配，无法专门用于救济受损的公共利益，惩罚性赔偿金事实上成为国家对于侵犯公共利益的主体所处以的罚款。因此，司法实践中将惩罚性赔偿金上缴国库的做法需要改变。

司法实践中还有将惩罚性赔偿金判处由法院、检察院进行管理的做法。法院作为国家审判机关，其收取的诉讼费、罚金、没收的财物等依照工作规定仍需上缴国库，因此上缴法院的惩罚性赔偿金最终还是上缴国库，依前文所述，这一做法并不恰当。学界和司法实践中，部分学者和法官认为检察机关属于国家机关，公信力更高，且在公益诉讼中以原告身份提出惩罚性赔偿请求，因此支持由检察机关管理惩罚性赔偿金。[2] 但是检察机关属于国家机关，依据职权法定原则，检察机关并不享有对案件的执行和诉讼利益的分配的职权，因此，由检察机关管理缺乏法律依据。

---

[1] 张卫平．民事公益诉讼原则的制度化及实施研究［J］．清华法学，2013，7（4）：6－23.

[2] 金云逸．食品质量检察公益诉讼发展路径［C］//《法律研究》集刊2023年第1卷——中国式现代化公益诉讼制度研究文集．上海：上海市徐汇区人民检察院，2023：7.

同时，在公益诉讼中，检察机关只是提请人，只享有诉讼实施权，并不实质性地享有诉讼利益，以往案件中检察机关只是代为收缴和管理赔偿金，若由检察机关作为惩罚性赔偿金的管理机关，容易出现赔偿金间的混同。❶

因此，本书建议成立专门的公益基金，由社会组织进行管理。2021 年《探索建立食品安全民事公益诉讼惩罚性赔偿制度座谈会会议纪要》中提出要探索把惩罚性赔偿金纳入专门公益基金账户统一管理。相较于其他管理方式，基金管理具有更贴近市场的优势，能发挥资金的最大效能，有效提升资金使用收益。❷ 与社会性基金相比，政府性基金依法设立，严肃性和权威性更强，监管更为严格，但与公益诉讼惩罚性赔偿金需灵活使用的要求不符，在维护公共利益过程中，管理机关需要一定程度的裁量自由，基于公共利益受损的具体情况和要求灵活分配资金。同时，政府性基金无须考量资金的保值增值，容易导致资金沉淀现象。❸ 因此本书建议将公益受损惩罚性赔偿金纳入法定的社会组织成立的公益基金进行管理。为避免社会组织在资金管理过程中存在的风险，需要加强对基金的监督。各地首先需要明确基金会资金的管理与使用规则，建立由管理组织、社会公众、法检机关等主体共同参与的监督机制，对资金的使用须经会议讨论决定，定期公开资金使用情况及基金运行状况，畅通举报渠道，

---

❶ 郝岚博．消费民事公益诉讼适用惩罚性赔偿研究［D］．重庆：西南大学，2023.

❷ 陈璋剑，吴艳．规范消费类民事公益诉讼赔偿金管理使用［N］．检察日报，2021－07－08（7）.

❸ 高旭．消费公益诉讼惩罚性赔偿金的归属与分配：基于分配正义理念的跨法域研究［J］．法学，2023（12）：122－139.

采用多种方式建构多元化的监督模式。

2. 惩罚性赔偿金的适用

公益诉讼中，惩罚性赔偿责任的适用主要目的是维护受损的公共利益，因此在公益保护视角下，惩罚性赔偿金不应分配给私人受害者。部分学者主张将惩罚性赔偿金分配给私人受害者是将私益诉讼与公益诉讼中惩罚性赔偿金的责任予以混淆，前文已论述在公益诉讼中，惩罚性赔偿金的性质与私益诉讼中惩罚性赔偿金的性质不同。因此，当个人权利受到侵犯时，可通过传统私益诉讼予以救济，此种模式下，受害者自行承担维权成本并获取收益，此时惩罚性赔偿金可发挥对受害者维权的激励作用。而公益诉讼是以公共利益为救济对象的诉讼程序，诉讼成本由国家负担，程序启动时不法现象已被发现，国家已介入制止，个人便丧失了获取惩罚性赔偿金的正当性。在公益诉讼中救济个人权利，容易导致权利救济路径的混乱。因此，在公益诉讼提起前，个人提起私益诉讼有权获得惩罚性赔偿金；而在公益诉讼提起后，个人便无权获得惩罚性赔偿金，但仍可以获得补偿性赔偿，用于填补权利所受的损害。同时，权利人享有行使权利的自由，也有放弃权利的自由。部分受害者未提起私益诉讼，便可视为对个人诉权和处分权的放弃，公益诉讼程序未经受害者同意而分配惩罚性赔偿金，是对其诉权和处分权的越位；[1] 此时其也未制止侵犯公共利益的不法行为，不应对其进行激励，对其分配赔偿金违背正义分配原则。[2]

---

[1] 郝海燕. 异化与归正：消费公益诉讼惩罚性赔偿适用研究 [J]. 四川大学学报(哲学社会科学版), 2021 (3): 185-192.

[2] 文艺韵. 消费公益诉讼惩罚性赔偿研究 [D]. 武汉：武汉大学，2022.

将惩罚性赔偿金纳入专门的公益基金中，专用于特定的公益项目，通过统一规划和有序分配，从而更好地弥补受损的公共利益，维护公共利益。赔偿金可用于支付为维护相关领域公共利益所需的费用，例如由社会组织提起公益诉讼所需的诉讼费用、证据收集及鉴定费用；可用于支付由社会组织等开展的维护公共利益宣传活动所需的费用；可对在公益受损中的特殊困难群体提供应急帮助，等等，充分展现公益诉讼惩罚性赔偿金的公益价值。

总之，要规范公益诉讼惩罚性赔偿金的管理与使用，以维护公共利益为基本理念，由专门的公益基金负责管理，明确资金用途并形成完善的监督机制，建立高效的分配程序，专款专用。

第三节　公益诉讼举证责任规则

举证责任被誉为诉讼的脊梁，最早在古罗马帝国时期就出现了举证责任这个概念，经过数年的实践演化，出现了众多关于举证责任的学说，例如行为责任说、双重含义说、危险负担说等。我国的举证责任理论主要源于域外学说，受大陆法系的主观举证责任和客观举证责任理论影响较大。根据具体承担方式的不同，主观举证责任被我国通俗地解释为行为意义上的举证责任，指内在风险存在而促使当事人积极举证证明的机制；客观举证责任则被解释为结果意义上的举证责任，目前我国所采纳的有关举证责任的理论是“双重含义说”，即“行为意义上的举证责任”与“结果意义上的举证责任”并行、主客观相结合的举证责任理论。在我国的立法实践中，举证责任集中体现在民事诉讼、行政诉讼和刑事诉讼中，例如，《民事诉讼法》第67条规定，当事人对自己提出的主张，有责任提供证据。《行政诉讼法》第34条规定，被告对作出的行政行为负有举证责任，应当提供作出该行政行为的证据和所依据的规范性文件，即举证责任倒置。随着我国公益诉讼制度从理论走向现实并不断完善发展，举证责任分配在公益诉讼审理程序中显得至关重要。因此，需要立足传统诉讼与公益诉讼之间的本质区别，构建符合公益诉讼外在需要和内在用意的举证责任规则。

一、公益诉讼举证责任的规范依据

自2015年7月1日开展检察公益诉讼试点以来，有关公益诉讼举证的规范依据主要有《人民检察院提起公益诉讼试点工作实施办法》（现已失效）第44～45条、《人民法院审理人民检察院提起公益诉讼案件试点工作实施办法》（现已失效）第12条、《检察公益诉讼解释》第22条、《检察机关行政公益诉讼案件办案指南（试行）》“提起诉讼”部分关于“提供证据的责任”的规定。

此外，就特定领域的公益诉讼还有相应的部门法依据，比如在环境公益诉讼领域中，《民法典》第1230条[1]，《最高人民法院关于适用〈中华人民共和国民事诉讼法〉的解释》第

[1] 《民法典》第1230条规定：“因污染环境、破坏生态发生纠纷，行为人应当就法律规定的不承担责任或者减轻责任的情形及其行为与损害之间不能存在因果关系承担举证责任。”

282 条[1]，《最高人民法院关于审理生态环境侵权责任纠纷案件适用法律若干问题的解释》第 6 条[2]，《最高人民法院关于生态环境侵权民事诉讼证据的若干规定》中第 2 ~6 条[3]均涉及举证责任。为便于厘清举证责任，现以环境领域为例，将涉及环境民事公益诉讼（见表6 -2）和行政公益诉讼（见表6 -3）的举证内容整理如下。

---

[1] 《最高人民法院关于适用〈中华人民共和国民事诉讼法〉的解释》第 282 条规定："环境保护法、消费者权益保护法等法律规定的机关和有关组织对污染环境、侵害众多消费者合法权益等损害社会公共利益的行为，根据民事诉讼法第五十八条规定提起公益诉讼，符合下列条件的，人民法院应当受理：（一）有明确的被告；（二）有具体的诉讼请求；（三）有社会公共利益受到损害的初步证据；（四）属于人民法院受理民事诉讼的范围和受诉人民法院管辖。"

[2] 《最高人民法院关于审理生态环境侵权责任纠纷案件适用法律若干问题的解释》第 6 条规定："两个以上侵权人分别污染环境、破坏生态，每一个侵权人的行为都不足以造成全部损害，被侵权人根据民法典第一千一百七十二条的规定请求侵权人承担责任的，人民法院应予支持。侵权人主张其污染环境、破坏生态行为不足以造成全部损害的，应当承担相应举证责任。"

[3] 《最高人民法院关于生态环境侵权民事诉讼证据的若干规定》第 2 条规定："环境污染责任纠纷案件、生态破坏责任纠纷案件的原告应当就以下事实承担举证责任：（一）被告实施了污染环境或者破坏生态的行为；（二）原告人身、财产受到损害或者有遭受损害的危险。"第 3 条规定："生态环境保护民事公益诉讼案件的原告应当就以下事实承担举证责任：（一）被告实施了污染环境或者破坏生态的行为，且该行为违反国家规定；（二）生态环境受到损害或者有遭受损害的重大风险。"第 4 条规定："原告请求被告就其污染环境、破坏生态行为支付人身、财产损害赔偿费用，或者支付民法典第一千二百三十五条规定的损失、费用的，应当就其主张的损失、费用的数额承担举证责任。"第 5 条规定："原告起诉请求被告承担环境污染、生态破坏责任的，应当提供被告行为与损害之间具有关联性的证据。人民法院应当根据当事人提交的证据，结合污染环境、破坏生态的行为方式、污染物的性质、环境介质的类型、生态因素的特征、时间顺序、空间距离等因素，综合判断被告行为与损害之间的关联性是否成立。"第 6 条规定："被告应当就其行为与损害之间不存在因果关系承担举证责任。被告主张不承担责任或者减轻责任的，应当就法律规定的不承担责任或者减轻责任的情形承担举证责任。"

表 6 – 2　民事公益诉讼有关举证责任的规范依据

规范依据	举证内容	举证主体
《最高人民法院关于审理环境民事公益诉讼案件适用法律若干问题的解释》第 8 条	(1) 符合《民事诉讼法》第 121 条规定的起诉状，并按照被告人数提出副本； (2) 被告的行为已经损害社会公共利益或者具有损害社会公共利益重大风险的初步证明材料； (3) 社会组织提起诉讼的，应当提交社会组织登记证书、章程、起诉前连续 5 年的年度工作报告书或者年检报告书，以及由其法定代表人或者负责人签字并加盖公章的无违法记录的声明	原告
《人民检察院公益诉讼办案规则》第 86 条	(1) 违法行为人的基本情况； (2) 违法行为人实施的损害社会公共利益的行为； (3) 社会公共利益受到损害的类型、具体数额或者修复费用等； (4) 违法行为与损害后果之间的因果关系； (5) 违法行为人的主观过错情况； (6) 违法行为人是否存在免除或者减轻责任的相关事实； (7) 其他需要查明的事项。 对于污染环境、破坏生态等应当由违法行为人依法就其不承担责任或者减轻责任，及其行为与损害后果之间不存在因果关系承担举证责任的案件，可以重点调查 (1) ~ (3) 项以及违法行为与损害后果之间的关联性	检察机关举证 (1) ~ (4) 项 被告举证 (5) ~ (6) 项

续表

规范依据	举证内容	举证主体
《人民检察院公益诉讼办案规则》第 93 条	（1）赔偿权利人启动生态环境损害赔偿程序情况； （2）适格主体起诉情况； （3）英雄烈士等的近亲属提起民事诉讼情况； （4）社会公共利益受到损害的情况跟进调查，收集相关证据材料	检察机关
《民法典》第 1230 条	因污染环境、破坏生态发生纠纷，行为人应当就法律规定的不承担责任或者减轻责任的情形及其行为与损害之间不能存在因果关系承担举证责任	被告
《最高人民法院关于适用〈中华人民共和国民事诉讼法〉的解释》第 282 条	有社会公共利益受到损害的初步证据	原告
《最高人民法院关于审理生态环境侵权责任纠纷案件适用法律若干问题的解释》第 6 条	侵权人主张其污染环境、破坏生态行为不足以造成全部损害的，应当承担相应举证责任	被告
《最高人民法院、最高人民检察院关于检察公益诉讼案件适用法律若干问题的解释》第 14 条	被告的行为已经损害社会公共利益的初步证明材料	检察机关

表 6－3 行政公益诉讼有关举证责任的规范依据

规范依据	举证内容	举证主体
《检察公益诉讼解释》第 22 条	（1）行政机关违法行使职权或者不作为，致使国家利益或者社会公共利益受到侵害的证明材料。 （2）检察机关已经履行诉前程序，行政机关仍不依法履行职责或者纠正违法行为的证明材料	检察机关
《检察机关行政公益诉讼案件办案指南（试行）》“提起诉讼”部分	行政机关：行政行为的合法性。 检察机关：（1）证明起诉符合法定条件；（2）行政机关违法行使职权或者不作为，致使国家利益或者社会公共利益受到侵害的事实；（3）检察机关已履行诉前程序，行政机关仍不依法履行职责或者纠正违法行为的事实	行政机关 检察机关

由以上规范依据可以看出以下明显特征：一是规范层级较低，缺乏上位法的规定，上述有关举证责任的规定基本都属于司法解释，效力等级不高；二是规范内容各异，缺乏统一的规定。根据《行政诉讼法》的规定，举证责任是主要分配给行政机关的，但是《检察公益诉讼解释》中规定举证责任是主要分配给检察机关的，甚至在《检察公益诉讼解释》中删除了《人民检察院提起公益诉讼试点工作实施办法》中“国家和社会公共利益受到侵害的初步证明材料”的“初步”二字，要求检察院提供公益受损的“证明材料”，加之《人民检察院提起公益诉讼试点工作实施办法》中规定了“行政公益诉讼中检察院的举证责

任范围有……其他应当由人民检察院承担举证责任的事项”这种兜底条款的存在，加重了检察院的举证责任。三是规范概念含糊，缺乏明确的界定。上述司法解释只是规定了检察机关要向法院提交的“材料”，而没有明确“举证责任”的要求；且“材料”之间的表述也有所区别。比如《检察公益诉讼解释》中要求检察机关提供“检察机关已经履行诉前程序，行政机关仍不依法履行职责或者纠正违法行为的证明材料”，即包括诉前程序材料和行政机关没有履行的材料；而在此前的《人民法院审理人民检察院提起公益诉讼试点工作实施办法》中却仅要求“检察机关已经履行向行政机关提出检察建议、督促其纠正违法行政行为或者依法履行职责的诉前程序的证明材料”，即仅要诉前程序材料。

二、公益诉讼举证责任的司法实践与主要争议

（一）司法实践

案例是司法运行的最佳载体，只有立足于具体的司法实践才能分析问题本质。本书以“公益诉讼”“环境”为主题词，在中国裁判文书网、北大法宝网搜索到 2018—2023 年 55 例环境公益诉讼案件。这 55 例案件中，民事公益诉讼案例有 25 件，行政公益诉讼案例有 23 件，刑事附带民事公益诉讼案例有 7 件；有 9 件是由行政机关和环保组织提起的，有 46 件是由检察机关提起的。从这 55 件案例来看，公益诉讼的举证责任并不都是遵循传统诉讼的举证责任，比如在行政公益诉讼案中，传统行政诉讼的“举证责任倒置”规则变成了“谁主张谁举证”，检察机关承担了起诉资格、被告具有法定职责、被告没有履行或者没有完全履行法

定职责、国家利益或者社会公共利益受到损害、检察机关已经履行诉前程序且被告没有履行职责等的举证责任。民事公益诉讼案件中，环境侵权的“举证责任倒置”变成了“谁主张谁举证”规则，检察机关承担了大部分的举证责任。可见在司法实践中，公益诉讼的举证责任分配规则在被适用时并不是“一刀切”的。

产生这种状况的根源在于，目前对公益诉讼的举证责任分配，既没有明确而系统的立法规定，也缺乏具有普遍指导意义的典型案例，致使对公益诉讼起诉人、被告及法院等各方主体应承担何种程度的举证责任缺乏统一认识。加之制度创设初期，为最大限度地发挥制度的显性价值，追求尽可能大的社会效果，甚至为了完成上级下达的办案数量与办案效果的硬性指标要求，“检察机关为避免在公益诉讼中败诉，为了更能‘说服’法院采纳自身的主张，将未规定、未言明的证明标准设想较高，进行万无一失的准备”❶。在诸多检察公益诉讼案件中，检察机关为达到胜诉的目的，在一定程度上沿袭了其办理刑事案件的举证思路，主动承担了绝大部分甚至全面的举证责任，甚至不再拘泥于传统诉讼中的举证责任，自行承担起证明被告违法的举证责任。比如有学者对120起民事公益诉讼案件进行研究，其中有102件是环境民事公益诉讼案件，在这些案件中仅有1件在判决书中引用了原《侵权责任法》第66条规定，“因污染环境发生纠纷，污染者应当就法律规定的不承担责任或者减轻责任的情形及其行为与损害之间不存在因果关系承担举证责任”，也即只有这1件案件

---

❶ 樊华中．检察公益诉讼的调查核实权研究：基于目的主义视角［J］．中国政法大学学报，2019（3）：5－18.

是由被告证明其行为与损害之间的因果关系，其他案件都由检察机关证明这一因果关系。[1] 在检察机关提起的行政公益诉讼中，检察机关也是如此。[2] 事实上，检察机关承担过重的举证责任造成的消极影响是明显的：一是检察机关过重的举证责任，将影响公益诉讼起诉人提起行政公益诉讼的积极性，导致行政公益制度发展受阻；二是检察机关过重的举证责任，将促使检察机关不计调查取证成本甚至出现取证成本大于诉讼获得的公共利益收益的情况，导致“不仅不能保护国家和社会公共利益，反而将损害公共利益”[3]；三是检察机关过重的举证责任，将本应由行政机关承担的举证责任转移至检察机关，导致行政机关消极应诉甚至公共利益受损进一步加剧。

（二）主要争议

当下，司法实践呈现偏离举证责任分配基础理论的倾向，学界对此也是观点纷呈，概括起来主要分两种类型。

（1）针对民事公益诉讼而言，主要观点有：检察民事公益诉讼应实行举证责任倒置分配规则，其主要理由在于，检察机关不像社会组织、公民个人等普通的公益诉讼当事人，其强大的国家检察权足以保障诉讼能力，因而在举证责任分配中适当加强检察机关的举证责任是可行的，可以实行举证责任倒置，“检察机关应当就国家和公共利益受到侵害的事实（包括一定的因果关

---

[1] 张嘉军，等．民事公益诉讼原理与架构［M］北京：法律出版社，2023：319.

[2] 有学者以“文昌市人民检察院诉文昌市海洋与渔业局不履行查处违法定置网的法定职责案”论证了检察机关承担主要举证责任的情况。万进福．行政公益诉讼规则研究［M］．北京：中国法制出版社，2022：217.

[3] 王玎．行政公益诉讼证据制度建构：以法经济学为分析视角［J］．青海社会科学，2018（3）：141－149.

系）承担举证责任”[1]。

（2）针对行政诉讼而言，主要观点有四种。[2]

第一种观点认为，检察行政公益诉讼应与传统行政诉讼一样实行“举证责任倒置”的举证责任分配规则。检察行政公益诉讼应遵循传统“举证责任倒置”规则，该观点主要基于以下两点理由：一是虽然检察行政公益诉讼是一种新型行政诉讼，但其本质上仍属于行政诉讼范畴，“举证责任倒置”规则作为行政诉讼举证责任分配基本规则不应突破；二是虽然检察机关的调查取证能力强于传统行政诉讼原告，但相比而言，由行政机关调查取证更具专业性、便利性及高效性。因此，实行举证责任倒置，既是行政诉讼本质和原则的体现，亦是行政公益诉讼案件实质上的要求，举证责任倒置在行政公益诉讼中同样适用。[3]

第二种观点认为，检察行政公益诉讼应实行“谁主张谁举证”的举证责任分配规则。该观点主要基于以下三点理由：一是检察机关与行政机关同为公共利益的维护者，检察机关应对行政机关的专业性予以足够的尊重，其提起行政公益诉讼应承担较重的举证责任；二是传统行政诉讼之所以实行“举证责任倒置”规则，主要是因为传统行政诉讼原告相对于行政机关举证能力严重不对等，而在行政公益诉讼中检察机关具有较强的举证能力，由检察机关承担举证责任是合理的；三是行政行为具有公定力，为维护行政秩序的稳定，防止检察机关滥用行政公益诉讼诉权，

---

[1] 孔祥稳，王玎，余积明．检察机关提起行政公益诉讼试点工作调研报告［J］．行政法学研究，2017（5）：87－98．

[2] 万进福．行政公益诉讼规则研究［M］．北京：中国法制出版社，2022：218－219．

[3] 朱全宝．论检察机关提起行政公益诉讼：特征、模式与程序［J］．法学杂志，2015，36（4）：112－118．

可以通过举证责任分配要求检察机关承担主要的举证责任以审慎行使行政公益诉权，因此检察行政公益诉讼原则上应由检察机关负举证责任。[1]

第三种观点认为，检察行政公益诉讼应实行“推进加重”的举证责任分配规则。该观点认为，不能因为检察机关在证据收集方面比传统行政诉讼原告具有更大的技术、能力和保障优势而减轻甚至免除行政机关的举证责任。检察机关在行政公益诉讼中承担的应为程序推进举证责任，而“由于检察机关本身掌握了公共利益受到侵害的证据，而且也有一定的调查核实权力和证明能力，因此检察机关在公益诉讼中，通常会积极承担推进说明的证明责任”[2]，检察机关抗辩能力的增强并不改变行政机关在诉讼中的举证责任，“使得行政机关在事实上更加重了举证责任”[3]。

第四种观点认为，检察行政公益诉讼应综合适用“谁主张谁举证”与“举证责任倒置”的举证责任分配规则。该观点认为，检察行政公益诉讼举证责任分配应以有利于查明事实和维护公共利益为目的作出合理的制度安排，既要考虑诉讼各方的举证能力，又要遵从举证责任分配基本法理。在检察机关、行政机关甚至法院之间妥善配置举证责任，既要求检察机关承担与其举证能力相匹配的举证责任，又不因此减轻甚至免除行政机关的举证责

---

[1] 傅国云．行政公益诉讼制度的构建［J］．中国检察官，2016（5）：64－67.

[2] 刘艺．检察公益诉讼的司法实践与理论探索［J］．国家检察官学院学报，2017，25（2）：3－18.

[3] 黄学贤．行政公益诉讼回顾与展望：基于“一决定三解释”及试点期间相关案例和《行政诉讼法》修正案的分析［J］．苏州大学学报（哲学社会科学版），2018，39（2）：41－53.

任。该观点又因是否区分作为与不作为存在不同的认识，有的观点认为：如果是作为，则适用“举证责任倒置”规则；如果是不作为，则由检察机关承担主要的举证责任[1]。有的观点则认为：不应区分作为与不作为，对行政行为的合法性均应由行政机关承担举证责任，如果在检察机关调查权得不到保障的前提下科以过高的举证责任，则有违公平原则[2]。

三、公益诉讼举证责任的域外借鉴

第二次工业革命加快了西方国家工业化的进程，导致西方的环境污染问题相当严峻，由此催生了西方公益诉讼制度的研究和探索，环境领域成为探索的重点。通过域外大量的实践，环境公益诉讼已经相对成熟，积累了相当丰富的经验且具备解决问题的方案。在此，本书分别对美国、印度和德国在环境公益诉讼中有关举证责任规定进行研究分析，为不断完善我国公益诉讼举证责任提供借鉴启示。

（1）美国环境公益诉讼举证责任规定及分析。美国是环境公益诉讼界的鼻祖，与我国现行适用的“一刀切”原则不同，美国采用的是灵活的举证责任分配规则，其没有具体的举证责任原则，而是在具体的案件中由法官来分配具体的举证责任[3]，即案件不同举证责任不同。但同时也出于原告举证能力的有限性考虑，而被告距离证据相对来说比较近，所以大部分法院支持因果

---

[1] 滕艳军．检察机关提起行政公益诉讼的实践反思：以四起检察机关一审败诉案件为切入点［J］．司法改革论评，2018（1）：247－258.

[2] 林仪明．我国行政公益诉讼立法难题与司法应对［J］．东方法学，2018（2）：151－160.

[3] 罗珊．中美环境公益诉讼比较研究［D］．湘潭：湘潭大学，2017.

联系，由被告来承担举证责任。比如，环境领域的民事侵权案件在分配举证责任时，法院认为被告与证据进行了直接的接触[1]，因此其理所当然要负主要的举证责任，而原告与证据的距离相对较远，举证责任的重任不由其承担。

美国密歇根州在20世纪90年代颁布《密歇根州环境保护法》，对于起诉者提供的有关被诉者破坏环境公益的证据材料，从证据种类上，不论是直接证据还是间接证据，若对方对这些证据无法否定，就认为起诉者的诉讼请求是成立的。此举一出，美国其他州都采取相同做法，在环境领域的民事侵权诉讼举证责任方面都采取偏向原告的态度。尽管各国建立环境公益诉讼的最终目的都是保护环境，使经济效益和生态效益并行，在实行举证责任分配时也是以此为价值导向的，但不容忽视的是，我国与美国的国情不同、制度不同，直接照搬美国的环境公益诉讼司法经验容易导致“水土不服”。不过美国所采取的更加灵活的举证责任分配制度，进一步健全法律规定等方面是值得我们借鉴的。

（2）印度环境公益诉讼举证责任规定及分析。印度是发展中国家里首个引入公益诉讼制度的国家。早在20世纪七八十年代，印度就开始了环境公益诉讼的探索之路。1986年的《印度环境保护法》设置公民诉讼条款，随后在《空气污染放空法》和《水污染放空法》中又添加了相应条款。[2] 经过多年探索，印度立足本国国情，构建了较为完善的环境公益诉讼制度。印度在环境公益诉讼中偏重发挥法院的司法能动作用，法院除在通过采

---

[1] 陈刚．证明责任法研究［M］．北京：中国政法大学出版社，2000：139.

[2] 吴卫星．环境公益诉讼原告资格比较研究与借鉴：以美国、印度和欧盟为例［J］．江苏行政学院学报，2011（3）：131－136.

取宽泛的起诉资格、降低诉讼成本等措施来发挥司法的能动作用之外，还可对行政机关的职权进行干涉，目的就是更好地促进行政机关积极履行法院判决，这与我国的司法建议制度有异曲同工之妙。同时，由于法院对特定领域专业知识存在缺乏，为了有效保证诉讼程序顺利进行，印度法院会任命调查专员和委员会对具有专业性和技术性要求高的诉讼环节中的举证问题进行个别调查，最终将结果移交至法院，这种做法可以有效规避原告举证能力不足的问题，为原告在取证方面提供强有力的司法支撑。当然，该措施是特别调查，需要足够的人力和经费支撑，因此可能存在人力有限、经费不足的隐患。但从宏观角度来看，印度的这一司法经验值得我国借鉴吸收，可以为完善我国举证责任配套措施提供思路，帮助还原案件事实，推动诉讼的有效进行。

（3）德国环境行政公益诉讼举证责任规定及分析。德国的举证责任理论较为先进，其中以罗森贝克提出的“法律要件分类说”尤为出名。后来出现的危险领域说、损害归属说等新学说都是在此基础上提出的。我国的环境公益诉讼深受大陆法系国家影响，尤其是德国。德国是环境污染侵权案件中最先适用举证责任倒置的国家[1]，这是德国法官在司法实践当中创设的规则。但是德国的举证责任倒置规则仅适用于特定的案件，往往是在一般举证责任原则不能满足社会需要时才予以考虑。以德国联邦最高法院著名的“滑铁卢判决”为例，该案中被告废气污染排放量超过国标，侵蚀原告的车辆造成原告损害。德国联邦最高法院认

[1] 周翠．侵权责任法下的证明责任倒置与减轻规范：与德国法比较［J］．中外法学，2010，22（5）：698－720.

为，被告明显比原告更加接近污染过程，因此要求被告就污染原因过程进行说明，因果关系之说明义务与举证责任应由被告负担，比要求原告承担举证责任更为合理。[1] 对此，1991 年《德国环境责任法》第 6 条第 1 项规定，只要企业或设施对于造成损害是具有合理关联性的、适合的，即推定该损害与企业或设施之行为间具有因果关系。值得注意的是，“滑铁卢判决”中的案例还涉及一个问题，就是判断污染源设施是否达到了国家环境标准。在当时的德国，行政法院配备具有环境专职法官满足环境纠纷需要的能力有限，因此有学者提出仅把裁判权赋予行政法院是不合理的，应单独成立一个专家委员会分离于法院。事实上，在 20 世纪 80 年代以前，德国联邦行政法院普遍认为法院审理此类案件是不需要受行政机关制定的环境标准约束的，法院掌握环境审查权、最终解释权和裁判权。这是因为受传统通说的影响，认为法院在原则上是不予承认行政机关具有对不确定的法律概念进行解释和决定的余地[2]，其中就包括专业科学性极强的环境标准。然而，经过一系列的环境诉讼案，这种判例观点被彻底推翻了，德国法院不得不承认行政机关在环境标准方面有“具体化余地”，应认真对待而不应一概否定。这对于我国建立一个科学、客观、全面的环境标准认定机制有一定的借鉴价值，细化举证责任分配的当事人责任标准，完善环境公益诉讼举证责任规则体系。

[1] 申惟中．举证责任于公害诉讼之实务运作：以举证责任转换为中心［J］．司法新声，2015，114（4）：16.

[2] 栾志红．论环境标准在行政诉讼中的效力：以德国法的规范具体化行政规则为例［J］．河北法学，2007（3）：146－149.

四、公益诉讼举证责任的完善建议

证据与诉讼程序密切相关，以至于缺乏证据制度的诉讼制度设计即便看起来再精巧也会变得毫无意义。❶ 举证责任分配是举证责任的核心，举证责任是证据制度的核心，证据制度又是诉讼制度的核心，由此可以说，举证责任分配是整个诉讼制度的核心所在，不仅影响着案件事实的认定，左右着裁判的结果，还关系着诉讼制度的价值能否实现，因此需要根据不同的诉讼类型设计不同的举证责任分配规则。公益诉讼作为一种新类型诉讼，由于公益诉讼案件具有特殊性，因而在公益诉讼举证责任的制度设计上应体现出有别于一般私益诉讼的特殊性。公益诉讼的举证责任应建立在其特殊性的基础上，考虑各种相关因素，明确分配规则，细化责任事项。

（一）公益诉讼举证责任分配考虑因素*

如前所述，随着现代社会的高速发展，公害现象日益严重而致害事实认定却越发困难，仅凭单一的理论学说难以为公益诉讼的举证责任分配提供全面的理论支撑。公益诉讼举证责任分配需要以规范说为主体并结合危险领域说、多重原则说、利益衡量说等学说，综合举证的难度、与证据的距离、诉讼效益等，特别是以下与公益诉讼密切相关的考量因素进行科学设计。

1. 公益举证的难度与能力

通过分析上文提及的检察公益诉讼举证责任分配的不同观点

---

❶ 章剑生．行政程序中证据制度的若干问题探讨［J］．法商研究，1997（6）：57－63.

* 万进福．行政公益诉讼规则研究［M］．北京：中国法制出版社，2022：220－222.

不难看出，四种观点基本都以诉讼主体的举证能力作为一项重要的立论基础，围绕是否应因检察机关举证能力的增强而改变传统诉讼举证责任分配规则。由此可见，公益诉讼举证的难度与能力应是公益诉讼举证责任分配规则设计考量的一个重要因素。从举证难易角度看，当事人双方谁更容易证明案件事实，就由谁承担举证责任，又因否定事实比肯定事实更难证明，因此通常由主张肯定事实的当事人承担举证责任，主张否定事实的当事人不承担举证责任；从举证能力角度看，由举证能力强的一方当事人承担举证责任，通常更有利于提高诉讼效率，节省诉讼成本。行政公益诉讼中，对行政行为的合法性由行政机关承担举证责任无疑是符合上述考量因素的，而是否履行诉前程序由检察机关举证同样是合理的。

2. 公益维护的成本与效益

与传统诉讼以保护公民、法人和其他组织的合法权益为直接目的不同，公益诉讼的直接目的是维护国家利益和社会公共利益。虽然说无论通过何种方式和途径维护公共利益都需要投入一定的公共资源和社会成本，但相对行政手段和诉前程序而言，诉讼程序属于高成本的公共利益维护方式，因为无论是由作为公益诉讼起诉人的检察机关举证，还是由作为被告的行政机关举证，抑或由法院依职权调查收集证据，都需要损耗一定的公共资源，如果不科学合理地设计公益诉讼举证责任分配规则，不考虑举证成本和诉讼收益，则可能导致举证投入的公共财政支出和行政、司法资源大于行政公益诉讼所要救济和维护的公共利益，出现为救济受损的公共利益却消耗了更多的公共资源的情况，显然有违创设公益诉讼制度的初衷。为提高公益诉讼公益维护的效益，减轻双方当事人的诉讼成本投入和法院的司法资源投入，最直接的方法便是通过设计科学的举证责任分配规则控制诉讼举证成本。换言之，公益诉讼举证责任分配规则设计应充分考虑公益维护的成本与效益。

3. 公益损害的预防与救济

危险领域说认为，在诸如环境污染、食品药品安全等特定领域，有关损害后果及其严重程度、致害行为与损害后果之间的因果关系等方面的举证，因受制于客观因素，受害人通常难以完成。由此，无论是从有利于查明案件事实的角度，还是从有利于损害的预防和救济的角度，都应该考虑由致害方就发生损害的客观要件和主观要件不存在的事实负举证责任，毕竟损害源自加害人，非受害方所能控制。公益诉讼适用领域大都涉及环境污染、食品药品安全等特殊领域，举证责任分配必须考虑到公益损害的预防与救济问题，由哪一方当事人承担举证责任更有利于损害的预防与救济，则确定由该方当事人承担举证责任。假如如前文介绍的实行“谁主张谁举证”的举证责任分配规则，甚至像当前司法实践中出现的完全由检察机关承担举证责任的情形，将不仅导致行政机关消极应诉，而且公益诉讼起诉人会因举证责任过重显著增加败诉的风险，行政机关因违法行使职权或怠于履职致公益受损的行为会得不到应有的制裁，显然不利于公益损害的救济与预防。

4. 公益诉权的保护与规范

公益诉讼与传统诉讼在起诉资格认定上最大的区别就在于不以存在利害关系为前提，使得公益诉讼比传统诉讼在诉权保护与滥诉规制的处理方面需更加慎重。一方面，需要着力强化公益诉权保护意识，积极回应人民群众关切，有力保障公益诉讼起诉人依法合理行使公益诉权，防止通过科以过重的举证责任等方式不当干预公益诉权的行使；另一方面，因公益起诉资格不以存在利害关系为前提，使得公益诉讼滥用风险增加，需要正确引导公益诉讼起诉人依法行使公益诉权，严格规制恶意诉讼和无理缠诉等滥诉行为，其中可以通过设计科学的举证责任分配规则等制度安排有效规制滥用公益诉权的行为。公益诉讼举证责任分配作为公益诉权保护与防止公益诉权滥用的一项有效制度，在设计举证责任分配规则时理当将公益诉权的保护与规范作为其考量因素之一，这样既能保护和提高公益诉讼起诉人为维护公共利益提起行政公益诉讼的积极性，又能防止部分公益诉讼起诉人滥用诉权浪费司法资源及影响行政效率。

（二）行政公益诉讼举证责任的分配规则

如前文所述，从起诉人提起诉讼的直接目的角度看，与作为主观诉讼的传统诉讼直接目的侧重于“保护和救济个体权利”不同，作为客观诉讼的公益诉讼的直接目的在于“维护公共利益和客观法秩序”两大方面，即维护公共利益与监督依法行政并重。因此，公益诉讼举证责任分配规则既不宜单纯采用传统行政诉讼中的“举证责任倒置”规则，也不宜主要适用民事诉讼中的“谁主张谁举证”规则，而应综合多种学说以及举证难度、诉讼效益等多重考虑因素，综合“谁主张谁举证”规则、“举证责任倒置”规则以及法院职权探知主义，以最大可能地查明案件事实和维护公共利益。

具体来说，可以借鉴举证责任通说观点的行为意义上的举证责任和结果意义上的责任来划分。其中行为意义上的举证责任是一种无条件的且可以反复进行并发生转移的证明责任，而结果意义上的举证责任则是一种不能发生转移且属于附条件的证明责任。相对应地，推进诉讼的举证责任属于行为意义上的举证责任，该举证责任无论是公益诉讼起诉人、行政机关甚至法院都可以承担，且该举证不能并不直接与承担败诉后果相关联；结果意义上的举证责任则属于举证不能即败诉的证明责任，该举证责任只能在作为诉讼当事人的公益诉讼起诉人与行政机关之间进行分配。下文将在综合上述分配规则和考量因素的基础上，结合现行相关规定，就公益诉讼起诉人、行政机关的举证责任及法院的调查取证职责作如下界定。[1]

1. 公益诉讼起诉人的举证责任

《检察公益诉讼解释》《检察机关行政公益诉讼案件办案指南（试行）》规定应由检察机关证明的事实包括三个方面：一是证明起诉符合法定条件；二是行政机关违法行使职权或者不作为，致使国家利益或者社会公共利益受到侵害的事实；三是检察机关已履行诉前程序，行政机关仍不依法履行职责或者纠正违法行为的事实。总体而言，上述规定因未明确区分行为意义上的举证责任和结果意义上的举证责任，致使实践中普遍出现检察机关举证责任过重的情况，不仅影响检察机关提起行政公益诉讼的积极性和行政公益诉讼的制度效果，而且迫使检察机关为尽可能胜诉而不计投入地收集证据，致使在公益维护方面“得不偿失”。为此，需要综合“谁主张谁举证”“举证责任倒置”规则以及上

---

[1] 万进福．行政公益诉讼规则研究［M］．北京：中国法制出版社，2022：226－228.

述多种考量因素，明确区分行为意义上的举证责任和结果意义上的举证责任，其中公益诉讼起诉人应承担的结果意义上的举证责任应仅限于三个方面：一是已经履行诉前程序的事实，二是公共利益受到侵害并直到起诉时仍处于受侵害状态的事实[1]，三是行政不作为案件中行政机关对遭受侵害的公共利益具有法定监管职责，该部分举证不能将直接导致公益诉讼起诉人承担不利的法律后果。行为意义上的举证责任则主要涉及以下两方面：一是行政机关存在违法行使职权或者不作为的事实，二是行政机关违法行使职权或不作为与公共利益受到侵害之间因果关系的事实。该部分举证不能并不直接导致公益诉讼起诉人败诉的后果，也不因此减轻或免除行政机关的举证责任，相反，该部分举证能力的提高只会进一步加大行政机关举证的难度。

2. 行政机关的举证责任

虽然《行政诉讼法》《检察公益诉讼解释》均未对行政公益诉讼中行政机关的举证责任作出专门规定，但根据《检察公益诉讼解释》第 26 条关于“本解释未规定的其他事项，适用民事诉讼法、行政诉讼法以及相关司法解释的规定”的内容，行政公益诉讼中的行政机关仍应对其行政行为的合法性承担举证责任。对此，《检察机关行政公益诉讼案件办案指南（试行）》亦明确规定：“行政机关对其作出的行政行为的合法性承担举证责任。”公益诉讼起诉人和行政机关作为诉讼两造，虽然从应然角度看维护并增进公共利益是二者共同追求的目标，

---

[1] 杨解君，李俊宏．公益诉讼试点的若干重大实践问题探讨［J］．行政法学研究，2016（4）：108－123.

但在同一诉讼程序中二者被置于攻防两端。根据“举证责任倒置”规则，结合公益诉讼成本、效率等因素，行政机关结果意义上的举证责任，除公益诉讼起诉人行为意义上的举证责任即行政机关应就其不存在违法行使职权或者不作为情形的事实，以及公共利益受到侵害与行政机关履职之间不存在因果关系的事实外，还应对公益诉讼起诉人没有达到或者超过起诉期限，对由其管理、保存、控制的行政信息、抽象行政命令和规定，对一些行政专业性、技术性问题等事实，承担举证责任。[1] 行政机关行为意义上的举证责任则主要是公益诉讼起诉人结果意义上的举证责任，包括未履行诉前程序的事实，公共利益未受到侵害或者侵害状态已经结束的事实，涉案公共利益不属于其法定监管职责的事实等。

3. 法院的调查取证职责

法院主动调查取证作为职权探知主义的一个显著特征，既是法院作为国家权力机关在涉及公共利益保护时理应承担的职责，也是行政公益诉讼举证责任分配的重要方面。无论是因公益诉讼起诉人客观举证不能，还是因行政机关主观消极举证，只要是当有关公共利益的事实处于真伪不明时，法院认为有必要时即可向有关行政机关以及其他组织、公民调取证据。相对于包括检察机关在内的公益诉讼起诉人在调查取证时缺乏调查取证强制手段，难以有效地收集查明案件的充分证据，法律赋予了法院在收集证据时的各种强制手段。通过有效发挥其他主体所不具有的强制性

---

[1] 最高人民检察院民事行政检察厅．检察机关提起公益诉讼实践与探索［M］．北京：中国检察出版社，2017：174.

的收集证据的优势，一方面，可以避免因双方当事人竞争举证导致的成本抵销甚至超过收益的情形；[1] 另一方面，通过法院主动调查取证，在推进诉讼的同时提高诉讼效率，对公共利益的实现亦能起到极大的推动作用。不过需要明确的是，法院的调查取证职责只能是行为意义上的举证责任，而非结果意义上的举证责任，职权探知主义的目的在于尽可能全面且快速地查明案件事实，但法院作为中立于案件当事人的司法机关，并不需要承担事实真伪不明时的不利后果，该不利后果仍由承担结果意义上举证责任的案件当事人承担。在理论上论证并强调职权探知主义下法院主动调取证据的合法性、正当性和可行性的同时，实践中需要明确应当严格控制法院依职权主动调取证据的目的，其只能为查明案件事实以维护公共利益为旨意，而不能仅为了证明行政机关行为的合法性而主动收集证据。

（三）民事公益诉讼举证责任的分配规则

基于公益诉讼举证责任分配考虑因素，借鉴举证责任通说观点的行为意义上的举证责任和结果意义上的责任划分，在民事公益诉讼举证责任的分配中，现行司法解释明确规定了检察机关需要提交“初步证明材料”，对此表明民事公益诉讼中基本遵循的仍是“谁主张、谁举证”，而随着诉讼过程的进行，利用证据推进的责任则会在双方当事人之间来回转移，也就是值得讨论的行为意义上的举证责任，在民事公益诉讼中是否需要“举证责任倒置”也在这个范畴中探讨。

---

[1] POSNER R. A an economic approach to the law of evidence [J]. Stanford Law Review, 1999, 51 (3): 1490 - 1492.

本书认为，检察机关在民事公益诉讼中不应适用“举证责任倒置”。尽管检察机关作为国家机关，具有强于普通公民的举证能力，但与被告中具有一定实力的大型企业相比，尤其在面临公益诉讼中常常出现的专业领域下，检察机关自身尚不夯实的调查取证权和极其局限的知识储备，常感捉襟见肘。

对检察机关提起的初步证明材料，只能是证明可能存在的损害行为、损害结果和具有优势证明标准的因果关系，公益诉讼被告的反证仍需要高度盖然性地予以证明。对行政机关和社会组织提起的民事公益诉讼，依然应按照传统民事诉讼的“谁主张、谁举证”进行。

CHAPTER 07 >>

第七章 公益诉讼专门立法重点内容之执行程序

法律的生命在于实施，裁判的价值在于执行。生效裁判的执行既是诉讼相关活动的最后一环，也是实现裁判确定的权利义务的关键一环。公益诉讼的执行作为通过诉讼程序修复受损公共利益的“最后一公里”，不仅直接关系公益诉讼制度价值的实现，而且关系司法权威和司法公信力，因此构建科学的公益诉讼执行规则，完善公益诉讼执行程序尤为重要。

第一节 公益诉讼执行的本质与依据

公益诉讼执行规则的科学构建，一方面应以公益诉讼执行的本质特征为基础，另一方面应以现行公益诉讼执行的规范依据为参照，针对公益诉讼的本质属性设计相关的程序规则。

一、公益诉讼执行的本质特征

与传统私益诉讼执行以实现个体私益为目的不同，公益诉讼执行围绕公共利益这一利益基础和核心标的，呈现出非讼性、预防性、公益性等本质属性。

（一）执行法理的非讼性

案件审理程序分为诉讼案件程序与非讼案件程序，与此相对应，程序法理分为诉讼法理与非讼法理。传统诉讼法理论认为，诉讼法理与非讼法理之间存在诸多差异，如前者原则上采用处分权主义，后者处分权主义受到一定的限制或排除；前者采用辩论主义，后者则采用职权探知主义；前者贯彻当事人推进主义，后者贯彻法院职权推进主义；前者遵从对方当事人对立原则及当事人恒定主义，后者法院可依职权将利害关系人引入程序而不严格遵从上述原则等。[1] 虽然关于一般生效裁判执行程序是否适用非讼程序尚存争议，但在为实现公益保护目的的公益诉讼案件中，却表现出明显的强职权主义色彩，公益诉讼执行具有较强的“非讼性”，即人民法院在公益诉讼及其生效裁判执行过程中，“并非消极的居中裁判者，而是积极的程序管理者和推进者。法院所发挥的作用，已经带有一定的能动司法甚至可以说是行政管理的色彩”[2]。公益诉讼执行法理的非讼性，决定了人民法院在执行过程中应采用职权推进主义和职权探知主义，发挥人民法院的主

---

[1] 邱联恭．程序制度机能论［M］．台北：三民书局，1996：116－117．

[2] 段厚省．环境民事公益诉讼基本理论思考［J］．中外法学，2016，28（4）：889－901．

导作用。

（二）执行标的的复杂性

从公益诉讼与私益诉讼的比较而言，公益诉讼执行标的具有复杂性特征，具体体现为：一是执行法律关系的多主体性。行政公益诉讼中行政机关通常并非公共利益的直接致害者，生效裁判的执行标的看似由行政机关履行，但最终具体实施者往往是致害行政相对人，为了确保执行实效，作为执行主体的人民法院、作为启动诉讼的公益诉讼起诉人、作为监督执行的检察机关以及其他机关和社会组织、公民个人等均可能通过各种法律关系介入执行。二是执行内容的专业性与多样性。在环境民事公益诉讼中，特有的公益性、预防与补救功能、惩罚性决定了其执行内容中包含多种给付义务。按类型可划为以生态环境修复费用以及服务功能损失为主要形式的金钱给付义务与以停止侵害、排除妨碍、消除危险、生态环境修复、劳务代偿、赔礼道歉等为主要形式的行为给付义务。[1] 在司法实践中，在同一案件中往往会出现金钱给付义务与行为给付义务混合的现象，比如在贵州玉屏湘盛化工有限公司、广东韶关沃鑫贸易有限公司土壤污染责任纠纷一案中，执行标的包括金钱与行为，其中行为包括停止侵害等不作为行为、消除污染的作为行为、聘请第三方进行环境修复的可替代作为。[2] 由于金钱给付义务与行为给付义务在执行具体措施、执行周期以及执行监督上都有着较大的区别，无疑给环境民事公益诉

[1] 刘鋆．论环境民事公益诉讼生效裁判文书的执行［J］．中国石油大学学报（社会科学版），2019，35（6）：51－55.

[2] 参见贵州省遵义市中级人民法院（2016）黔03民初520号民事判决书。

讼裁判的执行增添了新的难度。在行政公益诉讼中，因为公共利益的修复通常具有较强的复杂性、专业性和周期性特征，人民法院鉴于自身的专业性限制以及对行政机关专业能力的尊重，在作出作为执行依据的判决主文时，特别是在判决履行职责、重新作出行政行为以及采取补救措施等涉及积极作为义务时，通常难以具体化，造成行政机关是否履行判决标准不明确。三是执行标的具有转换性。执行标的的转换，是指“在执行过程中，由于被执行人的原因，对原执行标的已经无法执行或暂时无法执行，经申请人同意，以另一种财物或行为替代原执行标的，以实现权利人利益的制度”❶。当前，我国民事诉讼法等相关法律未对民事案件执行标的转换作出具体规定，但在环境民事公益诉讼案件中，部分法院判决结果中会涉及执行标的转换这一问题，如规定被执行人以劳务或是技术改造清除污染等其他方式清偿债务。在江西省抚州市人民检察院诉时某、黄某生民事公益诉讼一案中，被告应植树造林、恢复植被并养护 3 年，以达到植树造林的要求，如验收时未达到植树造林的要求则再缴纳 8 万元生态环境修复费用，其中就涉及执行标的的转换。❷ 由此可见，法官在作出裁判时通常会结合案件中生态环境要素的流动性、易变性以及生态系统的整体性和协调性，同时从执行力的角度考虑执行依据的可执行性、执行成本、执行成效，积极探索灵活的、可转换的责任承担方式。比如劳务代偿就是“将金钱给付义务与行为给付义务在特定时空条件下进行的等价转换，更是社会权益、公共权益的权

❶ 潘剑锋. 民事诉讼原理［M］. 北京：北京大学出版社，2001：436.

❷ 参见江西省抚州市人民法院、江西省抚州市中级人民法院（2017）赣 10 民初 142 号民事判决书。

衡，体现了恢复性司法和社会矫正理论”❶。而行为给付义务转化为金钱给付义务主要体现为在被告“逾期不履行修复义务”或“修复义务未达到标准的，支付生态修复费用”和“代履行”❷，以实现对生态环境的实质性保护与改善。

（三）执行目的的公益性

诉讼的根本价值在于保障当事人合法权益，而诉权是权利实现的重要手段，因而，公益诉讼的目的也要求其诉求和执行的公益性，即为了实现保护公益目的，表达公益诉求，实现对公共利益的救济。比如环境公益诉讼执行中的“环境保护公益金专项资金”或者“环境民事公益诉讼金”，这是为了环境保护与生态修复而专门设立的基金，将被告所付的环境公益赔偿款纳入其中，也可补偿保护环境公共利益受到侵犯所造成的直接损失。在2015年颁布的《最高人民法院关于审理环境民事公益诉讼案件适用法律若干问题的解释》第24条明确规定，生态环境修复费用应当“专款专用”。同时，《环境保护法》第58条规定，符合规定的环保组织应本着保护环境的目的向法院提起诉讼，不允许环保组织在诉讼中谋取利益，以确保环境诉求的公益性。又比如传统行政诉讼围绕原告私益的实现，仅依赖原告和人民法院的执行规则和执行体制，难以实现维护公共利益的目的。而在行政公益诉讼执行中，对行政机关怠于履行生效裁判的行为采取强制措施，使公共利益及时脱离受侵害的状态。为实现维护公共利益执

---

❶ 吕忠梅．公益诉讼守护长江生物多样性：王某朋等59人非法捕捞、贩卖、收购鳗鱼苗案［J］．法律适用，2022（3）：9-10.

❷ 王麒睿，毋爱斌．环境民事公益诉讼责任承担方式体系论：基于39起典型案件的实证研究［J］．法治论坛，2020（1）：326.

行目的，需要构建以执行责任主体、执行启动程序、执行实施程序、执行具体措施、执行回访程序、执行监督程序等为主要内容的行政公益诉讼执行程序规则体系，为此，执行模式的选择、执行责任主体的确定、执行措施的采用、执行效果的检验等具体事项的科学性和有效性，都需要从维护公共利益的最终成效进行考量。因此，传统行政诉讼执行中适用的处分权主义、辩论主义、当事人推进主义、当事人恒定主义等传统原则，在行政公益诉讼执行过程中受到限制甚至被排除适用，取而代之的是以维护公共利益执行实效为导向的责任主体、执行方式、保障措施、监督机制等多元化的强职权主义。

二、公益诉讼执行的现有规范依据

目前，我国的公益诉讼没有像民商事诉讼那样有统一的执行制度，有关公益诉讼执行的规定散见于各基本诉讼法律规范和相关的司法解释之中。下文将从国家层面与地方层面两个视角探析公益诉讼执行的相关规范依据。

（一）国家规范层面

现行《民事诉讼法》和《行政诉讼法》并没有对公益诉讼的执行作出明确规定，但是根据相关司法解释的规定，公益诉讼的执行一般参照《民事诉讼法》和《行政诉讼法》等的相关规定。如最高人民检察院发布的《人民检察院公益诉讼办案规则》第111条规定："本规则未规定的其他事项，适用民事诉讼、行政诉讼法及相关司法解释的规定。"在此规则中基本没有提及公益诉讼执行，但根据这条规定可知，公益诉讼的执行是参照《民事诉讼法》和《行政诉讼法》关于案件的执行的规定。此外，

2015年最高人民法院发布的《最高人民法院关于审理环境民事公益诉讼案件适用法律若干问题的解释》第32条规定："发生法律效力的环境民事公益诉讼案件的裁判，需要采取强制执行措施的，应当移送执行。"此后，随着环境民事公益诉讼案件的增长，2017年4月，《最高人民法院关于审理环境公益诉讼案件的工作规范（试行）》（以下简称《工作规范》）下发，对执行事宜有了更加全面的规定（见表7-1）。较《司法解释》观之，《工作规范》中关于执行的相关规定无论在数量上还是在内容上都有了长足发展。执行条款的内容从简单地移送执行这类程序性事项，逐步向确保执行依据的可执行性、执行具体措施的实施、执行监督等实质性内容扩充。这也反映了环境民事公益诉讼执行制度的动态发展轨迹，在一定程度上也给全国各地人民法院提供了化解环境民事公益诉讼"执行难"的思路，但是原则性、概括性的条文仍难与环境修复执行的专业性相适配，并且《工作规范》法律效力层级较低，在司法实践中尚未引起足够的重视。2018年《检察公益诉讼解释》第12条仍然只有原则性规定："人民检察院提起公益诉讼案件判决、裁定发生法律效力，被告不履行的，人民法院应当移送执行。"2020年出台的《民法典》规定"生态环境修复请求权"为环境民事公益诉讼提供了实体法基础。《最高人民法院关于审理环境民事公益诉讼案件适用法律若干问题的解释》也随之作出了新的修正，主要是将"恢复原状"责任承担形式修改为"修复生态环境"，与《民法典》中措辞保持一致，但未对执行相关内容作出新增或修改。

表 7－1　国家层面关于公益诉讼执行的有关规定

规范依据	具体内容	规范重点
《最高人民法院关于审理环境民事公益诉讼案件适用法律若干问题的解释》第 32 条	发生法律效力的环境民事公益诉讼案件的裁判，需要采取强制执行措施的，应当移送执行	移送执行
《最高人民法院关于审理环境公益诉讼案件的工作规范（试行）》第 31 条	人民法院应确保裁判内容具有可执行性，便于监督。裁判不仅要确定被告应承担的责任类型，还要确定其履行责任的方式、程序、标准和时限等	确保裁判的可执行性
《最高人民法院关于审理环境公益诉讼案件的工作规范（试行）》第 37 条	环境民事公益诉讼原则上不能进行执行和解。确有必要达成执行和解协议的，和解协议内容不得损害社会公共利益。人民法院应将和解协议内容公告	执行和解
《最高人民法院关于审理环境公益诉讼案件的工作规范（试行）》第 38 条	被执行人在生效裁判指定期间，没有能力履行、拒绝履行或者怠于履行生态环境修复义务的，人民法院可以委托第三方进行生态环境修复，由被执行人支付生态环境修复的相关费用	第三方代执行

续表

规范依据	具体内容	规范重点
《最高人民法院关于审理环境公益诉讼案件的工作规范（试行）》第39条	负责执行的人民法院可以请申请执行人或者负有环境保护监督管理职责的部门、其他社会组织等第三方对被执行人履行生态环境修复义务的情况进行监督，监督费用由被执行人负担	执行监督
《关于新时代加强和创新环境资源审判工作作为建设人与自然和谐共生的现代化提供司法服务和保障的意见》	加强与公安机关、检察机关以及环境资源行政主管部门的工作协调，完善异地执行委托衔接、生态环境修复效果评估、环境修复资金管理制度等配套措施	异地执行委托
《检察公益诉讼解释》	人民检察院提起公益诉讼案件判决、裁定发生法律效力，被告不履行的，人民法院应当移送执行	移送执行

综上所述，目前我国关于公益诉讼的法律、司法解释、司法政策主要集中于规范公益诉讼案件的审理，对公益诉讼裁判执行仍未引起各方足够重视。公益诉讼裁判执行的相关条文无论在数量上还是在篇幅上都占比较少，且具有原则性、概括性的特点，缺乏执行程序专门化、制度化建设，其中行政公益诉讼执行的规范依据更加不足。

（二）地方规范层面

2020年，深圳市人大出台国内首部有关公益诉讼的地方性法规——《深圳经济特区生态环境公益诉讼规定》，第28条规定："人民法院判决生态环境民事公益诉讼案件被告承担生态环境修复义务的，提起诉讼的人民检察院、有关行政机关、社会组织有权监督其履行生态环境修复义务。前款规定的被告作出的生态环境修复方案应当向社会公开，接受社会监督。人民法院可以委托有关行政机关、具有专业资质的机构对生态环境修复效果进行评估。经评估未达到生态环境修复方案确定修复目标的，人民法院应当责令该被告继续履行修复义务，或者承担替代性修复的费用。"同时，该规定第29～31条对生态环境公益基金及其执行作出了具体规定。《深圳经济特区生态环境公益诉讼规定》的上述规定对公益诉讼执行过程的信息公开和公众参与，生态环境公益基金的设立、使用和管理、执行监督等方面都作出了较为全面的规定，为公益诉讼制度的完善形成了可供借鉴的"深圳样本"。此外，海南省人大制定的《海南省人民代表大会常务委员会关于加强检察公益诉讼工作的决定》中也原则性地涉及公益诉讼的执行，具体体现在第9条："对于发生法律效力的判决和裁定，被告不履行的，应当及时移送执行；对于不履行相关义务的被执行人、协助执行人，应当依法追究法律责任。"从公益诉讼的司法实践来看，行政公益诉讼相对于民事公益诉讼而言，绝大部分案件通过诉前程序得以办结，真正提起诉讼的十分少；而在民事公益诉讼中，生态环境和资源保护领域案件占比很大，其所涉的执行问题相对更加突出，因此，各地检察机关、法院、环境保护部门纷纷联合出台了相关司法性指导文件的形式，对实践司法活动中“执行难”“执行乱”等问题进行回应与指导。下文将聚焦环境民事公益诉讼，对各省市出台的司法性指导文件中涉及的“执行具体措施”“环境民事公益诉讼修复资金管理”“执行回访”进行列举与简析。

第一，对于环境民事公益诉讼执行具体措施。主要见于各省市人民法院主导出台的司法性指导文件中，如 2017 年天津市高级人民法院印发的《关于加强环境资源审判工作为推进绿色发展提供司法保障的实施意见》中提及“探索以限期履行、代为履行等方式实现恢复生态环境的目的”。2018 年福建省高级人民法院印发的《关于为加快福建生态文明先行示范区建设提供有力司法服务保障的意见》中规定“探索先予执行制度，跟踪生态环境案件生效判决的执行情况”。2022 年中共江西省委、江西省人民政府印发的《关于进一步加强生态环境保护深入打好污染防治攻坚战的实施意见》中提议“推动涉生态环境修复案件执行具体措施的创新”。从地方层面规范上看，我国目前并未就环境民事公益诉讼执行中的先予执行、代履行制度如何具体适用制定详细的法律规定，仅在地方司法指导性文件中肯定了先予执行、代履行制度对化解环境民事公益诉讼执行难的功能与作用，但这些地方司法指导性文件仍为环境民事公益诉讼裁判执行提供了价值取向与创新方向。

第二，对于环境民事公益诉讼修复资金的管理与使用。由于目前全国范围内未对环境公益诉讼资金管理与使用进行统一规定，多数省份的做法是将环境民事公益诉讼生效裁判所确定的生态修复资金参照《生态环境损害赔偿资金管理办法（试行）》第 15 条规定进行管理。虽然两者在资金来源、资金使用目的与途径上存在交集，但两者仍存在差别，因此不少省市为了完善环境民事公益诉讼资金管理制度，正逐步出台环境民事公益诉讼资金管理办法（见表7－2）。

表7－2　部分省市关于环境民事公益诉讼生态修复资金的管理办法

地区	执行归口	资金监管主体	资金申请主体	资金审批	信息公开情况
山东省	同级财政专户	项目实施地相关主管部门和财政、环保部门	修复单位	财政部门	内部公开＋外部公开
深圳市	生态环境公益基金	慈善信托管理	受委托进行环境治理的有关单位	信托机构	内部公开＋外部公开
泰州市	市环境公益诉讼资金账户	市审计局	资金使用方（涉及环境修复费用的，由使用地人民政府或其授权的相关行政主管部门提出申请）	市环保局审核，经市政府同意后市财政局拨付	内部公开
广元市	市级财政专户	市财政局	由判决书、调解书、和解协议确定的主体	市财政局	内部公开＋外部公开

续表

地区	执行归口	资金监管主体	资金申请主体	资金审批	信息公开情况
佛山市	市级财政专户（代管资金账户）	市财政局	人民法院判决、调解书或法律规定的有关组织或公益诉讼机关	审计部门	内部公开＋外部公开
金华市	市级财政专户	审计部门	履行生态环境保护职责的部门或单位	当地法院会同财政部门进行审核	内部公开＋外部公开
临沂市	公益诉讼专项资金账户	市财政局	承担受损公益修复职责的主体	市财政局	内部公开＋外部公开

第三，对于环境民事公益诉讼执行回访制度。贵州省清镇市人民法院与江口县人民法院对执行回访制度有较为系统规范的司法文件，对执行回访中的“案件回访的范围”“案件回访的方法”“案件回访的处理及反馈”进行了专节规定。虽然在回访的流程方面还不够细致完善，回访方法不具有科学性与灵活性，但该规定为执行回访工作的开展提供了索引。除此之外，其他地方省份关于环境民事公益诉讼执行回访制度则多以地方司法文件的

形式出现,[1] 主要表述为“探索建立环境资源保护案件执行回访制度”等语句，对于执行回访中涉及的具体制度安排再无规定，显然无法为司法实践中执行回访的工作人员提供良好的制度支撑。

总体上看，地方层面对于环境民事公益诉讼执行具体措施、生态环境修复资金管理、执行回访等方面都进行了有益探索，尤其是贵州省清镇市人民法院结合司法实践不断探索出环境司法专门化的新路径，最早也最为全面地出台了有关执行回访的司法文件，为化解环境民事公益诉讼“执行难”提供了路径，为生态环境行动提供了“风向标”。但地方层面对于环境民事公益诉讼裁判执行机制的构建主要依托于司法性指导文件，因此呈现出规范效力低、可预期性不足以及规定内容原则化、条文之间没有系统性等问题。但对环境民事公益诉讼裁判执行过程中出现的问题能够予以及时反映，在一定程度上也为我国环境司法改革从试点实践发展到全国布局和整体推进奠定了良好基础。可以预见，未来各地将会有更多的规范性文件出台来补强环境民事公益诉讼裁判执行的具体适用。地方司法实践涌现出的有益成果也将推动环境民事公益诉讼执行相关机制的建立由“地方性”向“普适性”不断前进与发展。[2]

[1] 比如2019年宁夏高级人民法院出台《充分发挥审判职能作用为实施生态立区战略提供司法服务和保障的意见》中指出“建立以实地回访为主要形式的执行回访机制，确保执行内容得到落实，生态环境得到有效恢复”。类似的还有2018年安徽省高级人民法院出台的《关于全面加强环境资源审判工作为打造生态文明建设安徽样本提供司法保障的意见》，2016年湖南省高级人民法院出台的《关于牢固树立绿色发展理念加强环境资源审判工作的意见》等。

[2] 王璐西．我国环境民事公益诉讼裁判的执行问题研究［D］．南宁：广西大学，2020：14－18.

第二节　公益诉讼执行程序的主要问题

在司法实践中，民事公益诉讼案件的执行情况十分不理想。“以安徽省检察机关在生态环境损害赔偿领域的公益诉讼办案情况为例，2018—2020 年，人民法院生效裁判确定的违法行为人应支付生态环境损害赔偿金合计 3.9 亿元，实际执行到位金额为 9428.32 万元；2021 年，法院生效裁判确定的生态环境损害赔偿金额为 1.19 亿元，已实际执行到位金额仅 3295.5 万元；2022 年，人民法院生效裁判确定的生态环境损害赔偿金 1.37 亿元，目前实际执行到位仅 4587 万元。而从民事公益诉讼案件执行到位的资金使用情况看，2018—2022 年安徽省生态环境保护领域民事公益诉讼案件执行到位的生态环境损害赔偿金 1.73 亿元中，目前已实际直接用于生态修复等项目的金额仅 5720 万元，使用比例仅 33%。”❶ 民事公益诉讼案件执行到位率不高、资金使用率偏低是当前全国各地存在的普遍性问题。类似的情况在行政公益诉讼中同样存在，行政公益诉讼的执行难可谓“难上加难”。

一、公益诉讼执行的法律规定尚不明确统一

完备的立法比司法补正作用更为深远与重大，这点对于公益诉讼裁判执行而言更是如此。但目前我国公益诉讼裁判执行规范

❶ 赵杰，郝炎平．民事公益诉讼案件强制执行机制的现代化路径探析［J］．上海法学研究，2023（12）：288.

还存在供给不足的局面，这也是造成公益诉讼裁判执行标准不统一、执行到位率不高以及生态环境修复不及时、效果不理想的重要因素。主要体现为两个方面。

（一）执行环节法律规范碎片化

如上文所述，行政公益诉讼的执行，主要参照适用《行政诉讼法》《民事诉讼法》的相关规定，但行政公益诉讼的执行目的公益性、执行标的复杂性等特性与传统行政诉讼不同，使得其执行应该具备特别的程序规定，而现行规范既不明确又不系统。对于民事公益诉讼而言，比如《环境民事公益诉讼司法解释》共35条，其中直接涉及执行程序的仅有1条，《环境公益诉讼案件的工作规范（试行）》共60条，其中涉及执行程序的仅有4条。要应对每年逐渐增长的环境民事公益诉讼执行案件，自然捉襟见肘。针对环境民事公益诉讼执行环节中出现的问题，由于目前我国立法粗疏，实体规范欠缺，司法实践中各地各级法院往往以发布典型案例与白皮书、出台会议纪要或者指导意见、召开新闻通报会等方式来试图统一辖区内对环境民事公益诉讼的裁判指引和细化执行规则。但这种模式往往缺乏科学性、统一性、系统性，使得法官在裁判中难以在零散的规范性文件中精准地找寻与案件法律关系最匹配的规范依据作为支撑，导致司法实践中许多执行问题仍无法可依，极大地阻碍了执行工作的合法性与正当性。此外，语焉不详的指导性原则与政策性语言无法为司法实践提供高效明确的指引，使司法无法适从，将无益于推进环境资源审判专门化，难以形成科学的评价体系，更是加剧了环境民事公益诉讼裁判执行的难度。而地方司法实践中涌现的执行制度的创新，又多半呈现出“多样化有余而一体化不足”的尴尬局面，亟待出台更高法律位阶以及更为细致的执行规范对既有裨益经验予以肯定。

（二）对执行参与人的活动无规则

民事执行程序涵摄多方参与主体，在传统民事执行法律关系中往往采取“三面关系”的通说进行规制，即包括申请人与执行机关的申请关系、被申请人与执行机关的干预关系、申请人与被申请人的执行关系。[1] 目前，我国的环境立法也主要是围绕这三方之间的法律关系进行规范与约束，而在生态环境协同治理的大格局下，参与环境民事公益诉讼裁判执行工作的主体显然不止原有的三方，但现有的法律规范对执行参与人的程序参与保障不足，对执行参与人的活动也同样存在立法关注不足的问题。从司法实践的案例来看，除了少数一些事实简单、以个人为被告、环境利益损失较小、能够自行恢复生态环境的案件中未出现第三方参与执行事项的情况，绝大多数的案件中的第三方都会参与裁判执行的各个阶段。第三方包括环保部门、环保组织、鉴定机构等，担任的角色多为代为履行的第三方、执行协助人、执行验收专业机构、第三方监督主体等。因此法律规范中也应当对这些执行参与主体在执行工作中的行为进行规制，从而保障执行工作的顺畅。[2]

二、公益诉讼执行方式难以满足现实需要

公共利益的修复的技术性、专业性、长期性以及行政权行使

---

[1] 谭秋桂．民事执行法学[M]．3 版．北京：北京大学出版社，2015：42 –45.

[2] 王璐西．我国环境民事公益诉讼的裁判执行问题研究［D］．南宁：广西大学，2022.

的裁量性和专业性，决定了公益诉讼的执行是一个具有较强技术性、专业性、系统性和周期性的过程。我国民事公益诉讼中的执行方式从立法和司法实践上可以总结为代履行、设立专门公益基金和损害修复三种方式，行政公益诉讼大多参照民事公益诉讼的执行，这三种方式基本也主要适用。但这些执行方式在司法实践中仍有不少问题，难以满足现实需要。

（一）代履行不完善

代履行是指法院在被执行人不履行判决的义务时，委托第三人代替履行该义务，其所产生的费用由被执行人承担。在司法实践中，已经有法院在公益诉讼中对这种方式进行了探索。但目前仅有土地复垦验收在《土地复垦条例实施办法》中对验收的程序和标准进行了规定；大气污染、水污染的修复验收都没有具体的规定；矿山、森林、草原以及湿地的修复验收标准仅在部分省、市有规定，大部分都是缺失的。因此，第三人在代履行的过程中无法精准掌握公共利益修复合格的标准，无法评价是否修复到位。此外，对于代履行的人员、费用的支付问题，以及在执行完成后被执行人如果对代履行所产生的费用质疑应当如何处理，都缺乏相应的依据。值得注意的是，在行政公益诉讼中，因为行政权行使的裁量性和专业性在很大程度上决定了行政机关履职具有不可替代性，如果被诉行政机关不履行具有作为义务内容的生效裁判，人民法院很难直接强制行政机关履行或者采取代为履行措施。

（二）专门公益基金的设立不统一

这主要是为了对所造成的公共利益的损害进行修复，以及支付在诉讼活动中检察机关等诉讼当事人在进行调查取证、咨询专家、监测、鉴别、评估时所产生的费用。在司法实践中这种方式各地也有探索，做法不一，对于专门公益基金的基金来源和使用规则等问题都需要细化。

（三）损害修复的规范不统一

这种执行方式主要应用于生态环境和资源保护领域中的公益诉讼案件中，但是我国相关法律中并没有关于这一领域公益诉讼案件执行的明确规定。而生态环境和资源保护公益诉讼案件，对环境所造成的损害进行修复所牵涉的问题较为专业、复杂，同时需要一定的时间。因目前没有科学的修复标准、有效的监管机制，也缺少统一的基金管理制度，所以在执行主体、程序和内容上的不明确对于执行效率也产生了负面影响。

三、执行程序不够规范

在执行程序上，我国相关法律法规中明确规定了移送执行这一方式，同时还有部分学者提出可以考虑先予执行的方式。

（一）移送执行程序不规范

按照执行法基本理论，执行启动模式可分为申请执行和移送执行，其中申请执行作为执行启动的主要模式，是指当一方当事人拒绝履行生效裁判所确定的义务时，对方当事人可以在法定期限内依法向人民法院提出强制执行申请，以实现其生效裁判所确定的权利；移送执行作为特定情形下的执行启动模式，是指对于具有特定内容的生效裁判，由审判庭依职权移送至执行机构予以执行。对此，现行有关法律及司法解释亦作了相关规定，如《民事诉讼法》第247条第1款、《最高人民法院关于人民法院执行工作若干问题的规定（试行）》第17条规定，生效裁判的执行一般应当由当事人依法提出申请，但对具有特定给付内容的生效裁判由审判庭依职权移送执行机构执行。[1]《检察公益诉讼解释》第12条规定："人民检察院提起公益诉讼案件判决、裁定发生法律效力，被告不履行的，人民法院应当移送执行。"

尽管上述司法解释基于公共利益维护的及时性考虑，规定了公益诉讼案件采取移送执行的启动模式，有关该启动模式的具体适用规则却缺乏进一步规定，甚至有关该启动模式的合理性亦遭受质疑。此外，对于受移送机关在执行过程中出现不作为或不及时作为的情况，导致公共利益持续受损应当如何处理，以及在移送期间当被执行人转移财产或被执行人无力承担判决义务时应当如何处理等，这些问题都没有明确规定。

（二）探索先予执行争议较大

目前对先予执行的争议主要考虑如下问题：第一，我国相关法律法规对先予执行的范围没有具体明确的规定，是否"排除妨碍""停止侵害"等执行内容能够纳入先予执行的范畴，尚需讨论；第二，先予执行的启动条件包括申请人提供担保，而在民事公益诉讼中，检察机关并非案件的直接利害关系人，且是国家机关，其担保费用即为被申请人的先予执行费用，而在民事公益诉

---

[1] 《民事诉讼法》第247条第1款规定："发生法律效力的民事判决、裁定，当事人必须履行。一方拒绝履行的，对方当事人可以向人民法院申请执行，也可以由审判员移送执行员执行。"《最高人民法院关于人民法院执行工作若干问题的规定（试行）》第17条规定："生效法律文书的执行，一般应当由当事人依法提出申请。发生法律效力的具有给付赡养费、扶养费、抚育费内容的法律文书、民事制裁决定书，以及刑事附带民事判决、裁定、调解书，由审判庭移送执行机构执行。"

讼案件中，其所执行的费用数额一般都比较巨大，如果申请人败诉，那么检察机关所需要支付给被申请人的赔偿金应当如何支付？

四、执行监督不够完善

在执行监督的制度上，一般包括法官执行回访制、委托第三方监督制、公众参与等。

（一）关于法官执行回访

如前所述，目前部分地方已经对“法官执行回访”有探索，取得一定成效，但仍有一些现实问题有待解决，比如公共利益遭受的损害所需要的修复和恢复的时间一般都较为漫长，而我国现行法律对于案件的审结是具有较为明确的时间限制的，[1] 那么回访制在时间问题上应当如何处理？公益诉讼案件中需要大量的专业知识，如环境污染，法官在这方面的专业知识往往有所欠缺，那么就可能在回访过程中对于被执行人履行义务的效果作出错误判断，这种情况如何避免？回访制使法院本来就存在的案多人少矛盾更加突出，增加了法官的工作负担，可能出现法院消极作为甚至谎报的情况，如何使回访既有效又不增负？不定期回访制中对于回访的次数和期限没有明确规定，可能会造成回访过多浪费司法资源，回访过少法院消极作为，如何保持合理平衡？[2]

---

[1] 岳红红．浅析我国环境公益诉讼裁判的执行与监督［J］法制与社会，2017（22）：109－110.

[2] 张怡，徐石江，我国环境公益诉讼的发展困境与对策分析［J］．河北法学，2010（12）：29－40.

（二）关于第三方执行监督

第三方执行监督“作为民事公益诉讼执行制度的创新，最早缘起于贵州省清镇环保法庭，发轫于审判实务。即法院在原告、被告外引入具有资质和能力的环保非政府机构、志愿者作为第三方，对法院生效法律文书的执行情况进行监督，并负责向法院汇报执行情况的制度。将第三方监督引入执行程序，能够更好地将公众参与环境司法结合在一起”[1]。在“中华环保联合会诉贵州好一多乳液股份有限公司水污染纠纷案”中，在生态法庭主持调解下，原被告双方达成调解协议，由贵阳公共环境教育中心作为第三方对被告的整治情况进行为期一年的监督。为此，三方在生态法庭共同签订《环境保护第三方监督协议》并制定详细的监督方案。在此期间，贵阳公共环境教育中心多次组织环保志愿者、环保专家到现场进行检测、监督被告是否按照调解协议中污染治理方案进行整改、是否安装环保装置、污染源的排放是否达到标准，并将监督过程中发现的问题及时报告给法院以及相应的环保部门，形成较为良好的长效监督机制。同时，第三方也接受来自法院的监督，从而建构起两层监督关系。尽管对此模式仍然存在理论和实践的争议，比如第三方监督协议法律性质界定不清，“从监督协议的监督主体来审视，法院并不是监督协议的当事人，该协议是一个基于私主体意思表示一致而形成的私法合同，而法院参与对第三方监督主体的选任是否违背了‘合同自治’？若作为环保组织的第三方未实现真正的独立和自治，恐怕仅沦为国家权力的延伸或其在具体运行中的存

[1] 张旭东．环境民事公益诉讼特别程序研究［M］．北京：法律出版社，2018：218.

在形式”❶。再比如，哪些机构或者公民具有第三方监督的能力、怎样支付第三方监督所产生的费用、第三方应当如何行使监督权利都没有明确具体的规定，这就使得第三方监督制度难以发挥出其应有的作用。

（三）关于公众参与执行监督

目前，公众参与公共利益保护主要集中于“事后抗争”，缺乏预防性的“前端治理”。公众参与公共利益保护的途径和方式不足，能力亟待提高，未能在执行程序中发挥应有的监督作用。实际上，公共利益破坏所造成的损害具有广泛性和社会性，单靠国家公权力不足以周全保护，必须激活民主观念，借助公众参与来实现。

第三节　公益诉讼执行规则的完善

传统诉讼中的传统执行思维和规定，难以实现通过诉讼程序实现公共利益的维护制度初衷，亟待明确符合公益诉讼特征的执行规则。针对公益诉讼案件执行存在的上述特征和问题，应以执行基本原理为理论基础，结合公益诉讼案件的特殊性，在公益诉讼专门立法中着重从执行启动、实施、监督等方面构建科学系统的执行规则体系。

❶ 王镥权．环境保护第三方监督权利（力）之辨：以“贵阳模式”为例［J］．西安电子科技大学学报，2016（6）：123.

一、明确依申请启动模式优化执行动力

如前所述，公益诉讼移送执行的程序不够完善，应将依职权启动改为依当事人申请启动，采取“谁起诉谁申请执行”规则，明确公益诉讼起诉人享有申请、协助、配合执行的权利和义务。这种启动模式的选择，有助于解决执行推动力不足的问题，具体来看，可以明确如下规则。

第一，明确赋予公益诉讼起诉人申请启动执行的权利和义务。虽然现行司法解释明确规定公益诉讼案件应当由人民法院移送执行，但该规定应视为对人民法院设置移送执行的职责义务，不应以此否定公益诉讼起诉人申请执行的权利和义务。从权利的角度而言，申请执行权属于广义诉权应然范畴；从义务的角度而言，执行是诉讼行为的延续，为确保公共利益摆脱受侵害的状态，公益诉讼起诉人有义务在人民法院怠于移送执行的情况下依法申请启动执行程序，防止“一诉了之”。

第二，明确移送执行的条件。移送执行应同时满足两个条件：一是裁判已发生法律效力，二是被告不履行生效裁判。第一个条件是否成就容易确定，即在一审裁判上诉期限内未提起上诉，或者二审裁判已送达当事人；第二个条件需要对被告不履行的情况进行甄别对待。考虑到公共利益尤其是生态环境领域中公共利益恢复的专业性、复杂性、长期性，该条件是否成就需要进行判后跟踪和履职评估，应从是否启动履职以及履职效果两个层面进行专业判断，其中对已经积极履职但因客观因素致使履职效果需经一定期限才能显现的，不宜启动执行程序。

第三，明确移送执行的期限。《民事诉讼法》《行政诉讼法》

及其司法解释仅规定了当事人申请执行的期限为2年，未对移送执行的期限作出规定，《检察公益诉讼解释》对此亦未涉及，以至于司法实务无法可依、无规可循，移送执行有无期限限制、何时移送、是否适用中止与中断情形等实践问题亟须明确。鉴于公共利益损失的不可逆转性以及修复的长期性，为最大限度地提高修复公共利益的质效，生效裁判文书规定了履行期间的，自履行期间届满之日起，由审判庭移送执行机构；生效裁判文书未规定履行期间的，自裁判文书生效之日起，由审判庭移送执行机构。

第四，明确移送执行的程序。根据有关执行的现行法律规定，生效裁判文书原则上由第一审人民法院执行。公益诉讼案件移送执行的，原则上由生效裁判作出法院的审判庭对是否符合移送执行条件进行初步判断。对符合移送执行条件的，一审生效的裁判文书由审判庭制作执行移送书连同相关案卷一并移送至本院执行机构；二审生效的裁判文书由二审法院审判庭制作执行移送书连同相关案卷一并移送至一审法院执行机构。接收移送执行的执行机构，依法应对案件是否符合强制执行的条件进行实质审查：经审查，认为符合强制执行条件的，应当向被告发出执行通知并可以立即采取强制执行措施；认为不符合强制执行条件的，应当向审判庭作出书面说明。特别值得指出的是，从既有案例[1]来看，公益诉讼的起诉人对被告人的履行情况并不具备全局把控

[1] 如在中华环保联合会与朱某根、谭某会环境污染责任纠纷执行裁定书中，原告中华联合会因被执行人朱某根、谭某会未履行执行依据所确定的义务向人民法院申请强制执行。但最终被人民法院驳回了中华环保联合会的执行申请，理由为该院的民事审判第六庭已依职权移送执行，被执行人朱某根、谭某会已履行完毕，上述事实有（2020）苏05执182号结案通知书予以佐证。参见江苏省苏州市中级人民法院（2021）苏05执206号执行裁定书。

性，在申请执行的过程中存在信息不对称的情形。为充分保障公益诉讼起诉人申请执行的知情权与参与权，消弭司法能动性与权利主体执行权利受限之间的张力，更好地节约司法资源，“在审判庭移送执行时还需要主动将移送执行启动情况告知公益诉讼起诉人”。

二、完善执行实施方式提高执行质效

因修复受损公共利益存在难度大、费用高、周期长、技术性强、涉及主体多元等问题，公益诉讼案件执行需要完善现有执行方式。

（一）完善代履行方式

（1）完善代履行主体的选定机制。一是应当细化代履行主体的准入标准，建立代履行主体备选库。为了确保代履行工作的顺利开展，各地人民法院、公共利益领域行政主管部门以及社会组织可以联合制定代履行主体的专业机构名录。进入名录的专业机构，需要明确专业能力、技术水平、人员素质、设备配置和管理经验。针对不同对象的环境修复，需要具备何种资质，在制定名录时应当分类列明。此外，还应当关注代履行主体是否具备良好的信誉，具体可以通过考察该机构连续近五年的信誉记录，若该机构存在诚信度低、违约率高的情形应当予以剔除。二是应当明确代履行主体的选定方式。为使代履行主体的资质、选任过程公开、透明，并能接受来自各方主体的监督，可以采用招标方式确定代履行主体。由法院发布明确的招标要求，投标人需要提交标书，标书中应当包含具有可行性的公共利益修复方案、每一个修复阶段和环节的报价以及相应的资格证明文件等。人民法院以及相关方面的专家对各投标单位的修复能力、修复方案、修复费用进行综合考量后确定中标单位。同时，“申请执行人也可以向法院推荐第三方代履行人员，在符合资质的情况下，也可以自荐来履行执行义务”❶，法院将结合相关专家、相关利益群体的意见综合确定。

（2）明确法院确定代履行费用。由法院确定代履行费用，并要求被告人在一定时间上交；如果没有及时上交，法院可以对其强制执行。代履行完毕后，被告人可以对使用的费用凭证进行查询；如果被告人对代履行的费用有疑问，可以要求代履行人说明使用情况。❷

（3）代履行的适用范围应当限定在被告人无法完成修复工程或者并非一定要被告人自己亲自完成的情况下。如果被告人有能力完成或者一定要其自身完成，而其不履行义务的，则可以根据《民事诉讼法》第114条进行处罚。

（二）完善专门公益基金机构

以市级为单位，设立专门的生态环境修复基金，借助专业的基金会对资金进行监管为当下最佳选择路径。原因如下：第一，相较于传统的财政资金管理方式而言，设立生态环境修复基金在一定程度上可避免繁杂的行政审批流程，能够有效提高生态修复资金管理与使用的灵活性，以确保生态修复资金真正能够应用于生态环境的修复与治理当中，实现对环境的有效救济。第二，其

---

❶ 陈小平，潘善斌，潘志成．环境民事公益诉讼的理论与实践探索［M］．北京：法律出版社，2016：155.

❷ 杨路萍，陈晖晖．论我国环境民事公益诉讼裁判的执行［J］．九江学院学报（社会科学版），2020，39（3）：108－113.

具有较为完善的信息披露制度且保持了较高的透明度与可监管程度，[1] 能够最大限度满足社会公众对环境权益保护的知情权与监督权。第三，基金管理依托于专业化的人才与科学的管理模式，能根据不同的情况制定不同的使用方案，使得生态修复资金的使用更为专业化。第四，在我国以往环境保护中已有可借鉴的优秀经验，比如我国海洋油污案件就采用专门的船舶油污损害赔偿基金来应对因船舶油污引发的各种索赔请求，其中索赔范围也包括环境本身遭受的损害，与环境民事公益诉讼所保护的对象上具有同质性，值得借鉴，这为今后统一生态修复资金运行路径奠定了良好的基础。

此外，有必要明文列出资金用途。这一点可以借鉴美国的环境民事公益诉讼。在美国 14 个环保团体 8 个州政府诉美国电力公司环境污染公益诉讼案[2]中，原告以被告违反《美国清洁空气法》的规定，未安装污染控制装置致使百万吨污染物排放到大气中危害人体健康和破坏生态环境损害社会公共利益为由提起诉讼。最终在美国环保署以及州政府的介入下，双方达成和解协议，并对 6000 万美元的治污费的用途进行了详细地按类别划分：2100 万美元用于区域内污染物治理项目，2400 万美元用于可替代能源项目，600 万美元用于协议中订立的减缓项目上，剩余 900 万元支付给原告团体。这种做法不仅加强了环境民事公益诉讼裁判的执行力，还兼顾了公众对资金流向的知情权。

---

[1] 王社坤，吴亦九．生态环境修复资金管理模式的比较与选择［J］．南京工业大学学报，2019（1）：52.

[2] 杨严炎．外国环境公益诉讼和集团诉讼案例评析［M］北京：法律出版社，2014：9－10.

最后，为强化生态环境修复基金中的每一笔支出都落到实处，完善监督机制必不可少。因此有必要明确资金的收入、支出和公示规则，当生态修复资金通过基金流转时，应当做好相应的审批管理与账面记录工作。同时，基金的运作也将会受到财政部门、环保部门、审计部门监督，以确保生态修复资金落到实处。此外，还须严格执行环境修复方案以及执行依据中载明的资金用途，并采取“一案一库”的标准对生态修复资金的使用情况、阶段进展、取得成效等内容向社会公开，公开方式应当选取便于公众查询的途径，自觉接受公众的监督。

（三）明确先予执行*

民事先予执行制度，根据《民事诉讼法》第 109 ~ 110 条的规定，是指为了及时、合理地维护受害方的利益，不基于生效判决就可以申请对义务人立即付诸执行的机制。本书认为，考察先予执行制度的适用情形、性质及功能，结合民事公益诉讼制度的特性，在民事公益诉讼中可以酌情启动先予执行。主要理由如下：一是从适用情形来看，先予执行制度包括对特定行为的执行。《民事诉讼法》第 109 条规定了先予执行的三种情形：追索抚养费、抚育费、赡养费、抚恤金及医疗费用的；追索劳动报酬的；因情况紧急而需要先予执行的。2015 年《最高人民法院关于适用〈民事诉讼法〉的解释》第 170 条对先予执行细化规定并列举了五种情形，即“需要立即停止侵害、排除妨碍；需要立即制止某种行为的；追索恢复生产、经营急需的保险理赔费的；立即返还社会保险金、社会救助资金的；如果不立即返还财产，

---

* 龙婧婧．民事公益诉讼可探索启动先予执行［J］．检察日报，2019－8－15（3）．

将会严重影响权利人生活和生产经营等紧急情况的”。这就表明，除了追求金钱给付外，对于特定行为也可以申请先予执行。而在民事公益诉讼中，诉讼请求主要是停止侵害、排除妨碍、消除危险。这就表明，尽管法律没有明示民事公益诉讼可以适用先予执行，然而从民事公益诉讼的诉求形式来看，契合先予执行制度的适用情形，具有适用的可能。二是从制度性质来看，先予执行制度的诉讼保障性切合维护社会公共利益的需要。诉讼保障性，是指保障民事诉讼程序得以顺利进行以及诉讼任务得以圆满完成。民事诉讼制度的核心任务在于维护当事人的合法权益。同理，民事公益诉讼的核心任务在于保护社会公共利益。如若在生态环境资源有受损危险或者已经受损的情形下，不及时采取先予执行，则将导致社会公共利益受损成为已然事实或者受损程度进一步扩大；即使法院最后判决被告败诉，也将于事无补，生态和环境资源可能遭受永久性功能损害，民事公益诉讼的诉讼任务将难以圆满完成。三是从制度功能来看，先予执行制度的救济功能是确保民事公益诉讼诉讼请求实现的题中应有之义。救济是先予执行制度的首要功能，其实质是法院在判决作出前，根据案情需要，临时性地给予原告的救济措施，主要目的在于及时救济现实损害、有效避免潜在危害。在民事诉讼中，这主要体现在两个方面：一是通过先予执行得到的部分费用帮助解决申请人生活或生产上面临的困境；二是通过立即制止或停止某项侵害、妨碍行为来阻止损害不断加重扩大或者避免潜在损害发生。在民事公益诉讼中，尤其是在涉及生态环境领域的民事公益诉讼中，环境所遭受的损害可能相当严重，受损生态环境的修复通常也具有急迫性、时效性。若在有毒的、大规模的、超常规的污染情况下不及时采取先予执行措施，一旦错过合适的修复时机，将会造成难以估量的损失；若诉讼终结后再执行，生态和环境资源或已造成无可挽回的损失，执行也将失去意义或者无法执行。因此，有必要在判决作出前向人民法院申请先予执行，要求立即停止对环境的损害、立即制止侵害、妨碍行为，或者立即采取某种生态修复措施。由此，期待公益诉讼立法明确在民事公益诉讼中可以适用先予执行，并且进一步完善适用先予执行的程序。

三、完善执行监督程序确保执行到位

按照传统执行监督理论，法定执行监督主体为上级法院、检察机关、执行申请人，执行监督对象为执法法院，执行监督范围为执行过程和执行效果。鉴于公益诉讼案件执行的公益性目的和特征，需要着力构建多元化的监督体系，应重点解决以下问题。

（一）重新界定执行检察监督的性质定位

传统观念认为，监督即意味着限制和约束，执行监督就是对人民法院执行权的制约。按照公益诉讼协同理论，因公益诉讼各方当事人维护公共利益这一共同价值基础，当事人之间并非利益根本相对方和冲突方，因此无论是检察监督还是社会监督，都有支持和协助人民法院推进执行的目的和功能。在当前司法权相对行政权处于弱势地位且司法权威不足的情况下，执行监督理念由制约转为支持显得尤为重要。因此，有必要重新界定执行检察监督的性质地位。

传统民事诉讼执行或行政诉讼执行，检察监督系检察机关以国家法律监督机关身份对人民法院执行权的行使进行监督，但公益诉讼中，检察机关既是公益诉讼起诉人，又是国家法律监督机关，为切实维护公共利益，检察机关在公益诉讼中的执行监督不仅应定位为法律监督权这一种单向性权力，而且应明确规定执行监督也是检察机关应当履行的一种法定职责，即“应设立特定的机关或者人员定期监督公益诉讼判决的执行情况”[1]。

（二）赋权社会公众和媒体监督并明确相关路径

公共利益具有公共性，社会公众作为真正的执行权利人因受制于诉权、诉讼经济、诉讼效率等原理，难以直接成为诉讼当事人，也无法通过执行救济途径维护公共利益，因此，赋予社会公众和媒体执行监督权具有法理上的正当性。同时，相对于法院内部监督和检察监督受制于人员、经费等因素影响，社会公众和媒体监督更为及时、高效且容易形成一定的舆论压力，由此形成强大的执行合力促使行政机关及侵权行为人履行生效裁判。当然，赋权社会公众和媒体执行监督主体地位并发挥其固有优势的前提是实现执行信息公开。为此，需要依法界定执行信息公开范围，搭建全国性执行信息公开平台，主动、及时、准确、全面地公开执行信息，供社会公众实时查询。

（三）建立执行回访制度以跟踪执行效果

通常而言，执行基本法律关系主体主要包括执行主体、执行权利人和被执行人，执行权利人作为执行结果的直接承受者，与执行结果有着直接的利害关系，会密切关注执行的过程和结果，因此，在传统诉讼执行中没有建立回访制度的必要。与此不同，公益诉讼中真正的执行权利人是全体社会成员而非作为法定担当

---

[1] 张鲁萍．检察机关提起环境行政公益诉讼功能定位与制度建构［J］．学术界，2018（1）：137－149.

的公益诉讼起诉人，加之公益诉讼采取的是人民法院依职权移送执行启动方式，无论是普通社会成员还是公益诉讼起诉人，都因与案件执行的结果缺乏直接关联性和亲历性而跟踪执行效果的动力不足，为有效评估执行结果并发挥公益诉讼维护公共利益的预防性和恢复性制度功效，在公益诉讼中建立执行回访制度具有内在的必要性。

公益诉讼执行回访制度，是我国地方试点实践中在借鉴国外成功经验基础上设立的一项制度。[1] 目前，有关执行回访制度的含义尚存在不同观点。有的认为，执行回访是指执行程序启动后由执行法院对执行情况进行了解和评估，并视情况进行协调和督促的制度。[2] 有的认为，执行回访是指执行终结后由执行法院对案件的执行效果进行跟踪监督。[3] 笔者认为，执行回访制度应与执行监督制度相区分，执行监督侧重于对执行权的行使以及执行的过程进行监督，执行回访强调的是对执行结束后效果维持情况进行的跟踪。因此，执行回访是指执行结束后，执行回访主体为巩固执行效果，防止被执行人在执行完毕后再次实施侵害公共利益的行为而实施的跟踪考察。

为跟踪公益诉讼案件执行效果，建立执行回访制度具体应明确以下三个方面。

（1）明确执行回访主体及执行回访内容。从回访字面含义

---

[1] 如贵州省贵阳市中级人民法院、贵州省清镇市人民法院就执行回访制度进行了各自不同的探索，制度内容存在差异。

[2] 赵爽，王中政．论我国环境民事公益诉讼裁判的执行：基于最高人民法院环境民事公益诉讼典型案例的思考［J］．行政与法，2019（1）：90－100.

[3] 王慧．环境民事公益诉讼案件执行程序专门化之探讨［J］．甘肃政法学院学报，2018（1）：116－126.

理解，执行回访的主体就应当是执行主体，同时结合公益诉讼案件移送执行的规定，执行回访主体应为负责执行工作的人民法院的执行机构的执行承办法官。执行回访的内容应当根据不同的执行标的而有所不同，但总体上侧重于执行效果的维持和公共利益的修复情况。

（2）明确执行回访的时间和频率。目前，有关执行回访的时间基本都是规定不定期进行回访，这种不确定性规定容易造成疏于回访或者频于回访。疏于回访难以发挥回访制度的作用，频于回访则会增加司法、行政成本甚至对被执行人的生产生活造成干扰。具体而言，对于能一次性执行到位的，应在整案执行结束后开展执行回访；对于需要分步执行的，在每个执行节点结束后分别开展执行回访。对整改到位的以一次回访为限，对整改不彻底或者存在再次违法可能的应适当增加回访频率。

（3）明确执行回访的法律责任。执行回访主体因疏于回访或频于回访造成不利后果的，可依据《法官法》等相关法律法规追究执行回访人员相应的行政、法律责任。对于经回访发现仍然存在致害行为的，为及时救济受损公益，可直接采用行政机关拒绝履行生效裁判的强制执行措施进行处理，无须另行起诉。

参考文献

一、图书类

[1] 最高人民检察院民事行政检察厅．检察机关提起公益诉讼实践与探索 [M]．北京：中国检察出版社，2017.

[2] 最高人民检察院第八检察厅．行政公益诉讼典型案例实务指引：食品药品安全领域、国有财产保护、国有土地使用权出让领域 [M]．北京：中国检察出版社，2019.

[3] 江必新．国家治理现代化与法治中国建设 [M]．北京：中国法制出版社，2016.

[4] 王名扬．法国行政法 [M]．北京：北京大学出版社，2016.

[5] 刘飞．德国公法权利救济制度 [M]．北京：北京大学出版社，2009.

[6] 王彦．行政诉讼当事人 [M]．北京：人民法院出版社，2005.

[7] 徐昕．英国民事诉讼与民事司法改革

[M]. 北京：中国政法大学出版社，2002.

[8] 徐卉. 通向社会正义之路：公益诉讼理论研究 [M]. 北京：法律出版社，2009.

[9] 潘申明. 比较法视野下的民事公益诉讼 [M]. 北京：法律出版社，2011.

[10] 颜运秋. 公益诉讼理念研究 [M]. 北京：中国检察出版社，2002.

[11] 颜运秋. 公益诉讼法律制度研究 [M]. 北京：法律出版社，2008.

[12] 田凯，等. 人民检察院提起公益诉讼立法研究 [M]. 北京：中国检察出版社，2017.

[13] 张嘉军，等. 民事公益诉讼原理与架构 [M]. 北京：法律出版社，2023.

[14] 杨雅妮. 检察民事公益诉讼制度研究 [M]. 北京：社会科学文献出版社，2020.

[15] 梅傲寒. 检察机关提起民事公益诉讼研究 [M]. 武汉：武汉大学出版社，2022.

[16] 万进福. 行政公益诉讼规则研究 [M]. 北京：中国法制出版社，2022.

[17] 王春业. 我国行政公益诉讼制度优化研究 [M]. 北京：中国政法大学出版社，2023.

[18] 陈一云. 证据学 [M]. 北京：中国人民大学出版社，1998.

[19] 刘金友. 证据理论与实务 [M]. 北京：法律出版社，1992.

[20] 李国光. 最高人民法院《关于民事诉讼证据的若干规定》的理解与适用 [M]. 北京：中国法制出版社，2002.

[21] 杜万华. 最高人民法院消费民事公益诉讼司法解释理解与适用 [M]. 北京：人民法院出版社，2016.

[22] 闫学通. 中国国家利益分析 [M]. 天津：天津人民出版社，1997.

[23] 汉密尔顿，杰伊，麦迪逊. 联邦党人文集 [M]. 程逢如，在汉，舒逊，译. 北京：商务印书馆，1980.

[24] 盐野宏. 行政法 [M]. 杨建顺，译. 北京：法律出版社，1999.

[25] 威廉·韦德. 行政法 [M]. 徐炳，等译. 北京：中国大百科出版社，1997.

[26] BONINE J E. 原告资格：接近正义的第一步[M] //李鸿,译. 最高人民法院行政审判庭. 行政执法与行政审判（总第20集)，北京：法律出版社，2007.

[27] 谷口安平. 程序的正义与诉讼 [M]. 王亚新，刘荣军，译. 北京：中国政法大学出版社，1996.

[28] 原田尚彦. 诉的利益 [M]. 石龙潭，译. 北京：中国政法大学出版社，2014.

[29] 哈贝马斯. 公共领域的结构转型 [M]. 曹卫东，王晓珏，刘北城，等译. 上海：学林出版社，1999.

[30] 弗里德利希·冯·哈耶克. 法律、立法与自由（第二、三卷）[M]. 邓正来，等译. 北京：中国大百科全书出版社，2000.

[31] 日本民法典 [M]. 王爱群，译. 北京：法律出版社，2014.

［32］E. 博登海默．法理学：法律哲学与法律方法［M］．邓正来，译．北京：中国政法大学出版社，2004.

二、期刊论文类

［1］张文显．法治与国家治理现代化［J］．中国法学，2014（4）．

［2］颜运秋．中国特色公益诉讼制度体系化构建［J］．甘肃社会科学，2021（3）．

［3］张峰，张嘉军．人民检察院提起公益诉讼的立法模式［J］．人民论坛·学术前沿，2018（8）．

［4］巩固．公益诉讼的属性及立法完善［J］．国家检察官学院学报，2021（6）．

［5］汤维建，刘静．为谁诉讼何以信托［J］．现代法学，2007（1）．

［6］刘艺．美国私人检察诉讼演变及其对我国的启示［J］．行政法学研究，2017（5）．

［7］江伟，段厚省．论检察机关提起民事诉讼［J］．现代法学，2000（6）．

［8］廖中洪．检察机关提起民事诉讼若干问题研究［J］．现代法学，2003（3）．

［9］“检察机关参与公益诉讼研究”课题组．检察机关提起公益诉讼的法律地位和方式比较研究［J］．政治与法律，2004（2）．

［10］林燕梅．中美环境公益诉讼的实践比较［J］．社会治理，2018（2）．

[11] 陈瑞华. 论检察机关的法律职能 [J]. 政法论坛, 2018 (1).

[12] 蔡彦敏. 中国环境民事公益诉讼的检察担当 [J]. 中外法学, 2011 (1).

[13] 林仪明. 我国行政公益诉讼立法难题与司法应对 [J]. 东方法学, 2018 (2).

[14] 马明生. 论行政公益诉讼的原告资格 [J]. 法学论坛, 2008 (6).

[15] 高志宏. 我国公益诉讼原告制度的现实考察与应然变革 [J]. 南京大学学报 (哲学·人文科学·社会科学), 2016 (2).

[16] 马怀德. 公益行政诉讼的原告资格及提起条件论析: 以两起案件为视角 [J]. 中州学刊, 2006 (3).

[17] 郭雪慧. 论公益诉讼主体确认及其原告资格的协调: 对《民事诉讼法》第55条的思考 [J]. 政治与法律, 2015 (1).

[18] 胡建淼. 公共利益概念透析 [J]. 法学, 2004 (10).

[19] 孙笑侠. 论法律与社会利益 [J]. 中国法学, 1995 (4).

[20] 韩大元. 宪法文本中"公共利益"的规范分析 [J]. 法学论坛, 2005 (1).

[21] 李叶叶. 公共利益研究综述 [J]. 社会科学, 2008 (2).

[22] 张千帆. "公共利益"是什么?: 社会功利主义的定义及其宪法上的局限性 [J]. 法学论坛, 2005 (5).

[23] 范进学. 定义"公共利益"的方法论及概念诠释 [J]. 法学论坛, 2005 (1).

[24] 唐忠民, 温泽彬. 关于"公共利益"的界定模式 [J]. 现代法学, 2006 (9).

［25］崔玲玲．教育公益诉讼：受教育权司法保护的新途径［J］．东方法学，2019（4）．

［26］杨柳．论检察公益诉讼的受案范围拓展［J］．政法论坛，2023（6）．

［27］胡云红．比较法视野下的域外公益诉讼制度研究［J］．中国政法大学学报，2017（4）．

［28］林莉红．论检察机关提起民事公益诉讼的制度空间［J］．行政法学研究，2018（6）

［29］王春业．论行政公益诉讼诉前程序的改革：以适度司法化为导向［J］．当代法学，2020（1）．

［30］龙婧婧，张娟．行政公益诉讼诉前程序的现实困境与完善路径［J］．江苏警官学院学报，2021（5）．

［31］郑朋树．我国检察机关提起行政公益诉讼的试点分析与相关制度完善［J］．行政与法，2018（8）．

［32］刘超．环境行政公益诉讼诉前程序省思［J］．法学，2018（1）．

［33］刘艺．检察公益诉讼的司法实践与理论探索［J］．国家检察官学院学报，2017（2）．

［34］沈开举，邢昕．检察机关提起行政公益诉讼诉前程序实证研究［J］．行政法学研究，2017（5）．

［35］代杰，徐建宇．行政公益诉讼中行政机关不依法履行职责抗辩事由研究：基于159份判决书的实证分析［J］．江西理工大学学报，2020（4）．

［36］张旭勇．行政公益诉讼中“不依法履行职责”的认定［J］．浙江社会科学，2020（1）．

[37] 韩成军．行政检察调查核实权的规范化运行［J］．国家检察官学院学报，2021（5）．

[38] 曹军．论民事公益诉讼中检察机关的调查取证权［J］．探求，2017（6）．

[39] 王春业．论公益诉讼中检察机关的调查取证权［J］．浙江社会科学，2020（3）．

[40] 刘加良．检察公益诉讼调查核实权的规则优化［J］．政治与法律，2020（10）．

[41] 曹翊群，徐本鑫．公益诉讼检察调查核实权的实践进路与规则优化［J］．浙江理工大学学报（社会科学版），2021（6）．

[42] 谢登科．论刑事简易程序中的证明标准［J］．当代法学，2015（3）．

[43] 龙婧婧，陈忠，王立兵．行政公益诉讼调查核实权运行分析：以湖南省检察机关办案实践为例［J］．人民检察，2019（8）．

[44] 龙婧婧．检察机关提起刑事附带民事公益诉讼的探索与发展［J］．河南财经政法大学学报，2019（2）．

[45] 李爱年，张小丽，张小宝．检察机关提起环境民事公益诉讼之诉讼请求研究［J］．湖南大学学报（社会科学版），2021（5）．

[46] 郑若颖，张和林．论检察民事公益诉讼的精准化［J］．华南师范大学学报（社会科学版），2022（6）．

[47] 田亦尧，徐建宇．环境行政公益诉讼的诉讼请求精准化研究：基于540份裁判文书的实证分析［J］．南京工业大学学报（社会科学版），2021（5）．

[48] 曹水清，周江涛．论行政公益诉讼中诉讼请求的确定：以“两高”典型案例中诉讼请求为研究对象［J］．山东行政学院学报，2018（6）．

[49] 孟穗，柯阳友．论检察机关环境民事公益诉讼适用惩罚性赔偿的正当性［J］．河北法学，2022（7）．

[50] 杨会新．公益诉讼惩罚性赔偿问题研究［J］．比较法研究，2021（4）．

[51] 孙佑海，张净雪．生态环境损害惩罚性赔偿的证成与适用［J］．中国政法大学学报，2022（1）．

[52] 黄忠顺．食品安全私人执法研究：以惩罚性赔偿型消费公益诉讼为中心［J］．武汉大学学报（哲学社会科学版），2015（4）．

[53] 王勇．刑附民公益诉讼案件惩罚性赔偿的民事适用及其刑事调和［J］．政法论坛，2023（3）．

[54] 朱广新．惩罚性赔偿制度的演进与适用［J］．中国社会科学，2014（3）．

[55] 杨雅妮，刘磊．消费民事公益诉讼惩罚性赔偿的实践与反思：以 776 份判决书为基础的分析［J］．南海法学，2022（3）．

[56] 高利红．生态环境损害惩罚性赔偿严格审慎原则之适用［J］．政治与法律，2023（10）．

[57] 王玎．行政公益诉讼证据制度建构：以法经济学为分析视角［J］．青海社会科学，2018（3）．

[58] 王利明．论举证责任倒置的若干问题研究［J］．广东社会科学，2003（1）．

三、学位论文

[1] 秦圣卓．论检察环境民事公益诉讼请求精准化 [D]．重庆：西南政法大学，2023.

[2] 赵娜．行政公益诉讼的诉讼请求研究 [D]．重庆：西南大学，2023.

[3] 罗珊．中美环境公益诉讼比较研究 [D]．湘潭：湘潭大学，2017.

[4] 王璐西．我国环境民事公益诉讼裁判的执行问题研究 [D]．南宁：广西大学，2020.

[5] 文艺韵．消费公益诉讼惩罚性赔偿研究 [D]．武汉：武汉大学，2022.

四、报纸类

[1] 龙婧婧．公益诉讼专门立法的框架结构探析 [N]．民主与法制时报，2023-05-18.

[2] 王炜，张源．公益诉讼专门立法模式选择 [N]．检察日报，2021-04-07.

[3] 龙婧婧．准确认定检察机关在公益诉讼中的诉讼地位 [N]．民主与法制时报，2024-02-29.

[4] 龙婧婧．民法典时代检察公益诉讼新发展 [N]．民主与法制时报，2021-08-12.

[5] 洪泉寿．域外环境民事公益诉讼原告资格制度 [N]．人民法院报，2018-06-08.

[6] 杨建顺．应当赋予检察院有足够穿透力和覆盖面的调查

取证权［N］. 检察日报，2020 - 08 - 27.

［7］陈梦雪，王晓京 . 如何准确认定“不依法履行职责”［N］. 检察日报，2021 - 12 - 30.

［8］龙婧婧 . 刑事附带民事公益诉讼可简化诉前公告程序［N］. 检察日报，2018 - 12 - 12.

［9］龙婧婧 . 民事公益诉讼可探索启动先予执行［N］. 检察日报，2019 - 08 - 15.

五、外文文献

［1］LAYER M. Prinzipiendes enteignungsrechtes［M］. In: Staats. U. Völkerrechtliche Abhandlungenv. Jellineku. AnschützBd. Ⅲ. Leizzip，1902.

［2］POSNER R A. An economic approach to the law of evidence［J］. Stanford Law Review，1999，51（3）.

［3］SCHALL C. Public interest litigation concerning environmental matters before human rights courts：a promising future concept?［J］. Journal of Environmental Law，2008，20（3）.

［4］FORSTER C M ，JIVAN V. Public interest litigation and human rights implementation：the indian and australian experience［J］. Asian Journal of Comparative Law，2008（3）.

［5］WILLIAMS. Koski：beyond dollars? the promises and pitfalls of the next generation of educational rights litigation［J］Columbia Law Review，2017，117（7）：1897 - 1931.

［6］FREEDMAN E，FRIDGEN C. RESEARCH ARTICLE：Public lands litigation alliances between native american and public interest groups［J］. Environmental Practice，2007，9（1）.

后　记

行文至此，我不觉想起了2018年2月的那次开庭，湖南省首例污染环境罪刑事附带民事公益诉讼案在湘潭县人民法院进行。这是公益诉讼制度走下文本的生动实践。法槌敲响的那一刻，办案中所有的辛劳都得到了认可；当回访时看到事发地的面貌大为改观，顿感办案中所有的付出都那般值得。我深刻感受到，检察公益诉讼可以保护一方水土，可以守护一方百姓。一个好的案例胜于千言万语的说教，这既鼓舞了检察机关加快推行公益诉讼实践的信心，又赢得了人民群众的赞誉，制度的生命力和持续性更是得以彰显。这个案例成为湖南检察公益诉讼实践的启航，而作为承办人的我将一同被记录于史册，这是一种荣幸，成为我检察职业生涯中值得铭记的片段。

带着办案时的争议“刑事附带民事公益诉讼提起时是否需要履行诉前公告程序”，我结合办案实际思考撰写的“豆腐块”刊发在《检察日报》理论版。这份小喜悦给了我继续研究的动力。我观察到，在公益诉讼全面推行之初，刑事附带的诉讼形式成为民事公益诉讼办案破局的主力军，于是就有了我系统思考公益诉讼的第一篇理论文章《检察机关提起刑事附带民事公益诉讼的探索与发展》。该文被最高人民检察院编辑的《检察公益诉讼实务指导》一书收录。

只因在人群中多看了你一眼，就再也忘不掉你的容颜。此后，我围绕公益诉讼大大小小写了不少文章，也有一些收获。比如在2020年新冠疫情暴发之时，对于滥食野生动物、保护野生动物引起社会各界关注，我思考如何从公益诉讼着力，撰写《拓展野生动物保护领域检察公益诉讼的建议》，并于2020年3月24日被《民主与法制时报》刊发。比如《行政机关不依法履行职责的认定》获得2023年最高人民检察院举办的“中国特色社会主义检察理论与实践实务研究”主题征文三等奖。

随着工作性质从实务到理论的转变，我将公益诉讼作为研究的重点方向，更加关注制度运行的各个细节，比如检察机关在公益诉讼中的诉讼地位、调查核实权、诉前程序、诉讼请求、执行，等等，在这些主题中陆续产出一些成果。同时，以课题为牵引，先后完成了最高人民检察院的理论研究课题“公益诉讼专门立法研究”、湖南省人民检察院的理论研究课题“民事公益诉讼惩罚性赔偿制度研究”，点滴积累逐渐汇成公益诉讼研究的“雏形”。

2022年党的二十大报告强调“完善公益诉讼制度”，这既是对近年来公益诉讼制度实践的充分肯定，更是对公益诉讼制度的更高期许和要求。恰好此时，我主持的最高人民检察院的理论研究课题已报结题。能否在课题成果基础上系统梳理形成一本小册子呢？正是这个小小的念想促成了本书的诞生。

沉下心来仔细梳理，深化思考，这是我个人纵深推进公益诉讼研究的努力。2023 年 9 月公布的《十四届全国人大常委会立法规划》将检察公益诉讼法（公益诉讼法）列入一类立法项目，我想这个小册子恰逢其时。

研究过程是不易的，有瓶颈，想不通的地方让人睡不着；有懈怠，日常繁杂琐事常耽搁写作进程。幸好，这一路有老师、领导们的鼓励支持，他们高远的站位视角和丰富的实践经验总能给我增加动力，让我获得新启发，于是思路豁然开朗；有我与学生们的教学相长，在给学生们选定研究方向、指导毕业论文的讨论交流中，我总能获得些灵光闪现，这既帮助了张娟、薛雁南、聂伟分别获得当年法硕研究生的优秀毕业论文，又促使公益诉讼研究继续；还有家人的陪伴分忧，他们尽量减轻我的家庭事务和生活压力，尽可能给我更多的时间去写作，还有懂事的孩子们在我写作学习时都能自觉地不来打扰。

然而，研究无止境，写作的“强迫症”不断发作，改来改去，感觉交稿之日遥遥无期。无奈，我不得不自我宽慰，研究是一门遗憾的艺术，个人能力有限只能暂告一段落，未尽问题留待继续努力，本书粗漏之处，也恳请各位读者批评指正。实践之树的常青必将推动理论研究不断发展，“常研常新”是研究的应有状态。

时光的碎片如电影镜头在我脑海中闪现。一段历程凝练成一个研究方向，一段坚持积淀成一本小册子。这是我对自己的一个交代，也是对法治发展实践的一种回应。

感谢我可敬的领导和同事们，感谢我可爱的学生们，感谢我挚爱的家人们，你们是我强大的依靠和后盾。

最后特别感谢知识产权出版社，感谢刘睿编审、邓莹副编审的悉心指正、辛勤付出，以及为本书顺利出版给予的强大支持。

龙婧婧

2023 年 12 月于长沙浏阳河畔